시장은 알고 있다

격변하는 시대의 리스크와 투자 기회

시장은 알고 있다

격변하는 시대의 리스크와 투자 기회

1판 1쇄 펴냄 2025년 2월 14일

지은이 로런스 맥도널드 · 제임스 패트릭 로빈슨
옮긴이 이경남
발행인 김병준 · 고세규
발행처 생각의힘
편집 박승기 · 정혜지 디자인 이소연 · 백소연 마케팅 김유정 · 차현지 · 최은규

등록 2011. 10. 27. 제406-2011-000127호
주소 서울시 마포구 독막로6길 11, 2, 3층
전화 편집 02)6953-8342, 영업 02)6925-4188 팩스 02)6925-4182
전자우편 tpbook1@tpbook.co.kr 홈페이지 www.tpbook.co.kr

ISBN 979-11-93166-89-5 (03220)

시장은 알고 있다

HOW TO LISTEN WHEN MARKETS SPEAK

격변하는 시대의 리스크와 투자 기회

로런스 맥도널드
제임스 패트릭 로빈슨 지음

이경남 옮김

생각의힘

애나벨라와 가브리엘라와 마커스 그리고
수십 년째 내 멘토 역할을 해주시는 아버지에게.
아버지의 지도가 없었다면 이 책은 완성되지 못했을 것이다.

차례

일러두기

1. 이 책은 《HOW TO LISTEN WHEN MARKETS SPEAK: Risks, Myths, and Investment Opportunities in a Radically Reshaped Economy》(2024)를 우리말로 옮긴 것이다.
2. 단행본은 겹화살괄호(《 》), 신문, 잡지, 영화, 방송 프로그램 등은 홑화살괄호(〈 〉)로 표기하였다. 대괄호([ ])는 이해를 돕기 위해 원서에 없는 내용을 덧붙인 것이다.
3. 저자 주와 옮긴이 주는 본문에서 각주로 표기하였다. 옮긴이 주는 '-옮긴이'로 밝혔다. 미주는 출처를 밝힌 원서의 주이다.
4. 인명 등 외래어는 국립국어원의 표준어 규정 및 외래어 표기법을 따르되 일부는 관례와 원어 발음을 존중하여 그에 가깝게 표기하였다.
5. 국내에 소개된 작품명은 번역된 제목을 따랐고, 국내에 소개되지 않은 작품명은 원어 제목을 독음대로 적거나 우리말로 옮겼다.

저자의 말

이 책은 5년 동안 세계금융가를 배회한 뒤 나온 결과물이다. 리먼브러더스가 파산했을 때 나는 세상을 다 잃었다고 생각했다. 둥지에서 떨어진 새처럼 나는 힘겹게 몸을 추슬러야 했다. 리먼이 몰락하는 과정에 숨겨진 이야기를 출판하고 전 세계를 돌며 경제를 강의하는 길고 외로운 여정에서 나는 어쨌든 운 좋게 뛰어난 인재들을 모았고 이들을 참모로 삼을 수 있었다. 멋진 친구들과 훌륭한 멘토들이 있었기에 나는 그들의 지혜에 힘입어 이 책을 썼다. 시장에 대한 거시적 시각을 공유해 주고 국제 자금의 흐름을 명확하게 짚도록 도와준 그들께 감사드린다. 무엇보다 독자 여러분이 있었기에 이 책을 쓸 수 있었다.

들어가기 전에

니얼 퍼거슨Niall Ferguson

경제사학자, 후버연구소 선임연구원, 《금융의 지배》《둠: 재앙의 정치학》저자.

《시장은 알고 있다》에서 래리 맥도널드Larry McDonald는 "끈질긴 인플레이션, 세계 곳곳에서 고조되는 갈등, 미국에 맞서기 위해 손을 잡는 다극화 세계, 달러 약세에 대한 두려움, 일련의 국가 채무 위기, 금융자산을 경질 자산으로 바꿔 타는 자본의 대이동"을 예견한다. "재앙에 가까운 천연자원 부족"은 말할 것도 없다.

나의 전작 《둠, 재앙의 정치학Doom: The Politics of Catastrophe》에서도 지적했지만 종말 운운하는 자들의 말에 솔깃한 사람은 늘 있게 마련이고, 또 종말 장사꾼doom-monger들은 아무것도 남지 않는 세상의 최후를 수없이 예언했다. 하지만 래리 맥도널드는 이들 부류와는 그 속한 범주가 다르다. 리먼 브러더스 몰락의 결정적 내부자 기록인 《상식의 실패A Colossal Failure of Common Sense》를 쓴 그는 금융시장의 언어를 예리하게 포착하는 놀라운 귀를 가졌다. 수십 년간 월스트리트에서 많은 대화를 나누고 들어 얻은 결과일 것이다. 《시장은 알고 있다》는 1987년 주식시장이 무너지던 곳으로 거슬러 올라간다. 이 책은 세계의 종말이 멀지 않았다는 말을 하지 않는다. 그가 전달하려는 메시지는 분명하다. 세계 경제가 패러다임의 전환을 겪고 있다는 사실이다. 시장이 이미 그런 사실을 얘기하고 있다. 여러분은 맥도널드처럼 땅에 귀를 갖다 대기만 하면 된다. 아니, 어쩌면 "거래소 플로어에 귀를 대는" 게 맞을지도 모르겠다.

11

월스트리트에서 오가는 말의 문제는 신호 대 잡음 비율이 매우 높다는 것이다. 맥도널드는 잡음을 솎아내기 위해 '21 시스템 위험지표21 Systemic Risk Indicators'를 기반으로 하는 금융 리스크 모델을 개발했다. 거기엔 기업 부도율, 주식시장 공매도 비율, 투자자 심리 조사 등이 포함되어 있다. 2010년에 베어트랩스리포트Bear Traps Report를 설립한 이후, 미스터 마켓Mr. Market으로 통하는 그는 말도 많고 탈도 많은 변덕스러운 주식시장과 소통할 때 내가 가장 즐겨 찾는 채널 중 하나가 되었다.

나는 《시장은 알고 있다》의 핵심 내용에 전적으로 동의한다. 1980년대 말과 1990년대 초의 냉전 종식은 40년 가까이 이어지는 금융 호황 시대를 열었다(수시로 끼어드는 위기도 많았지만). 호황의 주요 동력은 세계화와 아시아의 노동력, 그들의 저축, 두뇌 등이었다. 이런 아시아 자원은 갈수록 국경이 희미해지는 금융 시스템에 흡수 통합되어 실리콘밸리에서 흘러나온 정보기술의 혁신을 훌륭하게 활용했다. 이런 강력한 힘은 1970년대에 최고조에 달했던 인플레이션을 2009년에 바닥으로 끌어내렸다.

하지만 이제 그 시대는 지나갔다. 무엇 때문일까? 첫 번째 유력한 용의자는 중앙은행가들이다. 그들은 금리를 인하하고 채권과 여러 금융 자산을 매입하여('양적완화') 대차대조표 규모를 크게 늘림으로써 위기를 막으려 했다. 그리고 그런 그들의 수법은 갈수록 무모해졌다. 1998년과 2001년, 2008~2009년, 2020년에 특히 심했다. 맥도널드는 이런 조치가 변동성을 억눌러 상장지수펀드ETF, 패시브 투자, 단기 변동성 전략 등에 유리하도록 금융시장의 구조적 변화를 촉진했다고 주장한다. 둘째로 같은 시기인 2001년에 중국이 세계무역기구World Trade Organization에 가입하고 미국과의 항구적 정상 무역 관계를 수립했다는 사실이다. 그 탓에 미국 제조업 가동률은 계속 떨어졌고 그에 따른 사회적, 정치적 결과가 초래되었다. 셋째, 지구 곳곳에서 발생한 테러와의 전쟁과 함께 시작되고 바이든 행정부의 다양한 산업 정책 조치에서 절정에 다다른 재정정책이다. 이 때문에 미연방 부채가 GDP보다 높아져 2차 세계대전 이후 전례 없는 수준으로 증가했다. 넷째, 세계화에 대한 정치적 반발로 인해 워싱턴에서 새로운 보호주의와 반중국을 주장하는 자들의 초당적 합의가 형성된 점이다. 마지막으로 '재생 에너지'를 선호하여 '화석 연료'에 대한 투자를 억제하려는 캠페인이 세계 곳곳에서 벌어져 의도치 않은 에너지 위기를 초래했다.

맥도널드의 결론은 과감하다. 성장주에서 가치주로의 자본 대이동은 이제 시작일 뿐이다. 이제 1이닝이다. 그리고 성장주의 랠리가 실패할 때마다 여전히 약속의 땅을 찾는 투자자들의 실망은 더욱 커진다. 그리고 그들은 언젠가 마지못해 보따리를 싸서 가치 부문으로 발을 옮길 것이다. 그들은 금, 은, 백금, 팔라듐에서 펼쳐지는 랠리를 보게 될 것이다.

다시 말해 디스인플레이션의 상호 냉전 시대는 끝났다. 물가상승률이 2퍼센트나 그 이하로 돌아가는 일은 없을 것이다. 달러는 한동안 약세를 면치 못할 것이다. 그리고 투자자들은 기술주를 버리고 귀금속에 투자하라는 조언을 받을 것이다. 당연히 구리나 리튬, 코발트, 흑연, 우라늄도 권할 것이다. 이들은 '에너지 전환'이라는 야심 찬 수요에 비해 상대적으로 공급이 부족해질 것이 틀림없는 종목이다.

혹자는 이런 지적을 가리켜 인공지능 등 미래의 기술 혁신으로 인한 혜택을 고려하지 않은 전망이라고 말할지 모른다. 또 인구구조와 부채 동학 debt dynamics이 성장을 둔화시켜 구조적 장기 침체secular stagnation가 재현될 가능성도 고려하지 않았다고 폄훼할지 모른다. 그러나 금융 쪽의 '제4의 전환Fourth Turning'을 말하는 맥도널드의 주장은 데이비드 테퍼David Tepper와 데이비드 아인혼David Einhorn과 찰리 멍거Charlie Munger 같은 전설적인 투자자를 비롯한 일부 스타들의 증언에 의해 힘을 얻는다. 이런 인사들을 비롯해 맥도널드가 월스트리트에서 확보한 네트워크 내에서 잘 알려지지 않은 전문가들과의 인터뷰는《시장은 알고 있다》가 금융을 다룬 이 시대의 다른 책들과 차별화되는 핵심적인 부분이다. 그런 책들은 대부분 '거드름을 피우면서 깨어 있으라'라는 제목이 더 어울릴 것이다. 맥도널드의 겸손함은 금융계에서 보기 드문 모습이다. 그는 "케이프코드 운하 주변에서 폭찹 판매원으로" 시작한 자신의 처지를 잊은 적이 없다.

금융의 미래라면 나는 아는 척도 할 수 없는 수준이다. 2008년에 쓴 《금융의 지배The Ascent of Money》에서 어쩌다 글로벌 금융위기를 꽤 정확하게 예측했지만, 이후 몇 가지 사례는 내 무지를 여지없이 드러냈다. 그 후 나는 결국 시장을 예측하는 문제라면, 말하기 전에 귀부터 기울여야 한다는 귀한 교훈을 얻었다. 베어트랩스리포트를 정기구독하게 된 것도, 이 책을 추천하는 이유도 그 때문이다. 이 책을 읽자마자 가장 먼저 나 자신의 포트폴리오를 오랫동안 꼼꼼히 살펴본 것도 마찬가지 이유다. 여러분도 그렇게 될 것이다.

들어가는 말

결과의 만찬

조만간 누구나 결과의 만찬에 앉게 될 것이다.

— 로버트 루이스 스티븐슨Robert Louis Stevenson 이 한 말로 알려짐

────── 냉전 종식 이후 지난 30년 동안 미국은 전례 없는 평화와 번영의 시대를 누렸다. 국제무역량이 늘고 국가 간 갈등이 줄어들고 세계가 달러를 기축 통화로 택한 덕에 새로운 부와 디스인플레이션 환경이 조성되었다. 온 세상이 싸고 풍족해진 상품을 아끼지 않고 누렸다.

풍요의 시대가 이어지면서 돈과 권력을 가진 사람들은 비이성적인 사고와 오만한 행동을 자제하지 않았고, 결국 결과로부터 배제되었다. 중요한 일이 일어났던 1998년과 2001년, 2008년, 2020년에 연준과 미 의회는 월스트리트를 살린답시고 그들이 가진 수단을 무분별하게 동원했다. 타락한 시장 참여자들을 구제해 주었고 경제를 재가동시킨다며 현금을 생각 없이 시스템에 쏟아부었다. 정부는 분수에 넘치는 지출 행각을 몇 해 동안 지속하다 지금은 결국 33조 달러라는 빚더미에 올라앉았다. 연준은 채권을 8조 5,000억 달러 넘게 사들였으며 그 탓에 금융 자산은 주기적으로 거품이 부풀었다 꺼지는 사태를 반복하고 있다.

2020년대에 들어 미국은 티핑포인트에 도달했다. 코로나19 팬데믹으로 인해 금융시장과 실물 경제가 휘청거렸다. 이미 헤아릴 수 없을 만큼 많은 인명 피해를 낸 러시아와 우크라이나의 전쟁으로 석유와 가스의 주요 공급망이 끊어지면서 세계적으로 인플레이션 위기가 초래되고 많은 나라들의 경기가 침체에 빠졌다. 2021년에 상승세를 보였던 기술주가 폭락하면서 2022년에는 9조 달러의 재산 손실이 발생했다.

이는 금융 자산의 지각변동이 시작되었음을 알리는 신호탄으로, 지금까지 일어난 일은 맛보기에 불과하다. 우리가 알고 있는 그런 의미의 경제 세계와 그 세계를 지배하는 규칙은 끝났다. 앞으로 10년 동안 우리는 지속적인 인플레이션, 격화되는 국제 분쟁, 미국에 맞서는 다극화 세계, 달러 약세의 공포, 일련의 국채 위기, 금융 자산을 빠져나온 자본이 실물 자산 쪽으로 폭주하는 새로운 시대를 목격하게 될 것이다.

또한 지구 전체는 얼마 안 가 재앙에 가까운 천연자원 부족을 경험하게 될 것이다. 유럽의 기후목표계획Climate Target Plan부터 바이든이 당초 계획한 발전적 재건Build Back Better에 이르기까지 선진국들은 탄소중립이란 목표를 향해 열심히 발을 내딛지만 이를 위한 태양전지판, 풍력 터빈, 전기 모터를 만드는 데 필요한 원자재는 턱없이 부족하다. 게다가 개발도상국이 부유해질수록 석유 등 각종 화석 연료의 수요는 급증하게 되고, 인구 증가로 이런 추세는 더욱 가속화된다. 그렇게 되면 주요 원자재를 확보하기 위한 경쟁은 한층 치열해질 것이다.

그뿐만이 아니다. 미국 경제는 상상조차 할 수 없을 정도로 크게 왜곡되어 있기 때문에 경제적 혼란은 갈수록 극심해질 것이다. 정책 입안자들이 지나칠 정도로 금융시장에 개입한 결과 가격 발견 메커니즘price-discovery mechanism은 회복이 불가능할 정도로 손상되었다. 주식과 채권, 부동산, 원자재 등 각종 자산은 온통 불균형투성이이며, 수백만 개의 퇴직연금 401(k)와 인플레이션 감축법 IRA은 위험한 수준에 이르렀다. 경제 전반의 자본은 향후 10년을 결정할 새로운 패러다임을 외면한 채, 지난 30년 동안 해왔던 방식에 따라 배분되었다. 상장지수펀드 같은 패시브 투자 수단에 수십 조 달러가 투입되었지만, 이것이 밸류에이션과 구매 행동을 어떤 식으로 왜곡할지에 대해서는 아무런 고려가 없었다. 주식의 경우 퀀트 트레이딩은 시장 리스크를 더욱 크게 왜곡했다. 에너지 공급 부족 현상이 한도 끝도 없이 지속되는 세상을 상상해 보라. 위기와 폭락이 금융시장을 주기적으로 흔들어도 연준과 의회가 아무런 조치도 취하지 못하는 세상은 또 어떤가. 이런 엄청난 변화를 겪게 되면 사람들은 기존의 금융 사고를 의심하게 되고 어쩔 수 없이 새로운 부문에 대한 비중을 대폭 늘릴 것이다.

그러나 경제 전망이 아무리 혹독하더라도 암울함이나 파멸을 말하려고 이 이야기를 시작한 것은 아니다. 투자자는 번번이 피할 수 없는 손실을 마주해야 하는 무력한 볼모가 아니다. 내 목표는 여러분을 겁주려는 것이 아니라 다가오는 지각변동을 뚫고 나갈 길을 밝혀주는 것이다. 위험은 치솟고 있지만 기회는 그보다 더 많다. 10년 뒤 글로벌 시장이 지각변동을 일으키기 전에 미리 포트폴리오를 포지셔닝한 투자자, 즉 퍼스트무버의 이점을 활용한 투자자들은 월스트리트에서 많은 사람들로부터 부러움의 시선을 받을 것이다. 반면에 기회를 잃지 않을까 노심초사하며 백미러만 쳐다보고 지난 10년간 인기를 누렸던 종목만 계속 고집하는 투자자들은 언젠가 주저앉아 다시 일어설 궁리를 하는 신세를 면치 못할 것이다.

나는 경력 대부분을 월스트리트에서 보내며 지난 30년 간의 강세장을 가능하게 한 여러 사건과 결정과 경제 상황 등을 되짚어 보며 오늘날 경제 질서의 기원을 추적할 것이다. 그것은 무모한 낙관주의, 광적인 집단사고, 순진한 정책의 서사다.

금융 서적을 가까이하는 독자라면 이 역사에서 낯설지 않은 부분도 발견하겠지만, 우리는 인과관계를 찾는 연구 방식으로 접근한다. 과거와 현재와 미래의 점들을 연결할 줄 아는 투자자는 매우 드물기 때문에, 그렇게 할 수만 있다면 확실한 우위를 점할 수 있다.

그런 다음 앞으로 펼쳐질 우여곡절을 그려 보일 것이다. 오늘을 살아가는 사람들은 대부분 금융 자산이 기록적으로 불어나는 세상과 함께 성장했기에 자산 가치가 끊임없이 상승하는 현상을 이상하게 여기지 않는다. 하지만 이런 거시적 조건은 곧 아득한 기억으로 사라질 것이며 우리가 축적해 온 '금융 자산'은 대부분 허상이었다는 사실이 드러날 것이다.

책의 후반부에서는 해묵은 서사에 저항하고 군중보다 한발 앞서 약세 및 강세 추세를 감지하는 전략을 비롯해, 완전히 탈바꿈한 경제 전망에 투자하는 새로운 규칙을 설명한다. 그러다 보면 찰리 멍거, 데이비드 테퍼, 데이비드 아인혼 등 지난 10년 동안 가장 위대한 트레이더나 투자자와 함께 앉아, 요즘 시장에서 가장 현명하고 전문적인 머니 트레이딩으로 가는 맨 앞줄에 앉게 될 것이다.

시장은 큰 소리로 또렷하게 말한다. 그러니 귀를 기울이기만 하면 된다. 이야기를 진행하면서 다음과 같은 문제를 살펴볼 것이다.

* 어떻게 냉전 종식의 태평한 여운으로 이후 30년과 투자 포트폴리오를 특징짓는 디플레이션 시대의 토대가 마련되었는가.

＊왜 고금리 시대가 지속되면 미국 대차대조표상의 부채가 33조 달러라는 기겁할 수준까지 가게 되고, 2021년에 5,800억 달러였던 국채의 이자 지급액이 2024년엔 1조 4,000억 달러(현재 정부가 국방이나 메디케어에 지출하는 것보다 많은 액수다)로 늘어나는가. 그리고 200조 달러에 달하는 엄청난 미적립 채무는 어떤 식으로 치명적인 디폴트 위험을 증가시키는가.

＊1990년대 이후 아웃소싱은 어떻게 인플레이션을 더욱 억누르고 지금 같은 압도적인 정부 부채를 촉진했으며, 한 세대 뒤에 더 없이 매력적인 투자 기회를 제공했는가.

＊왜 러시아, 중국, 사우디아라비아 같은 국가들이 미국 달러를 기축 통화로 사용하지 않기로 방침을 바꿔 막대한 부채에 자금을 조달해야 할 미국의 능력을 더욱 악화시키고, 금융시장에 혼란을 일으키고, 사회보장과 메디케어와 군사비 지출을 삭감할 수밖에 없도록 만드는가. 그리고 어떻게 해야 투자자들은 다가오는 달러 약세 시대에 기회를 잡을 수 있을까?

＊어떻게 인플레이션은 1960~1970년대에 그랬던 것처럼 노동력의 급증을 부추기는가. 당시 노조는 역사적인 승리로 결국 인플레이션을 '고착화'했다. 이것은 여러분의 포트폴리오와 무슨 관계가 있는가.

＊석유와 가스를 두고 벌이는 서방의 전쟁, 화석 연료와 에너지 인프라에 대한 투자 부족, 러시아나 사우디아라비아와의 소원한 관계는 어떤 식으로 에너지를 비롯한 모든 상품의 기본 가격을 더 높이 끌어올리는가. 그리고 이런 돈이 되는 추세에 앞장서려면 어떻게 해야 하는가.

＊세계의 인구 증가와 녹색혁명으로 인한 수요 증가는 천연자원의 치명적

인 부족 현상을 어떻게 부채질하는가? 그리고 앞으로 몇 년 뒤에 리튬과 코발트 등 녹색 에너지 전환 광물을 비롯한 경질 자산이 성장주나 미국 국채나 패시브 투자 전략보다 더 좋은 실적을 올린다는 주장의 근거는 무엇인가.

＊중앙화된 국가 통제 금융 시스템에서 벗어날 수 있다는 암호화폐의 세일즈 피치는 어째서 중앙은행이 언제까지고 금리를 억제하고 유동성을 공급하리라는 믿음에 매달렸는가. 경질 자산에서 분리되었다면 암호화폐는 어떻게 주식이나 채권보다 연준의 조치에 더 민감할 수 있는가.

＊알고리듬에 의한 트레이딩은 어떤 식으로 시장 리스크를 크게 왜곡하는가. 또 그것은 어떻게 주기적으로 변동성을 과도하게 높이면서 갑작스러운 시장 폭락을 유발하는 시한폭탄 역할을 하는가.

＊금융 민주화로 기획되었던 여러 가지 수단과 패시브 투자는 어떻게 규모가 큰 시장의 참여자들이 조장한 이념적 왜곡과 거품을 부추겼는가. 그리고 미국의 401(k)와 은퇴 플랜은 어떻게 14개 주식에게 약탈당했는가.

＊많은 투자자들이 금과옥조로 여겼던 주식 60/채권 40퍼센트의 전형적 포트폴리오는 어떤 이유로 사라졌는가. 그리고 전향적 사고를 하는 투자자라면 왜 더 많은 원자재와 현금 비중을 높이는 포트폴리오 구성 방식을 받아들여야 하는가.

우리는 곧 수조 달러에 달하는 역사적인 자본 이동을 목격하게 될 것이며, 이는 새로운 부류의 승자와 패자를 낳을 것이다. 이런 이야기는 시장에 관심이 있는 투자자 누구에게나 일어날 수 있는 일이다.

역사학자 윌리엄 스트라우스William Strauss와 닐 하우Neil Howe는 현대 역사가 '전환기turnings'라는 뚜렷한 4단계를 밟아 일정한 주기를 되풀이한다[1]는 유명한 주장을 했다. 각 주기는 보통 15~25년 정도 지속되며, 전체 주기는 인간의 평균 수명과 정확히 일치한다. 그 4단계 전환은 고조기the High, 각성기the Awakening, 해체기the Unraveling, 위기the Crisis 순으로 진행된다. 우리 시대의 첫 번째 주기는 제2차 세계대전 이후 경제 호황으로 시작하여 1963년 JFK의 암살로 끝났다. 두 번째 각성기는 새로운 저항문화를 일으켰고 민권 운동, 반전 운동, 여성 운동 등으로 세간의 관심을 모았다. 세 번째 전환인 해체기는 1980년대 중반 레이건 집권기에 도래했으며 경제 팽창과 새로운 물결의 문화 전쟁, 정치적 양극화와 서서히 약화하는 제도로 정의되었다. 이 해체기는 유별나게 길었다. 그러나 번영은 결국 안일함을 낳았고 이제 미국은 제4의 전환the Fourth Turning, 즉 위기를 정면으로 마주하게 되었다. 위기는 판을 깨끗이 쓸어내고 낡은 제도를 새로운 제도로 대체하는 창조적 파괴의 시기다.

하지만 전방을 보기에 앞서 먼저 뒤부터 돌아봐야 한다. 우리의 이야기는 1980년대 초, 대통령의 차량 행렬의 뒷좌석에서 시작된다.

제1장

한 시대의 종말

───── 1983년 3월 8일 오후였다. 뜨거운 바람이 끝없이 펼쳐진 감귤 과수원을 가로질러 올랜도를 휘감자, 쉐라톤 트윈 타워 앞에 정차한 리무진의 깃발이 펄럭였다. 늘 그렇듯 깔끔한 네이비 정장에 흰색 리넨 포켓스퀘어로 포인트를 준 로널드 W. 레이건Ronald W. Reagan 대통령은 연단으로 향했다. 이후 두고두고 사람들 입에 오르내릴 연설을 하기 위해서였다. 이 연설에서 레이건은 소련을 "악의 제국evil empire"이라고 지칭한 후 소련에 맞서 나토의 핵 억지력을 강화하겠다고 선언했다.

　미국과 소련의 군비 경쟁은 이미 점입가경이었고, 레이건이 연단에 오르고 3년이 지났을 때 그 경쟁은 절정에 달했다. 냉전이 시작된 것은 1947년이었다. 1975년까지 북반구에는 동과 서를 나누는 레드 라인이 그어졌고, 동쪽은 소련군 550만 병력과 핵미사일 약 2만 개가 지켰다. 이후 10년 만에 미사일 수는 2배로 늘어난다. 양 진영은 모두 대치나 다름없는 상태에서 대규모 힘자랑에만 열중할 뿐, 대화의 창구를 열 생각은 아예 하지도 않았다.

아무리 근육 자랑이 그럴듯해도 소련 경제는 어려웠다. 소련은 15개 공화국, 11개 시간대, 서쪽의 칼리닌그라드부터 지독히 추운 반대쪽 끝 축치해의 웰렌까지 1만 1,000킬로미터에 이르는 광활한 영토를 보유했다. 하지만 광활한 땅덩어리가 부나 행복이나 기회와 동의어가 되는 경우는 드물다. 그 땅은 소련 사람들에게 따뜻한 식사 한 끼조차 약속하지 못했다. 부패와 자유 시장의 부재 그리고 펜타곤과 사우디의 은밀한 지원을 받는 무자헤딘이 힌두쿠시에서 치른 값비싼 대리전쟁은 러시아 경제를 심각하게 망가뜨렸다. 서구 신문에는 빵을 배급받기 위해 늘어선 줄과 슈퍼마켓의 텅 빈 진열대의 사진이 단골로 등장했다.

레이건의 '수사적 재무장rhetorical rearmament'은 적을 당황하게 만들려 한 애초의 목표를 확실하게 이루었다. 1985년까지 소련은 총 3만 9,000개의 핵미사일을 비축했고, 그중 6,000개에 가까운 미사일이 미국을 직접 겨냥했다. 미국은 2만 1,000개 이상의 탄두를 비축하여 이런 위협에 대응했다. 세계는 한 순간의 기술적 결함만으로도 전멸할 위기에 놓였다.

백악관의 수장은 소련이 체제에 환멸을 느끼는 군대와 좀처럼 나은 삶을 꾸려나갈 기회가 없는 교육받은 국민들로 인해 쉽게 무너질 수 있다는 것을 알고 있었다. 그러던 중 1986년에 체르노빌 원전 사고가 발생했고, 소련 정치국은 이틀 동안 공식 발표를 미뤘다. 당시 TV로 방송된 21번째 성명 역시 내용이 모호하여 청취자들은 당국이 상황을 잘 통제하고 있겠거니 안심했다. 당연히 급증하는 방사능으로 인한 끔찍한 피해는 전혀 통제되지 않고 있었다. 정치국이 이 새로운 공중위생의 위기에 대한 직접적인 언급을 피하는 동안, 소련 공산당의 신임 서기장이자 사실상 국가 지도자였던 미하일 고르바초프Mikhail Gorbachev는 사망, 부상, 폐허 등에 관한 보고 내용을 면밀히 검토했다. 엄청난 면적의 땅과 생명과 집, 심지어 마을 전체가 잔해로 변했다는 소식이었다. 그 후 그는 더는 자신의 양심이 핵무기에 관여하는 것을 허락하지 않았다고 썼다.

그해 말, 아이슬란드 레이캬비크 한복판을 가로지르던 검은색 자동차 행렬이 호프디하우스Hofdi House라는 하얀색 건물에 멈췄다. 바람이 거세고 습기 먹은 아침 날씨 속에 대기 중이던 사진기자들 머리 위로 은백색 하늘이 화창했다. 무릎까지 오는 캐시미어 외투를 입은 고르바초프는 레이건 대통령의 영접을 받으며 계단을 올라갔다.

레이건은 고르바초프를 잠시 바라보았다. 이오시프 스탈린Josef Stalin, 니키타 흐루쇼프Nikita Khrushchev, 레오니트 브레즈네프Leonid Brezhnev(18년간 그의 통치는 경제 침체로 정의된다) 같은 강경노선을 고집한 공산당 독재 치하의 소련에서 태어나고 자란 인물이었다. 그런 그가 바로 앞에 있었다. 한 교양인이 모든 공산주의자들의 신념을 거스르며 미국 대통령 앞에 서 있었다. 키는 175센티미터에 불과했지만 역사는 그를 민주주의의 거인으로 기억할 것이다. 고르바초프가 그곳에 온 이유는 핵무기 감축을 논의하기 위해서였다. 나중에 그는 이 일로 노벨 평화상을 받는다. 레이건은 그를 향해 전형적인 카우보이 스타일의 웃음을 지어 보였다. 두 사람은 마치 친구처럼 악수를 나눴다. 전 세계가 이를 지켜봤다. 소련으로서는 연방 해체를 향한 거대한 일보였다.

희망이라는 개념은 인류 역사에서 가장 강력한 힘이었다.
그 단순한 정서는 역경 속에서도 그 어떤 장비나 무기보다 더 많은 승리를 가져다주었다. 수적으로 크게 열세였던 그리스군이 기원전 490년 마라톤 평원에서 1만 명의 페르시아 군사를 물리칠 수 있었던 것도 바로 이 희망이란 힘이 밀어주었기 때문이었다. 윈스턴 처칠Winston Churchill이 나치 독일의 공세에 맞서 동맹국을 결집할 수 있었던 것도 그 힘 때문이었다. 그리고 1980년대 마지막 해에 동독의 50만 시민이 베를린 장벽을 따라 파산한 국가에 등을 돌리고 대규모 시위를 벌인 것도 희망이 원동력이었다. 1989년 11월 9일 밤, 마침내 동독과 서독을 가르는 콘크리트 장벽이 허물어졌다.

1991년 말, 소련은 급속히 무너져 내렸다. 고르바초프는 급진적인 자유화를 희망했지만 단편적인 개혁으로는 중앙집권적 통제에 기반을 둔 경제 체제를 살려낼 수 없었다. 크리스마스 당일, 산업 프롤레타리아들과 농장 노동자들의 연대를 상징하는 노란색 망치와 낫이 그려진 크렘린궁의 붉은 깃발이 마침내 내려졌다. 고르바초프는 소련 공산당을 폐지하고 소련 대통령직에서 사임했다.

소련의 붕괴는 국제 무역과 세계 자유 시장에 담요처럼 내려앉은, 세계 평화를 상징하는 위대한 사건이 되었다. 냉전이 시작된 이래 지정학을 괴롭히던 팽팽한 긴장이 마침내 사라진 것이다.

하지만 1990년대 소련의 몰락이 2020년대를 사는 여러분의 포트폴리오와 무슨 관련이 있는가?

모든 면에서 관련이 있다!

소련의 붕괴로 세계 질서가 다극에서 일극으로, 즉 단 하나의 주도적 주자를 중심으로 돌아가는 체제로 바뀌었기 때문이다. 미국은 군건한 경제력과 압도적인 군사력을 업고 개미 같은 도전자들을 가볍게 뭉갤 수 있었다. 이 새로운 세계 질서 아래에서 서로 연결된 거대한 글로벌 무역과 안보 시스템이 꽃을 피웠다. 이를 십분 활용한 나라들은 번영을 누렸다. 1990년 5조 달러가 채 안 되던 세계 무역량은 2022년에 28조 달러로 증가하여, 20조 7,000억 달러였던 글로벌 GDP를 100조 달러로 밀어 올리는 데 기여했다.

일극 체제의 세계 질서는 대규모 상비군을 유지해야 하는 절박함을 덜어내는 등 여러 영역에 걸쳐 다양한 변화를 수반했지만, 투자자들에게 미친 가장 중요한 효과는 전례 없는 디스인플레이션의 위력이었다. 러시아에서 나오는 원자재부터 완제품이나 아시아, 특히 중국에서 공급되는 값싼 노동력에 이르기까지 모든 공급 물량이 급증하면서 2021년까지 유럽과 미국은 인플레이션을 가볍게 억누를 수 있었다. 1970년대 7퍼센트였던 물가상승률은 1990년대에 3퍼센트로 낮아졌고 2010년대는 1.7퍼센트까지 떨어졌다.

이 때문에 무위험 수익률이라고도 하는 미국국채수익률(미국 납세자들이 받쳐주기 때문에 위험이 없다고 여기는 국채의 고정 수익률)은 1981년 15퍼센트였다가 2010년대에 1퍼센트 아래로 떨어졌다. 국채 수익률이 하락하면 국채 같은 채권 투자의 매력이 떨어져 투자자들은 높은 수익을 찾아 위험도가 높은 자산군으로 몰린다. 무위험 수익률이 떨어지면 주가수익PE 배수는 늘어난다. 주가수익 배수는 투자자가 기업 수익 1달러당 지불할 의사가 있는 금액의 측정치로 일반적인 시장 심리를 반영한다. 실제로 S&P 500의 주가수익비율은 1980년대 초반의 7배에서 1990년대 후반과 2021년에 30배까지 상승했다.

이런 디스인플레이션이야말로 위험자산의 강세장을 이끈 가장 중요한 원인 중 하나였다. 성장주와 채권 등 금융 자산이 강세를 보이면서 수익률

은 폭발적으로 증가했다. 투자자들은 안정적이고 인플레이션이 낮은 환경을 좋아한다. 그래야 기업이 투자하거나 투자자가 차입하는 자본 비용이 낮아지기 때문이다. S&P 500 지수는 1990년 323에서 2021년 4,800으로 1,300퍼센트 상승했다. 2차 세계대전이 끝나던 날 S&P에 1,000달러를 투자했다면 1990년에는 2만 3,000달러로 늘어났을 것이고, 2021년 말에는 34만 3,000달러가 됐을 것이다. 다시 말해 지난 30년간의 디스인플레이션 덕분에 투자자들은 전혀 새로운 방식으로 포트폴리오를 구성할 수 있었다.

우리가 알던 세상은 지나갔다

몇 년 전 나는 아부다비 내셔널뱅크National Bank of Abu Dhabi 컨퍼런스에서 연설한 적이 있었다. 그날 연사는 나 말고도 경제사학자 니얼 퍼거슨, 니콜라 사르코지[Nicolas Sarkozy] 전 프랑스 대통령, 레이건의 최측근인 제임스 베이커 3세[James Baker III]도 있었다. 내 친구들 중에는 내가 주제넘게 군다고 생각하는 사람도 있었지만, 내 관심사는 오로지 주말에 베이커와 마주 앉을 기회를 갖는 것뿐이었다. 제임스 베이커는 프린스턴 출신 학자이고 해병대에 몸담았을 뿐만 아니라 재무부 장관(레이건 정부)과 국무장관(조지 H. W. 부시 정부)을 모두 역임한 매우 드문 경력의 인물이다. 그는 지정학과 경제 분야에 아주 탁월한 식견을 가지고 있으며, 나는 그를 통해 소련의 붕괴와 전 세계적인 인플레이션 억제의 또 다른 핵심 동인인 1980년대 중반에 미국이 수립한 모진 유가 통제의 실상에 대해 눈을 뜰 수 있었다.

미국은 1980년대에 사우디아라비아와 상호 이익과 상호 신뢰를 바탕으로 굳건한 유대 관계를 맺었다. 요즘처럼 묘하게 어정쩡한 사이와는 전혀 다른 진정한 관계였다. 미국은 이 사막의 왕국에 막대한 석유 매장량을 보호하는 데 필요한 화력과 전함을 기꺼이 제공했고, 그 대가로 사우디는 계속 달러로 석유를 거래하기로 합의했다. 이른바 페트로달러 협정이었다.

백악관은 이런 관계를 금융 핵무기로 사용했다. 소련 경제는 석유와 천연가스 수출에 대한 의존도가 매우 심했다. 미국 달러나 독일 마르크 같은 경화를 얻기 위해서였다. 자급자족이 안 되는 필수품을 구매하기 위해서는 이들 화폐가 필요했다. 미국은 냉전 기간에 소련의 에너지 수출을 제한하려 했지만 석유에 굶주린 동맹국을 설득하지 못했다. 특히 유럽의 러시아 에너지 의존도는 미국의 큰 걱정거리였다. 백악관은 반격에 나섰다. 1985년 11월부터 1986년 3월까지 미국과 사우디는 유가를 70퍼센트 가까이 떨어뜨려 소련 경제의 숨통을 조였다. 1980년대 초중반에 석유는 배럴당 24달러에서 32달러에 거래되었고, 소련 경제는 휘청거렸지만 그래도 꾸준히 버티고 있었다. 그러나 미국이 냉전을 끝내고 소련 경제를 말살하기로 결정한 1986년부터 1990년 사이에 미국은 소련이 굴복할 때까지 원유 가격상한선을 배럴당 11달러와 24달러 사이에서 아프리카코끼리처럼 굳건히 유지했다.

무척 인상적이었던 어느 오후에 나는 베이커와 마주했다. 우리는 에미리트팰리스 호텔 밖 기둥 옆에 자리를 잡았다. 육중한 기둥을 돋보이게 하는 경관용 조명이 베란다를 가로질러 빛을 발했다. 수공예 도자기 컵에 차를 마시던 베이커는 평생 내가 잊지 못 할 말을 했다. "이봐요, 래리." 텍사스 특유의 느린 저음으로 그가 말문을 열었다. "다극화된 세상이 마음에 안 들죠? 내가 백악관 자문을 맡고 있을 때는 중요한 위치에 있는 우방이 지금보다 훨씬 적었어요. 다행히 사우디가 우리 편이었죠. 그건 필수 요건이었어요. 유가를 통제하는 일만큼 중요한 게 없었으니까요."

그의 말에 따르면 서방의 석유 시장 통제는 인플레이션을 낮추고 많은 상품의 생산 비용을 낮추고 운송비를 저렴하게 유지하는 기능을 했고, 극단적인 제국주의처럼 보일지 모르지만 세계 평화의 안전판 역할을 하고, 통상을 안정시키고, 독재자를 통제하는 것은 물론 힘의 균형을 미국에 유리하도록 바꾸는 역할까지 했다.

하지만 소련이 붕괴하기까지 몇 해 동안 지정학적 긴장이 이어진 탓에 공세적 군사비 지출이 늘어났고, 1970년대 스태그플레이션 위기를 비롯해 막대한 재정적자와 높은 인플레이션 현상이 나타났다.

"다극화된 세계에서 글로벌 시장, 특히 인플레이션을 안정시키는 것은 거의 불가능에 가깝답니다." 베이커는 그렇게 설명했다. "내 아버지도 그런 환경에서 평생을 보냈다고 생각하면 놀라워요. 2차 세계대전, 한국전쟁, 베트남 전쟁을 거쳤으니까요. 래리, 내 말하지만 전쟁은 만성적인 인플레이션을 가져옵니다. 이건 정말 퇴치하기 어려워요."

그는 페르시아만 쪽으로 눈을 돌렸다. 1970년대를 떠올리는 듯했다. 당시 전 세계 석유 매장량의 80퍼센트 이상을 보유했으며 세계 석유 시장을 통제하려는 국가들의 모임인 석유수출국기구OPEC는 미국이 전후 협상을 위해 이스라엘을 재무장하자 금수 조치를 취했다. 유가는 천정부지로 치솟았고 미국 경제는 휘청거렸다. 베이커는 넌더리를 치더니 차를 마셨다. 우리는 한동안 말없이 앉아 있었다. 시원한 사막 바람이 우리의 머리카락을 흔들었다.

"저긴 정말 끔찍해요." 그가 계속했다. "절대 경험할 곳이 못 돼요."

나는 1966년에 태어났다. 그래서 냉전 긴장이 최고조에 달했을 때 서방 신문을 읽었던 다른 많은 사람들과 마찬가지로 러시아에서 빵을 배급받으려 길게 늘어선 줄과 텅 빈 슈퍼마켓 진열대 사진은 이미 여러 차례 접한 터였다.

하지만 수십 년이 지난 지금, 우리는 지정학적 지각판이 다시 움직이는 것을 목격하고 있다. 그 문제는 이 책의 뒷부분에서 살펴볼 것이다.

위험한 WTO 신규 가입국

여러 종류의 테이블에 흩어져 작업하는 엔지니어링 팀과 바쁘게 주문을 받는 사람들로 주변이 어수선했지만, 1990년대 노스오스틴의 한 비즈니스 센터에서 사업을 운영하는 이 대학 중퇴자는 외로워 보였다. 문 위에는 파란색 간판에 간단히 '델Dell'이라고만 적혀 있었다.

이 작고 눈에 잘 띄지 않는 건물에서 마이클 델Michael Dell은 어떤 매장에서도 판매하지 않는 맞춤형 컴퓨터라는 개념을 창안하여 역사적인 하이테크 제국을 건설했다. 서부 텍사스에 있는 작업실 탁자 위에 쌓인 회로기판과 드라이버는 반박할 수 없는 천재 청년의 아이디어뿐 아니라 향후 개인용 컴퓨터 산업이 어떻게 변할지 단적으로 보여주었다. 델은 중심가의 다른 매장보다 가격을 낮추고 우편(나중에는 온라인)을 통해 PC를 '주문 제작'할 수 있다면 상상할 수 없는 수익을 올릴 수 있을 거라 판단했다.

1983년, 그가 의예과 과정을 밟기 위해 텍사스 대학으로 BMW를 몰고 갈 당시 뒷좌석에는 분해된 개인용 컴퓨터 3대가 있었다. 언젠가 세계 최대의 컴퓨터 시스템 공급업체로 성장하게 될 종자 컴퓨터였다. 이듬해인 1984년 5월, 델은 대학을 중퇴했다. 그의 월 수입은 이미 8만 달러를 넘고 있었다. 1992년, 스물여섯 살이 되던 해에 그는 〈포춘Fortune〉 500대 기업의 최연소 CEO가 되었고, 회사의 연 매출은 6억 7,900만 달러에 달했다.

1995년 델컴퓨터는 사업을 일본, 유럽, 미주 등 전 세계 곳곳으로 공격적으로 확장했다. 1996년에는 델닷컴Dell.com을 출범시켰다. 6개월 후 델은 온라인 판매로 하루 100만 달러의 매출을 기록했다. 세계화로 인한 경제 활성화는 바로 마이클 델의 뒷주머니에 있었다.

2001년 중국이 세계무역기구WTO의 공식 회원국이 되자 다국적 기업들은 정부의 간섭이 없는 곳으로 제조업을 이전하기로 마음먹고 중국으로 진출하여 값싼 노동력으로 환경 정책을 무시한 채 10분의 1의 비용으로 제품, 화학물질, 플라스틱 등을 생산하기 시작했다. 1997년 교토의정서Kyoto Protocol에 따라 미국을 제외한 선진국들은 2012년까지 온실가스 배출량을 1990년 수준 이하로 감축한다는 구속력 있는 목표를 설정했다. 미국은 서명하지 않았지만 교토의정서는 기후 변화 규제가 임박했다는 두려움을 가져왔다. 미국의 산업에 타격을 줄 수 있는 규제였다.

빌 클린턴 대통령은 중국을 WTO의 새로운 회원국으로 가입시키기 위해 열심히 로비를 했다. 그는 이 기구의 훌륭한 홍보대사였다. 그는 WTO가 세계의 많은 무역과 경제 문제를 해결할 수 있고, 어떤 나라든 회원국이 될 기회를 가질 자격이 있다고 믿었다. 하지만 그가 전혀 예상하지 못한 점이 있었다. 그 후 17년 동안 미국이 370만 개의 제조업 일자리를 잃고 중국에 1조 달러의 빚을 지게 된다는 사실이었다.

델은 미국 기업이지만 부품은 아시아에서 생산했다. 낮은 제조 비용은 비밀이 아니었다. 돈을 쓰는 쪽이 있으면 버는 쪽도 있는 법이고, 이후 10년 동안 일어난 오프쇼어링의 물결 탓에 미국은 수조 달러의 부채를 짊어지고 제조업 부문은 알맹이 없는 쭉정이가 되어버렸다. 이런 과정은 수십 년 동안 포트폴리오 구성의 근간을 바꾸어놓았다. 인플레이션 국면에서는 경질 자산과 가치주가 더 나은 성과를 낸다. 디플레이션 체제에서는 금융 자산과 성장주의 실적이 더 좋다.

세계 시장은 곧 값싼 '중국산' 의류, 장난감, 가정용품, 가구, 전자제품으로 넘쳐났다. 반대로 세계에서 가장 막강한 로비력을 가진 미국 농업 부문은 중국에 막대한 양의 옥수수, 밀, 대두를 판매하기 시작했다.

중국 상공의 대기는 급격히 오염되었다. 한 해 동안 중국의 이산화탄소 배출량은 거의 수직으로 치솟았다. 2000년에 중국이 대기에 배출한 이산화탄소의 양은 3.5기가톤, 즉 35억 톤에 달한다. 2010년에는 10.3기가톤으로 폭발적인 증가를 보였는데, 이는 미국, 유럽, 인도의 배출량을 합친 것과 맞먹는 양이었다. 엑사줄exajoule(1엑사줄은 석유 1억 7,400만 배럴 또는 석탄

오프쇼어링과 디플레이션의 관계

델은 미국의 기술 제조업을 아시아로 대폭 이전하는 사례의 교과서적 전범이 되었다. 통계가 이를 입증해 준다. 1990년에 미국의 컴퓨터와 통신 장비 산업에 종사하는 근로자는 210만 명이었다. 2008년에 이 수치는 130만 명으로 줄었고, 2023년에는 110만 명까지 감소할 것으로 보인다. 반도체 제조 부문은 사정이 더 심각하다. 1990년에는 국내 반도체 산업에 종사하는 미국인이 66만 명에 달했다. 하지만 2008년에 그 수가 43만 3,000명으로 줄더니 2023년에는 39만 2,000명까지 내려갔다. 그러나 PC와 노트북 시장은 2022년에 3억 2,600만 대가 판매되어 2000년대 초반에 연간 판매량이었던 1억 5,000만 대를 2배 상회하는 기록을 세웠다. 반도체 매출은 2005년 2,200억 달러에서 2022년 6,000억 달러로 거의 3배 가까이 증가했다. 한편 1997년부터 2015년까지 개인용 컴퓨터와 주변기기의 소비자물가지수^{CPI}는 96퍼센트 하락했다. 이런 수준의 디플레이션은 PC에만 국한되지 않았다. 텔레비전도 비슷한 하락세를 보였고, 오디오와 사진 장비도 60퍼센트 넘게 하락했다. 여러 공산품 분야에서 나타난 엄청난 디플레이션은 1990년대 중반부터 2021년까지 인플레이션을 억제하는 데 도움을 준 주요 요인 중 하나였다.

앞으로 몇 년 동안은 초당적인 정치적 압력이 더욱 거세질 것이 분명하기 때문에, 온쇼어링이나 니어쇼어링$^{near-shoring}$ 생산은 틀림없이 가격 상승으로 이어질 것이다. 고임금 국가에서 전체 공급망을 뿌리째 들어낸 뒤 새로운 공급망을 구축하려면 막대한 비용이 들고, 그 대가는 인플레이션의 형태로 소비자가 부담해야 한다.

3,400만 톤에 해당)로 측정한 중국의 석탄 에너지 소비량은 2000년 29.56엑사줄에서 2013년 82.43엑사줄로 증가했으며, 그 이후 매년 80엑사줄 이상을 기록해 왔다. 쉽게 말해 중국은 매년 27억 톤의 석탄을 태우고 있다. 시각적으로 설명하자면 엠파이어 스테이트 빌딩 약 8,000채에 해당하는 양이다.

놀랍게도 무역 흑자 수치는 이산화탄소 배출량의 패턴을 거의 정확하게 따른다. 중국이 WTO에 가입하기 직전인 2001년에 미국이 중국에 수출한 제품과 상품은 200억 달러였고, 반대로 중국은 미국에 1,000억 달러를 수출했다. 10년 후 그 수치는 크게 달라졌다. 중국은 미국에 3,750억 달러의 제품을 팔았지만, 미국이 중국에 판 제품은 1,000억 달러에 그쳤다. 2011년에 2,750억 달러였던 양국의 차이는, 중국이 미국에 5,713억 달러어치 제품을 판매한 2021년에는 4,000억 달러로 벌어진다.

뉴욕 연준의 연구에 따르면 중국이 WTO에 가입하면서 2000년과 2006년 사이에 제조업 물가지수는 7.6퍼센트 하락했다. 미국 노동통계국BLS의 추정에 따르면 특정 산업에서 중국 수입품 침투율이 1퍼센트포인트 증가할 때 해당 산업의 소비자물가지수CPI는 3퍼센트포인트 하락했다. 이처럼 중국 수입품이 물가에 영향을 미치기 시작한 것은 중국이 WTO에 가입한 2000년부터인 것으로 그들은 추정했다. 오프쇼어링 추세가 역전되어 생산 시설이 다시 미국이나 주변 국가로 돌아오면 비용이 상승하여 미국 내의 인플레이션이 높아질 것이다.

중국 덕을 본 미국

역사상 가장 영향력 있는 고전 경제학자 데이비드 리카도^{David Ricardo}와 애덤 스미스^{Adam Smith}는 두 나라 사이에 발생하는 무역 불균형도 결국 화폐의 속성 때문에 저절로 해소된다고 믿었다. 경제 원리에 따르면 무역 흑자를 내는 나라의 화폐는 순 수입국의 화폐에 비해 그 가치가 상승하게 되어 있다. 이렇게 되면 무역 흑자 폭이 줄어들어 두 나라는 다시 균형을 회복한다. 그러나 미국이 일본이나 아시아의 호랑이들과 벌인 무역은 그렇지 않았다. 중국과의 무역은 말할 것도 없었다. 왜 그랬을까? 그런 나라들이 대규모 무역 흑자를 본 탓에 입었던 미국의 상처는 왜 그렇게 오래갔을까? 고전 경제 이론은 어떻게 된 것인가? 알고 보면 답은 간단하다.

미국 기업은 중국 공급업자로부터 물품을 구매할 때 항상 미국 달러로 대금을 치렀다. 대금을 받으면 중국 기업은 달러를 자국의 위안화로 환전한다. 이렇게 하면 그 회사는 수익으로 제조와 수출 프로세스를 전부 다시 시작하여 원자재를 조달하고 근로자에게 보수를 지급하고, 컨테이너선이나 유조선을 빌리는 등등 모든 사업 비용을 처리할 수 있다. 모두 위안화로 말이다.

하지만 중국 본토에서 일어난 이 모든 환전은 위안화의 가치를 흔들었다. 수십억 달러를 들여 자국 화폐를 대량으로 사들이면 달러 대비 자국 화폐의 가치가 상승한다. 잘된 일 아닌가? 하지만 그러면 해외로 나간 자국의 제품 가격이 상승하여 수출 경쟁력이 떨어지고 결국 자국의 화폐가치는 다시 하락한다. 중국이 경쟁 우위를 지킬 수 있었던 주요 원인은 값싼 제품이었기 때문에 중국은 이런 사업 모델에 전혀 흥미를 보이지 않았다.

중국 정부가 플랜 B로 전환하고 18세기 고전 경제학자들의 이론을 종이분쇄기에 넣는 데는 그리 오랜 시간이 걸리지 않았다.

경제학자가 아닌 사람들에게는 그들의 방식이 다소 헷갈릴 수 있지만, 바다를 가르는 범선 2척을 떠올리면 쉽게 이해할 수 있다. 한 배는 미국 달러라고 하고, 다른 배는 중국 위안화라고 생각해 보자. 위안선이 할 일은 한 가지이다. 다른 배를 앞지르는 것도 아니고, 뒤처지게 내버려두는 것도 아니다. 위안선은 달러선과 어깨를 나란히 하고 속도를 맞추기만 하면 된다. 앞서 나가면 돛을 느슨하게 풀고 뒤처지면 팽팽히 당긴다. 중국은 바로 이런 식으로 미국 달러에 대한 위안화 환율을 통제했다.

위안화가 강세를 보일 때마다 중국인들은 위안화를 팔고 달러를 사서 위안화를 약화시켰다. 위안화가 너무 약해지면 외환보유고를 열어 산더미 같은 달러화를 처분하고 위안화를 사들여 위안화를 절상했다. 이런 방식으로 중국은 달러에 대한 자국 통화의 변동률을 억제했기 때문에 미국 구매자를 상대로 제품 가격을 낮게 유지할 수 있었다. 중국은 달러를 환전하지 않고 그 달러로 미국 국채를 매입했다. 여러 해 동안 미국에서 금리가 부자연스러울 정도로 낮게 유지된 것은 바로 이 때문이다.

또 미국은 그 때문에 엄청난 부채와 정부 지출을 떠안게 됐다. 1퍼센트의 금리로 돈을 빌릴 수 있다면 어떤 정부가 거부할 수 있겠는가? 누가 그럴 수 있겠는가? 그토록 낮은 금리는 오랫동안 과도한 차입에 대한 자연스러운 견제, 즉 부채 상환 비용의 형태로 나타나는 억제력을 왜곡했다. 금리가 너무 낮았기 때문에 정치인들은 채권자들에게 빚 갚을 생각도 하지 않고 세상 무서운 줄 모르는 듯 적자 지출을 남발할 수 있었다. 덕분에 정치인들은 끝도 없이 점점 더 많은 돈을 빌려 재정적 여유를 갖게 되었다.

금리가 낮으면 소비자와 은행 등 금융기관에서 대출받은 사람에게는

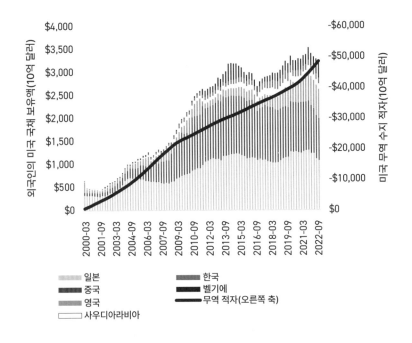

좋지만, 저금리에는 메인스트리트가 좀처럼 생각하지 못하는 또 다른 면이 있다. 기업 신용이라는 하나의 완전한 세계가 있다. 여기서 세상 곳곳에 자금을 조달한다. 세계 경제는 빚으로 움직인다. 수익만으로 성장하는 기업은 없다. 기업들은 대부분 바로 옆에 피라미드를 가지고 있다. 파라오 쿠푸 Khufu의 미라가 '왕가의 계곡'에 최종 매장되기 전에 안치되었던 '기자의 대 피라미드the Great Pyramid of Giza' 같은 것이다. 피라미드의 맨 위층, 즉 최상위 트랜치tranche는 은행 부채를 나타내고, 가장 아래층, 즉 모든 무게를 받는 트랜치는 기업의 자기자본(자산에서 부채를 모두 뺀 후의 달러 가치를 말하며 장부가액이라고도 한다)을 나타낸다. 이것이 일반적으로 메인스트리트, 즉 실물 경제가 알고 있는 자본 피라미드의 유일한 부분이지만, 그 위에는 정교한 자본의 완전한 세계가 계층을 이루어가며 조심스럽게 쌓여 있다. 그리고 이것이 바로 세계를 운영하는 자본 구조다.

기업은 각각 이런 구조를 가지고 거래를 창출하고 인구의 일부를 고용함으로써 경제에 작게나마 기여한다. 기업은 수도 없이 많지만 모두가 거래를 창출하고 일자리를 만든다. 이들의 총합이 한 나라의 경제다. 은행은 국경 너머의 다른 은행과 거래한다. 대출자는 빌려주고 차입자는 빌리고 정부는 다른 정부를 지원하고 기업은 해외로 진출한다. 컨테이너선은 바다를 건너가는 막대한 돈이다. 결국 차입과 대출, 수출과 수입, 구매와 판매의 거대한 매트릭스가 글로벌 경제를 만들어낸다.

1990년대 후반, 벤처 캐피털에게 가장 인기를 끈 신천지는 기술 분야였다. 지금은 닷컴 세상이 우리 생활에 깊숙이 자리 잡았지만, 당시만 해도 새로운 세상이 열린 것처럼 월스트리트에는 디지털 골드러시가 열기를 띠었다. 1500년대 피렌체의 자본가들처럼 벤처 캐피털리스트들은 자신들이 르네상스에 자금을 조달한다고 생각했고, 투자은행들은 최신 기술을 가진 기업을 대상으로 투기성 투자에 열을 올렸다. 그들은 수익이나 밸류에이션 같은 경제의 기본 지침 따위는 일축했다. 그들은 차세대 마이크로소프트Microsoft, 차세대 AOL, 차세대 야후Yahoo!, 차세대 아마존Amazon에 자금을 대려 했다. 저금리가 위험의 경계를 밀어냈다. 앞으로 계속 이런 이야기를 하겠지만 그래도 이런 패턴은 반복될 것이다. 하지만 정보의 초고속도로 위에 띄운 막대한 부의 약속은 월스트리트의 판단을 완전히 흐려놓았다.

하긴 그렇게 흐릿한 판단력 덕분에 큰 부자가 된 사람도 많았다. 우리의 마이클 델도 그중 하나였다. 그가 차린 회사의 주가는 5년 사이에 60배로 치솟았다. 그러자 순탄한 1990년대 호황기를 틈타 실용적인 비즈니스 모델도 없고 수익을 낼 자기만의 방법도 갖지 못한 많은 기업들까지 앞뒤 가리지 않고 기업공개를 시작했다. 많은 사례가 있지만 그중에도 기억에 남는 것은 외과 의사 출신 C. 에버렛 쿱C. Everett Koop이 설립한 건강정보 웹사이트 drkoop.com이다. 닷컴 광풍이 불던 1999년에 이 온라인 닥터는 9달러에 기업공개를 했고, 주식은 36달러까지 올라 시가총액은 19억 달러를 기록했지만 매출은 4만 3,000달러밖에 되지 않았다.

1년 후에 이 주식은 20센트에 거래된다. 하지만 이성을 잃은 건 대기업도 마찬가지였다. 월드컴WorldCom, 엔론Enron, 타이코Tyco, 아델피아Adelphia 등 몇몇 기업들은 개방된 자본 시장과 맹목적으로 낙관하는 투자자들을 이용해 빚을 끌어들여 사업을 확장했다. 그리고 이를 위해 장부를 위조하는 짓도 서슴지 않았다.

고수들이 말하는 투자 이야기
안드레 에스테베스André Esteves와의 인터뷰

냉전 이후의 경제학이라면 나도 뉴욕의 여러 사교 모임에서 나름대로 주장을 펼칠 만한 위치에 있지만, 지정학과 인플레이션과 디스인플레이션의 관계에 대해 막연히 가졌던 생각이 뚜렷하게 정리된 것은 2022년 4월이 되어서였다.

남미 최대 도시 상파울루는 여름의 무더위가 한풀 꺾여 있었다. 내가 본 도시 중 가장 거대한 이곳은 교외까지 난개발로 마구 파헤쳐지는 가운데 시민 2,100만 명이 이 도시에 자신의 삶을 기대어 지내고 있었다. 나는 헤지펀드 매니저들을 대상으로 한 거시금융에 관한 연설을 마친 뒤 또 다른 목적지로 향했다. 나를 태운 차는 상파울루의 유명 기업 밀집 지역인 이타임 비비를 지나고 있었다. 화려한 고층 빌딩들이 스카이라인을 형성하는 이곳에는 브라질 굴지의 여러 기업들이 사무실을 두고 있다. 차는 오라시오 라페르가街로 방향을 틀었다. 유대계 출신의 탁월한 정치지도자로, 제지 산업을 물려받은 사업가이자 제툴리오 바르가스 Getúlio Vargas 대통령의 전 재무부 장관이었던 오라시오 라페르 Horácio Lafer의 이름을 딴 거리였다. 라페르는 1965년 파리에서 사망했는데, 그해 미국은 베트남에 파견하는 병력을 급격히 늘렸다. 내가 마지막 목적지를 세 블록 앞두고 차를 세운 이유는 브라질 금융계의 또 다른 거물을 만나기 위해서였다. 높은 인플레이션과 맞붙어 치고받고 뒹굴고 싸우면서 자신의 경력을 쌓아온 인물이었다.

우리는 거울 유리로 된 고층 빌딩의 거대한 현관으로 들어섰다. 잠시 후 엘리베이터는 BTG 팩추얼 BTG Pactual 본사가 있는 14층에 나를 내려놓았다. 널찍하고 조명이 환한 로비 저쪽에서 흰색 셔츠에 카키색 정장을 입은 한 신사가 내쪽으로 걸어왔다. 이마를 덮은 검은 머리와 금속테 안경을 쓴 그의 모습은 전 세계를 무대로 하나의 금융 제국을 건설한 사람의 전형 그대로였다. 라틴아메리카 최대 투자은행의 창립자 안드레 에스테베스였다.

나는 안드레를 따라 복도를 거쳐 스카이브리지로 향했다. 아래쪽에 트레이딩 플로어가 보였다. "제 사무실이 저깁니다. 미국 사람들 말대로 이렇게 해야 현장의 동향을 파악할 수 있거든요." 그가 말했다.

거래 현장에서 팀원들과 섞여 일하는 CEO라니. 머리가 절로 수그러졌다. 그도 그런 내 마음을 아는 듯했다. 리먼브러더스에서 일할 때 나는 그런 CEO를 본 적이 없다. 단 한 번도.

"많은 사람들이 브라질을 찾습니다. 하지만 그들 머릿속엔 축구나 술자리나 멋진 여자 생각밖에 없어요." 그는 덧붙였다. "하지만 금융 분야라면 우리는 미국과는 다른 세상을 살았습니다. 늘 인플레이션이 함께했죠. 여러 해 동안 그랬어요. 하지만 이제 미국도 비슷한 문제를 겪을 겁니다. 그런데 당신들은 대처하는 방법을 몰라요."

그때가 2022년 초였으니 예리한 관찰이었다. 시장이 실질 인플레이션의 실체를 깨닫지 못할 때였으니까. 하긴 지금도 달라진 것은 없다. 실제로 워싱턴에 있는 사람들은 대부분 최근의 물가상승을 코로나19 팬데믹의 여파로 인한 일시적인 현상 정도로 여긴다.

"브라질만큼 나빠질까요?" 나는 걱정스레 물었다.

"그럴지도 모르죠. 그건 아무도 모릅니다. 하지만 워싱턴에서 생각하는 것처럼 그냥 지나가는 현상은 아닐 겁니다. 역사를 보면 그게 아니라는 걸 알 수 있어요."

안드레를 흘끗 쳐다보았다. 하지만 그의 말을 끊고 싶지 않았다. 이 얼마나 특별한 순간인가. 평소 존경해 왔던 안드레와 스카이브리지에 함께 서 있다니. 그 자체가 영광이었다.

"지정학적 긴장과 인플레이션은 항상 긴밀하게 얽혀 있었습니다." 그가 계속했다. "지난 30년은 공원을 산책하는 것과 같았어요. 미국이 잘 관리하는 공원 말입니다. 시장은 좀처럼 방해받지 않고 상승세를 이어갔죠."

"소련의 몰락이 원인이었겠죠?" 내가 불쑥 말했지만 그것은 정답의 일부일 뿐이라는 생각이 들었다.

"그럴 겁니다… 소련은 갈등의 마지막 보루였으니까요. 그리고 소련이 무너졌을 때 우린 알았습니다. 그 일로 20억 소비자를 향한 세계의 문이 열리고, 결국 중국이 세계의 공장으로 우뚝 서리라는 사실을 말입니다. 이런 장면은 우리 생애에 두 번 다시 볼 수 없을 겁니다."

그의 목소리가 잦아들 때 나는 트레이딩 플로어의 주식시세표를 내려다보았다. 그러자 매일 아침 6시 정각에 거래소에 출근하던 시절이 떠올랐다.

"중국이 제조업을 장악한 방식이 놀랍지 않습니까?" 내가 말했다. "사실상 독점하다시피 했으니까요."

"그게 그러니까… 브라질로서는 대단한 발전이었죠. 우리나라는 그들 덕을 많이 봤어요. 각종 필수 원자재에 대한 그들의 수요가 끝이 없었으니까요. 철광석이든 대두이든… 중국은 닥치는 대로 샀습니다. 덕분에 우리의 경제 규모는 3,900억 달러에서 2조 달러로 성장했죠. 그게 작년 기록입니다."

"값싼 노동력이 세상을 바꾼다. 뭐 그런 얘기겠죠?" 내가 말했다.

"값싼 노동력이요?" 안드레는 웃는지 마는지 묘한 표정으로 나를 봤다. "다들 그렇게 생각하지만 사실 조금 빗나갔어요. 유일한 실체를 따지자면 값싼 노동력은 아니에요. 핵심은 '접근성'입니다."

"무슨 말씀이죠?"

"국제 통상 경로의 안전성과 관련이 있다는 말입니다. 그래야 무역이 가능하니까요. 안전이 보장되면 세계 각지로 상품을 운송하는 비용이 낮아집니다. 지정학적 긴장이 줄어들면 해외 제조가 쉬워지고 인건비도 절감되죠. 상품 수출이 순조로워집니다. 소비자 입장에서는 월마트의 속옷부터 애플의 아이폰까지 뭐든 값싸게 구할 수 있는 거죠. 값싼 석탄과 노동력으로 제조됐으니까요."

"디플레이션이 심한 환경에서 동서 간의 적시 생산 체제^{JIT}를 갖추었던 공급망 모델을 이해해야 합니다. 1990년부터 2020년까지는 이런 모델이 크게 번창했지만 세계가 다극화된 지금은 더는 옛날 같지 않아요. 지금 이 남반구에선 북미와 남미 사이의 남북 공급망이 활발해지고 있습니다. 지칠 대로 지친 미국 기업들은 코로나 이후의 세상에서 마음의 평화를 얻기 원하겠죠. 니어쇼어링, 프렌드쇼어링friend-shoring, 백업 공급망backup supply chains 등 뭐라 부르든 이런 시대는 어차피 옵니다. 어느 정도는 이미 와 있는데 그건 인플레이션이 훨씬 더 심한 세상이에요."

나는 잠시 그곳에 선 채 안드레의 말을 곱씹어 보았다. 우리는 스카이브리지를 벗어나 복도 끝에 있는 창문으로 다가갔다. "소련의 해체로 30년간의 디플레이션 시대가 열렸습니다." 그가 계속 말했다. "하지만 아실 겁니다. 푸틴의 전쟁은 유럽에 전혀 좋을 게 없어요. 값싼 러시아 에너지와 금속에 대한 유럽의 의존도는 거의 절대적이니까요. 중국의 생산 기적은 또 어떻습니까? 중국의 공장 때문에 전 세계에 옷이나 아이폰, 노트북, 전기 자동차 배터리가 넘쳐나지 않습니까! 이 전쟁이 무역에 뭐라도 도움이 된다고 생각하세요? 생각해 보세요. 이 전쟁을 막을 수 있는 수단이 미국에 더는 있기나 한가요? 시간이 갈수록 각 나라들은 달러화에서 벗어나기 시작할 겁니다. 안 그렇습니까?"

우린 창가에 섰다. 창문이 큼지막해서 고층 빌딩 사이로 먼 곳까지 시야에 들어왔다. 도시의 상쾌한 공기도 저쪽 먼 곳에선 먼지 때문에 뿌연 담갈색을 띄었다.

"이지 머니만 인플레이션을 유발하는 건 아니에요." 안드레는 계속했다. "위험한 지정학도 원인입니다. 지난 세월 서방이 겪었던 일을 돌아보세요. 역사책을 가져와 한국전쟁 부분을 펼치면 돼요. 북한이 남한을 침공했죠. 공산주의의 위협에 맞선 대리전이었습니다. 그런 다음 어떻게 됐습니까? 베트남 전쟁과 욤키푸르 전쟁이 뒤따랐죠. 거의 20년에 걸친 소모전이었어요. 이런 와중에 아시아 상품이 지금처럼 쌀 수 있는 순간이 잠깐이라도 있었겠어요?"

"당연히 없었겠죠."

"연료비, 운송비, 보안 리스크, 그런 데 돈을 들일 만한 가치가 없었을 겁니다. 전쟁 중인 동남아 때문에 안 돼요. 1965년부터 1982년까지 미국이 인플레이션을 겪은 것도 그 때문입니다."

"우크라이나 전쟁이 저렇다면 앞으로 10년은 어떻게 될 것 같습니까?"

안드레는 대답하기 전에 시계를 확인했다. "우리는 지금 산의 반대편에 있습니다." 그가 말했다. "서구에서 보면 브라질은 높은 인플레이션과 수준 미달의 저성장 기간이 너무 잦았습니다. 브라질은 초인플레이션 시기를 여러 차례 겪었어요. 가장 최근만 보더라도 90년대 초중반의 물가상승률이 5,000퍼센트였습니다. 하지만 2021년에도 물가상승률은 30퍼센트였어요. 규모가 큰 공공 부문의 재정적자가 계속 쌓이는 데다 제한된 대외 무역까지 겹쳐 수시로 급격한 가격 상승이 발생하는데, 이를 통제하려면 여러 해가 걸립니다. 그러니 투자하기가 훨씬 더 어렵죠. S&P 500 지수를 보세요. 여전히 18배 수익을 내지 않습니까? 하지만 우리 보베스파Bovespa 지수는 7배도 안 됩니다. 우리는 지속적인 인플레이션에 익숙해요. 5퍼센트, 때로 10퍼센트가 될 때도 있죠. 하지만 미국이 여기서 교훈을 얻기는 어려울 겁니다."

"이런 상황이 당분간 지속된다고 보세요?"

안드레는 곰곰이 생각하더니 서글픈 표정으로 고개를 끄덕였다. "인플레이션은 다루기가 무척 까다로운 상대입니다. 소리 소문 없이 다가오니까요. 와서도 시트 쿠션 밑으로 숨어버려요. 그러고는 몇 년 동안 떠나지 않고 서성일 궁리를 하죠."

그 말을 들으니 누군가 생각이 났다. 헤지펀드의 아이콘 세스 클라먼Seth Klarman이었다. 언젠가 그는 투자를 가리켜 경제학과 심리학의 교차점이라고 말했다. 내가 보기에 그 기술을 정복한 사람이 바로 안드레라는 생각이 들었다.

집으로 돌아오는 긴 여정의 비행기에서 내려다보니 브라질 북서쪽의 콜롬비아 국경을 넘고 있었다. 머릿속에서 위대한 디플레이션의 시대가 끝난 뒤의 세상이 펼쳐지기 시작했다. 우리의 삶은 달라질 것이다. 더 비싸고 더 불확실하게.

그리고 안드레가 옳았다. 우리는 다극화 시대로 접어드는 중이며, 이는 앞으로 몇 년 동안 경제 지형을 크게 변화시켜 새로운 승자와 패자의 무리를 낳을 것이다. 이와 관련하여 여기서는 다가오는 폭풍에 대비해 투자자가 어떻게 포지셔닝해야 할지를 챕터별로 설명하려 한다.

시장은 줄곧 말해왔다. 이제 귀를 기울여야 할 때다.

제2장 미국, 루비콘강을 건너다

어리석은 경제학자는 현재의 작은 이익을 좇다 미래에
큰 불이익을 당하지만, 진짜 경제학자는 당장 작은 불이익을
감수하면서 미래의 큰 이익을 추구한다.

— 프레데릭 바스티아 Frédéric Bastiat

경제학은 원인과 결과를 연구하는 학문이다. 우리는 지정학
에서, 글로벌 금융에서, 거래소에서 시장의 호황이나 불황, 재편 등의 근본
원인을 찾기 위해 항상 여러 해 전으로 거슬러 올라가곤 한다. 그리고 그곳
에서 금융 체스판을 차려놓고 결정적 수를 복기함으로써 미국과 서구가 어
떻게 오늘날의 위치에 이르게 되었는지 파악하려 한다.

이 장에서는 우리 시대에 발생한 첫 번째 거대한 자산 거품과 그 거품
이 부풀 대로 부풀다 결국 터져 경제가 혼란에 빠졌을 때 정부가 어떤 식으
로 대응했는지 다시 살펴볼 것이다. 멀리 떨어진 곳의 거품이 어떻게 전 세
계에 파급효과를 일으켜 미국 주식시장을 초주검이 될 때까지 두들기고,
연방준비제도로 하여금 그들의 정책을 영원히 바꾸도록 만들어 경제에 돌
이킬 수 없는 결과를 초래했는지 그 과정을 검토할 것이다.

우리의 여정은 '태양의 나라'에서 시작하여 마지막엔 코네티컷주 그리
니치의 목가적인 교외로 옮겨 간다. 바로 헤지펀드 롱텀캐피털매니지먼트

LTCM가 세계 시장을 절멸시키겠다고 겁박하던 때였다. 25년 전의 일이지만 그 사건은 요즘의 포트폴리오와도 여전히 관련이 있다. 연준이 이 헤지펀드를 구제하면서 유례가 없던 연방준비제도 행동주의 시대가 시작되었고, 심각한 대형 사고가 터질 때마다 연준이 시장을 떠받쳐 주었기 때문이다. LTCM 이후로도 구제금융은 계속 이어졌고 매번 지난번보다 규모가 더욱 커졌다. 이 모두가 저低인플레이션과 지정학적으로 안전한 일극 체계의 세계에서 이루어진 일이었다. 그 덕에 연준은 금융시장을 구제하는 데 필요한 값싼 돈을 대량으로 공급할 막강한 무기고를 확보했다. 하지만 이제 시대가 바뀌었다. 우리는 인플레이션 체제 속에 살고 있으며 세계는 그다지 안전하지 않다. 우리는 새로운 냉전과 고금리 시대를 마주하고 있다.

다음에 또 시장이 무너지면 그때 연준의 선택은 크게 달라질지 모른다. 아무것도 하지 않고 모두가 망하도록 내버려두던가 아니면 수조 달러 규모의 구제금융으로 시장을 구하는 것이다. 만에 하나 또 한 번 구제금융 쪽을 택한다면 그 대가는 1920년대 이후 서구가 겪어보지 못한 끔찍한 경험이될 것이다. 당시에는 이를 초인플레이션hyperinflation이라고 불렀는데, 이는 경제와 투자자를 모두 초토화하는 괴물이다. 하지만 너무 앞서가진 말자. 우리는 그 전에 미국을 이 비극적인 혼란에 빠뜨린 나비 효과부터 얘기해야한다.

놀랍게도 그 효과는 바이크 가와사키Kawasaki GPZ900R, 그 유명한 '가와사키 닌자'로 거슬러 올라간다. 1986년의 고전 영화 〈탑건Top Gun〉에서 벌린Berlin의 '테이크 마이 브레스 어웨이Take My Breath Away'가 사운드트랙으로 흘러나오는 가운데, 매버릭Maverick이 켈리 맥길리스Kelly McGillis를 찾아가기 위해 미라마 해군기지를 가로질러 질주하는 장면에서 첫선을 보였던 그 바이크였다. 거리를 누비는 미국의 속도광들 사이에서 1980년대는 일본 바이크로 대변되는 시대였고, 하나의 국가로서 일본도 호황을 달리고 있었다.

일본이 탁월한 점은 그들의 독창성이었다. 일본은 천연자원도 없고 농토도 척박하며 부동산도 많지 않은 나라로, 공산주의 국가인 중국과 러시아 동부 해안과 이웃하고 있다. 그런데도 일본은 세계 제2위의 경제 대국으로 성장했다. 핵심은 우수한 제조업이었고, 그들은 싸고 빠르고 스마트하며 신뢰할 수 있는 기술을 세계 시장에 쏟아부었다. 그들의 제품은 불티나게 팔렸다. 야마하Yamaha, 스즈키Suzuki, 미쓰비시Mitsubishi, 혼다Honda의 고성능 엔진뿐 아니라 전자제품도 만들었다. 일본은 파이오니어Pioneer, 소니Sony, 켄우드Kenwood 같은 브랜드와 게임 제국 세가Sega와 닌텐도Nintendo 등으로 세계를 지배하는 경제 강국이었다. 적시 생산 관리체계Just-in-time Production Management를 창안한 도요타Toyota야 새삼 언급할 필요도 없을 것이다.

하지만 승자가 있으면[1] 패자도 있게 마련이다. 일본과의 경쟁으로 매출이 급격히 줄어든 제너럴모터스General Motors와 캐터필러Caterpillar 같은 기업들이 불만을 터뜨리기 시작했다. 그들은 의회를 소집하여 일본의 수출을 억제해 달라고 요구했다. 1980년대 초에 미국은 일제 수입품에 대해 여러 가지 제약과 관세를 부과했지만 별다른 실효를 거두지 못했었다. 결국 1985년 9월, 5명의 세계 경제 지도자들은 뉴욕의 한 고급 호텔에서 만나 몽블랑 만년필을 꺼내 합의문에 서명했다. 무서울 정도로 강세를 보이는 달러를 진정시키려는 이른바 플라자 합의Plaza Accord였다. 서독의 게르하르트 슈톨텐베르크Gerhard Stoltenberg, 프랑스의 피에르 베레고부아Pierre

Bérégovoy, 미국의 제임스 베이커 3세, 영국의 나이젤 로슨^{Nigel Lawson}, 일본의 다케시타 노보루^{竹下登}가 그날의 주역이었다. 이 합의로 이후 2년 동안 달러는 25.8퍼센트 하락하고 독일 마르크화와 일본 엔화는 큰 폭으로 절상되었다. 엔화는 이 기간에 100퍼센트 상승했다. 일본 경제는 수출 기반 산업에 대한 의존도가 높았기 때문에 이런 엔화의 급등세는 일본을 심각한 경기 침체 위험에 빠뜨렸다.

화폐 가치와 수출 시장을 구식 저울의 접시에 올린다고 생각해 보자. 저울의 완벽한 균형을 찾기는 애초에 매우 어렵다. 화폐가 너무 강해지면 수출하는 상품과 서비스의 해외 가격이 올라가 수출 시장이 죽는다. 화폐가 약세로 돌아서면 수출품의 해외 수요가 늘어난다.

플라자 합의에 서명하기 전에는 일본 통화가 상대적으로 약세였고 미국 달러가 매우 강해 일본에는 좋았지만 미국의 수출에는 불리했다. (달러 강세의 이점은 다음 장에서 설명하겠다.) 그래서 GM과 캐터필러가 아우성을 쳤던 것이다. 미국에서 일제 오디오 제품을 달러로 사면 값이 쌌다. 하지만 합의 이후에 엔화 대비 달러는 급격히 약세를 보였다. 따라서 미국 소비자는 같은 오디오에 같은 돈을 지불하지만 달러당 가치는 더 낮았다. 일본에서 보면 같은 오디오 제품을 같은 값에 팔아도 사실상 돈을 더 적게 받는 셈이었다. 상황이 뒤바뀌었고 일본의 수출 산업은 어려워졌다.

그러자 도쿄는² 중앙은행을 동원해 첫 번째 실험을 시작했다. 일본은행^{Bank of Japan}은 흔들리는 일본 경제를 받치기 위해 금리를 절반으로 후려쳐 전례 없는 자산 거품을 일으켰다. 몇 해가 지나고 결국 거품이 꺼지자 일본은행은 시장에서 수천억 달러의 채권을 매입해 결국 금리를 제로 이하로 떨어뜨렸다. 연방준비제도이사회와 유럽 중앙은행들은 이를 청사진으로 삼았다. 15년 후 이들 중앙은행은 수조 달러의 채권을 매입하여 침체한 경기를 살리려 했다. 연준이 금리를 제로로 떨어뜨렸고 유럽 중앙은행European Central Bank은 심지어 마이너스로 떨어뜨렸다.

1980년대 중반에 일본 중앙은행이 처음으로 금리를 내렸을 때 일본 국민은 쉽게 돈을 빌릴 수 있게 되어 엄청난 신용 거품, 부동산 거품, 주식시장 거품을 만들어냈다. 일본은 아시아의 선망의 대상이 되었고, 얼마 지나지 않아 이웃 나라들이 일본의 성공을 베끼기 시작했다. 한국, 대만, 홍콩, 싱가포르 등 '아시아 호랑이'와 '새끼 호랑이'로 불리게 되는 인도네시아, 말레이시아, 필리핀, 태국, 베트남 등이 일본을 흉내 냈다. 중국은 아니었다.

〈 그림 2.1 〉 **1980년대 일본의 거품 경제 시기의 니케이 지수**

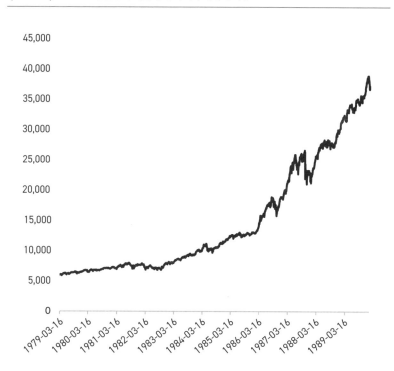

중국은 아직 공산주의의 굴레에서 자유롭지 못했다. 하지만 이웃 자본주의 국가들은 두뇌와 근면을 바탕으로 대규모 수출 경제를 일으킨 일본의 탁월한 사례를 모범으로 받아들였다.

1980년대에 서구의 기관 투자자들은 아시아 시장의 호황을 빠르게 포착했다. 올리버 스톤Oliver Stone의 영화 〈월스트리트Wall Street〉에서 악역으로 나오는 고든 게코Gordon Gekko는 어느 날 아침 해변에서 휴대폰에 대고 유명한 대사를 내뱉는다. "이보게, 돈은 절대 잠드는 법이 없어." 실제로 그랬다. 더는 잠들지 않았다. 미국과 유럽의 트레이더들은 수익을 극대화하기 위해 모든 시간대를 찾아다녔다. 그들은 아시아 호랑이들에게 돈을 쏟아부으며 그 나라가 제2의 일본이 되기를 바랐지만, 정작 일본 자신은 유례가 없는 거대한 자산 거품을 계속 부풀리고 있었다.

일본인들은 늘어난 부를 가지고 땅과 주식과 수집품을 사들였다. 그중에는 일본은행의 이지 머니와 특혜로 조달한 자금도 많았다. 도쿄의 부동산은 한창 호황일 때[3] 제곱미터당 150만 달러(평당 495만 달러)에 팔리기도 했다! 지금도 센트럴파크가 내려다보이는 맨해튼의 펜트하우스는 제곱미터당 7만 달러(평당 23만 달러)로 세계에서 가장 비싼 부동산으로 알려져 있다. 그렇지 않다고 해도 최상위권에 속할 것이다. 한때 도쿄의 황궁 부지를 값으로 환산하면 그 돈으로 캘리포니아주 전체를 살 수 있었다. 1986년과 1989년 사이에 일본의 니케이 지수는 무려 200퍼센트 상승했다. 1980년대 후반에 뉴욕의 여러 경매장에는 일본 사업가들이 줄을 서서 크리스티Christie's와 소더비Sotheby's에서 나온 최고가 프랑스 와인을 채갔다. 그들은 누가 손을 들던 더 높은 가격을 불렀다. 인상주의 미술품 경매, 경마, 선박 박람회, 포뮬러 원Formula One 등 고소득자들이 모이는 곳에는 예외 없이 아시아 억만장자들이 모습을 드러냈다. 당시 일본은 무적이었고 그들의 세력은 영원할 것만 같았다. 하지만 돌이켜 보면 하나의 집단으로서 일본은 사실상 이성을 잃은 상태였다. 전형적인 거품 광풍이었다. 이런 현상을 잊으면 안 된다. 이를 유념하면 큰돈을 지킬 수 있다.

1990년 초, 일본은행은 열기를 식히기 위해 금리를 인상하기 시작했다. 한때 보수적이었던 경제는 이지 머니와 레버리지(수익을 늘릴 목적으로 돈을 빌려 투자하거나 자산을 마련하는 것)의 아수라장으로 바뀌었다. 1991년 말 소련

미국 시장에서 일본 자산의 호황-불황이 갖는 의미의 중요성

일본 경제는 자산 가격이 폭락한 후 10년에 걸친 디플레이션 기간으로 들어갔다. 2006년에 연준 의장이 된 벤 버냉키Ben Bernanke[4]는 2002년에 "디플레이션, 우리에겐 절대 일어나지 않는다Deflation: Making Sure 'It' Doesn't Happen Here."라는 제목의 연설을 했다. 그는 일본 경제의 발목을 잡았던 디플레이션 덫을 피할 계책을 내놓았다. 이 계책은 2008년 금융 위기 이후 연준이 내놓게 되는 통화정책의 청사진이 되었다. 자신이 한 말을 지키기 위해 버냉키는 금리를 제로 수준으로 낮추고 연준의 이름으로 자산을 대규모로 매입하기 시작했다(버냉키는 이를 현대판 화폐 발행이라 불렀다). 12년 뒤에 버냉키의 후임자 역시 코로나 19 위기를 맞아 주식시장이 급락하자 같은 조치를 했다. 이젠 다 아는 사실이지만 양적완화QE로 알려진 이 정책은 주로 주식과 채권 같은 금융 자산을 부풀리는 동시에 주택이나 원자재 같은 자산의 가격을 인위적으로 높여 소득 불평등을 악화시킨다.

이 붕괴하는 것과 거의 동시에 일본의 부동산과 주식시장도 무너졌다. 도쿄의 부동산 가격은 불과 몇 해 전의 몇 분의 1로 토막 났고, 니케이 지수는 1990년 한 해에만 50퍼센트 하락했다. 하지만 런던과 뉴욕의 눈치 빠른 글로벌 투자자들은 가라앉는 배에서 재빨리 돈을 빼내 막대한 수익을 챙긴 후, 그 돈을 '아시아의 호랑이'에 투자하며 똑같은 성과를 기대했다.

1992년에 이미 망가질 대로 망가진 일본 경제는 디플레이션의 기나긴 내리막길을 밟기 시작했다. '잃어버린 10년'의 시작이었다. 동시에 아시아 호랑이들의 경제는 오르막을 타기 시작했다. 각본은 일본과 같았지만, 그들은 세계에서 자신들이 처한 상황의 역사를 연구하여 실수를 반복하지 않으려 애썼다. 일본을 망친 기록적인 호황-불황을 촉발한 급격한 통화 절상을 그들은 피하고자 했다. 이들 아시아 호랑이는 자국의 통화를 글로벌 기축 통화인 미국 달러에 고정했다. 즉 자국의 환율을 달러의 가치에 맞췄다. 덕분에 환율 변동이 최소화되어 한국과 홍콩 주식에 상당한 규모의 포지션을 취하는 세계 각국의 기관 투자자를 유치하기가 쉬워졌다. 또한 고정환율 덕분에 환노출을 헤지해야 할 필요성도 사라졌다. 풍성한 식탁이 차려지자 동남아시아는 성공의 지당한 잔치를 즐기기 위해 자리에 앉았다. 디저트가 제공되지 않는다는 건 꿈에도 상상하지 못했다.

아시아 경제 호황은 일본과 매우 유사한 패턴을 보여, 막대한 무역 수지 흑자(구매하는 것보다 더 많이 판매하는 경우)로 현금이 넘쳐나면서 돈 빌리기가 쉬워졌고 외국인 투자자들도 계속 몰려들었다. 하지만 방정식의 다른 쪽인 경기 침체는 이야기가 달랐다. 일본처럼 밀려날지도 모른다고 경계한 이들 국가의 기업 엘리트들은 국내에서 자금이 유입되는 상황을 주시하고 있었다. 덕분에 그들은 매우 예리한 눈으로 경제에 돋보기를 들이댈 수 있었고 정서의 변화를 탐지할 수 있었으며, 배가 빙산에 부딪혔을 때 가장 먼저 구명줄을 잡을 수 있었다. 1994년부터 1996년까지 아시아 호랑이들과 새끼 호랑이들은 전례 없는 경제 성장을 구가했다. 한국과 싱가포르와 태국, 말레이시아, 인도네시아의 GDP 성장률은 8~12퍼센트에 달했다. 1990년부터 1997년까지 필리핀의 주식시장은 250퍼센트나 치솟았고 인도네시아는 160퍼센트, 말레이시아는 140퍼센트, 대만은 80퍼센트 올랐다. 마치 거대한 해일이 모든 항구의 수위를 끌어올린 것 같았다. 해일은 지구 반 바퀴를 돌아 코네티컷주 그리니치 어느 한적한 지역에서 방파제를 부수기 시작했다.

다들 부러워하는 한 헤지펀드는 다른 헤지펀드들과 달리 변동성이 낮은 강세장의 물결을 꾸준히 타고 있었다. 그들은 1994년에 설립한 이후로 300퍼센트라는 놀라운 수익률을 달성했다. 하지만 글로벌 시장은 곧 운명과 맞닥뜨리게 되고 그 헤지펀드의 운명도 얼마 안 가 끝나게 된다.

구제금융 국가의 탄생

시카고 사우스사이드 출신으로 채권 차익거래fixed-income arbitrage의 선구자가 된 존 메리웨더John Meriwether라는 남자는 1997년에 50세가 되었다. 포동포동한 얼굴에 소년같이 헝클어진 갈색 머리털로 여전히 젊어 보이는[5] 그의 표정에는 엄청난 재정적 성공에서 비롯된 자부심이 넘쳤다. 그는 살면서 내내 자신의 효능을 스스로 입증했다. 노스웨스턴에서 받은 학사학위를 시작으로 시카고부스 경영대학원에서 석사학위를 딴 후, 월스트리트에서 탁월한 실적을 올려 두각을 나타냈다. 아무나 할 수 있는 일이 결코 아니었다. 존 메리웨더는 헤지펀드를 직접 차려 대표를 맡았다. 그 펀드는 세간의 화제가 되었는데 그의 파트너 중 두 명이 얼마 전 노벨 경제학상을 수상한 학자였기 때문이었다.

그 헤지펀드가 바로 유명한 LTCM이었다. (금융의 역사를 어느 정도 안다면 LTCM 이야기를 들었겠지만, 21세기 초를 규정하게 된 자산 가격 인플레이션을 이 펀드에 결부시킬 줄 아는 사람은 거의 없다.) 사업 첫해인 1994년에 LTCM은 21퍼센트의 수익을 냈고, 이듬해에는 43퍼센트, 3년째에는 41퍼센트의 수익률을 기록했다. 이런 엄청난 성공은 역사상 그 어떤 것에도 비유할 수 없는 재정적 고통을 유발했던 짧은 단어 하나 위에 세워진 것이었다. 레버리지. 레버리지는 중독성이 강한 마약이다. 제대로만 해내면 수익이 엄청나니까. 그러나 잘못하면 설 곳이 없어진다.

LTCM은 차익거래 펀드로, 핵심은 시장의 비효율성을 파고드는 것이었다. 그들의 주요 투자 대상은 채권이었다. 채권은 만기일까지 고정 이자 또는 배당금을 지불하는 증권으로 보통 위험도가 낮았는데 그들은 특히 국채에 초점을 맞추었다. 똑같이 6개월 간격으로 만기가 도래하는 국채라도 발행일자가 다르면 약간의 가격 차이가 날 때가 있다. 여기서 '약간'이란 12센트 정도를 의미한다. 전형적인 차익거래(베이시스 거래basis trade 라고도 한다)는 저평가된 채권(자주 거래되지 않는 채권으로 "오프더런off the run"이라고 한다)을 매수하여 고수익을 노리면서 고평가된 채권(더 자주 거래되는 유동성 있는 채권, 즉 "온더런on the run")을 매도하는 것이다.

결국 두 채권의 가격이 같아지면 그들은 스프레드를 만들어 차액을 회수했다. 내부적으로 차익거래의 기회를 포착하는 것은 정교한 컴퓨터 모델이었다. 그리고 메리웨더의 펀드는 베팅 규모가 컸다. 한 포지션에서 엄청난 액수가 오갔다. 잘못되더라도 트레이더들은 당황하지 않고 베팅을 계속 2배로 늘려 거래가 유리하게 바뀔 때까지 끌고 갔다.

하지만 LTCM의 성공은 역풍을 맞기 시작했다. 곳곳에서 그들을 모방하는 트레이더들이 최고의 거래를 통해 수익을 짜내고 있었기 때문이다. 메리웨더는 하버드와 MIT에서 최고의 수학자들을 데려와 여러 해 공들여 그들을 육성하고 훈련했다. 하지만 이제 LTCM의 수법은 세상에 다 알려져 더는 비법이 될 수 없었다. 스마트 머니가 그들의 요령을 눈치챘다. 그들

외환시장 동향을 파악하는 것이
수익 창출에 얼마나 중요한가

1990년대에는 신흥시장 통화가 대부분 달러에 고정되어 있었지만, 외환위기 이후로는 통화 가치가 자유롭게 오르내리면서 투자자들의 중요한 선행지표가 되었다. 시장 동향에 귀를 기울이고 신호를 찾아야 할 때 우리는 외환 분야에서 엑스앤티데이터Exante Data와 마켓리더MarketReader를 설립한 젠스 노르빅Jens Nordvig의 힘을 빌릴 수밖에 없었다. 젠스는 우리 팀의 오랜 멘토이자 조언자였다. 골드만삭스Goldman Sachs와 노무라Nomura에서 10년 넘게 일했던 젠스는 월스트리트의 존경을 한 몸에 받는 통화 전략가로, '명예의 전당'에 올라 마땅한 자격을 갖추었다. 1990년대 후반과 2020년대 초반의 외환시장을 보면 몇 가지 놀라운 유사점이 눈에 띈다.

2022년 11월 우리가 파나마에서 개최한 고객 컨퍼런스에서 젠스는 저녁 식사 중에 몇 가지 중요한 설명을 했다. "1995년 6월부터 2001년 9월까지 달러가 51퍼센트 넘게 올랐습니다. 아주 드문 상승세였죠. 요즘의 이런 상승 사이클은 2008년 10월에 시작된 건데, 2022년 9월에는 62퍼센트 상승했습니다." 이 정도면 1960년대 이후 두 번째로 큰 상승폭인데, 젠스는 이런 상승세가 장기

화할 것 같다고 말했다. "가장 눈에 띄는 것은 제3지대 외환시장 전반에서 낙관적인 상관관계가 높아지는 점이에요. 이런 상관관계는 우리의 '마켓리더' 기법을 사용하는 자금 흐름에서 나오는 미국 달러에 뚜렷한 약세 신호를 보내고 있습니다."

젠스의 주장을 요약하면 이렇다. 2위와 3위에 있던 통화의 강세가 모두 미국 달러의 상승세를 앞지르기 시작하고 그 속도가 계속 빨라지는 현상이 나타나면 신흥시장의 통화에 단기성 투기 자본이 다시 유입된다는 신호다. 젠스는 그 속도 변화를 주의 깊게 측정한다. 그는 쉬지 않고 그 가속 지점을 찾는다. "코끼리는 어김없이 발자국을 남깁니다." 그는 고객들에게 그렇게 말한다. 1990년대 후반 LTCM 사태 이후의 정황과 유사하게 2022년 말 신흥시장 통화에는 혹독한 약세장이 펼쳐졌다. 추운 겨울이 지나 봄으로 접어들자 초원은 서리 덮인 아름다운 정경을 선보였지만, 그곳엔 사람 한 명 보이지 않았다. 한때 오만함으로 가득했던 군중은 언덕으로 도망갔고, 승리의 춤을 추다 상처투성이가 된 달러 곰들은 모두 숨어버렸다. 곰이 할퀴고 간 뒤 새로운 강세장이 나타난 곳은 외롭지만 평화로웠다. '그 전환$^{the turn}$'이 시작되기 몇 달 전에 커피출레이션 ^{Capitulation}✦, 즉 패닉 매도의 절정(연기 가득한 극장에서 고객들이 빠르게 빠져나가는 지점)이 어디인지 꼼꼼하게 측정해야 한다. 우리 작업의 핵심은 베어트랩✦✦은 피하지만 '그 전환'을 기다리며 자리를 지키는 것이다. 이번 경우에 젠스는 미국 달러의 강세장에서 하나의 전환점을 가리키는 몇 가지 주요 신호를 확인했고, 이후 몇 달 동안 달러는 급락했다. 브라보, 젠스.

✦ 급락장을 버티지 못해 항복하듯 투매하는 현상 – 옮긴이

✦✦ 시장이 갑자기 하락하는 것 같은 잘못된 신호로 인해 투자자들이 대량 투매에 나섰을 때 이들 물량을 받아내는 세력에 의해 급하게 강세장으로 전환되는 지점 – 옮긴이

은 새로운 우위를 찾아야 했다. 그것이 그들의 전문 영역 밖에서 위험을 감수하는 것을 의미한다 해도 어쩔 수 없었다.

1997년에 LTCM은 미국 연안을 벗어나 이머징 마켓 채권과 외화에 막대한 자금을 투자하기 시작했다. 이 헤지펀드는 노르웨이의 크로네, 브라질과 러시아 채권, 덴마크 모기지 등에 포지션을 취했고, 그리스 경제에 투자했으며, 마이크로소프트나 델 같은 대형 기술주를 매도했다. 심지어 버크셔해서웨이Berkshire Hathaway도 팔았다. 보유 자산에 비해 과대평가되었다고 판단했기 때문이었다. 하지만 LTCM은 자신이 보유한 자산의 가치를 제대로 알지 못했고 대부분 공개하지도 않았다. 그들의 포트폴리오는 전반적으로 독성이 가득한 롱과 쇼트의 매트릭스였고, 어떤 자산이 한쪽으로 움직이면 다른 자산은 반대쪽으로 움직일 것이라는 데 베팅했다.

LTCM은 전 세계 금융사의 금고에 거래상대방 위험counterparty risk을 가득 채워놓았다(이런 유형의 위험은 거래에 관련된 상대방이 계약 의무를 불이행할 가능성이나 확률에 따라 크게 변한다). 이 펀드는 신용부도스왑CDS과 스톡옵션을 보유했고 5년물 CDS 계약을 헤지하는 스톡옵션에 대해 숏 포지션을 취했다. 이 펀드의 레버리지, 즉 자산 대비 부채 비율은 30:1이라는 천문학적 수치였고, 부외 파생상품off-balance-sheet derivative(대차대조표에 나타나지 않는 파생상품 포지션)은 1조 달러를 훨씬 넘겼다.

여기에 귀중한 교훈이 있다. 성공하게 되면 종종 리스크 관리를 안이하게 생각한다. 리먼에서 이미 그런 사례를 봤지만, 이는 소액 투자자에게도 적용되는 속성이다. 자신감이 지나치면 자만해진다. 그렇게 되면 액수가 적고 다루기 쉬운 돈을 가진 투자자들은 소위 지네발 거래centipede trade에 끌리게 된다. 헤지펀드의 전설 마이크 겔밴드Mike Gelband의 말대로, 너무 많은 포지션을 보유한다는 말은 "너무 커서 성공하기 어렵다"는 의미도 된다. 투자를 하다가 어딘가 한계에 부딪혔다는 느낌이 들면 규모를 줄이고 포트폴리오를 재정비해야 한다.

월스트리트의 거물들은 이 펀드가 폭풍우를 뚫을 능력이 있는지 의심하기 시작했다. 이 펀드의 리스크 모델 전반을 추진하는 동력은 이전 시장의 행태였기 때문이다. 이 펀드의 성공은 주로 시장이 예상한 대로 지속된다는 사실, 즉 미래를 예측하는 데 믿을 만한 지표는 과거라는 사실에 크게 의존했다. 그러나 아무도 예상하지 못한 일이 발생한다면? LTCM이 금융 시스템 전반을 무너뜨리지는 않을까?

1997년 중반에 아시아 경제에서 어긋난 지층이 드러나기 시작했다. 무역 흑자는 적자로 돌아섰고, 서구에서 유입되는 자본도 규모가 작아져 전년도 549억 달러에서 260억 달러로 사실상 50퍼센트 줄어들었다. 아직 비보라고 할 정도는 아니었지만 좋은 징조는 결코 아니었다. 이들 국가에는 자본이 대량으로 유입되었지만 각국 통화는 미국 달러에 고정되어 있었다. 이 때문에 통화 공급이 확대되고 부동산 가격이 부풀려졌다. 그래도 중앙은행들은 손을 놓고 있었다. 이들 시장이 과대평가되었으며 거품이 끼었다는 사실을 깨달은 국제 투자자들은 서둘러 자본을 회수하기 시작했다. 이들이 서둘러 각국 통화를 달러와 엔화로 바꿔 본국으로 회수하자 곧바로 국제수지 위기가 초래되었다. 다시 말해 아시아 중앙은행들은[6] 더는 자국 화폐를 미국 달러에 고정하는 데 필요한 외화를 보유하지 못했다. 위기의 씨앗은 태국과 말레이시아에서 처음 싹이 트기 시작했고, 얼마 지나지 않아 아시아 전체가 감기에 걸렸다.

1997년 7월 2일, 태국은 고정환율제를 폐지하고 자국 화폐를 평가절하했다. 가라앉는 경제에 구명줄을 던지려는 중앙은행의 절박한 조치였다. 몇 주 사이에 태국 바트화는 20퍼센트 하락하여 사상 최저치를 기록했다. 다음 차례인 말레이시아 중앙은행은 자본 유출과 역외 거래offshore trading를 엄격히 제한하여 링깃화 가치를 유지하려 했지만, 그해 가을 링깃화는 속수무책으로 48퍼센트나 하락했다. 국제적 대형 헤지펀드들은 재빨리 사태를 파악하고 아시아 국가의 통화를 매도하기 시작했다. 3일 후 필리핀 페소가 평가절하되었다. 그 후 인도네시아가 루피아화 거래 밴드를 넓히자 달러에 고정된 루피아의 변동 폭이 커졌다. 일반적으로 불길한 신호였다. 1997년 8월 중순에 인도네시아는 거래 밴드를 포기하고 변동환율제를 허용했다. 이를 기점으로 이후 12개월 동안 루피아는 85퍼센트 급락했다. 1997년 여름에 반복된 이런 통화 개입은 투자계 전반에 불길한 조짐이 나타난다는 신호가 되었고 투자자들은 빠져나가려 했다. 결국 국제통화기금IMF이 개입해 아시아 국가에 수십억 달러 규모의 구제금융 프로그램을 투입했고, 미국 달러에 대한 고정환율제 포기를 포함한 모든 종류의 개혁을 강요했다.

저명한 헤지펀드 매니저 카일 배스Kyle Bass가 내게 한 말이 있다. "문제가 있는 나라를 바로잡는 메커니즘은 크게 약화된 통화입니다. 구조 조정과 관련된 통화 조정 메커니즘이 없는 상태에서 힘든 구조 조정(채무불이행)을 겪고 나면 다시 하나의 국가로서 경쟁력을 갖추기가 아주 어렵습니다."

아시아 경제의 대폭락은 대학에만 갇혀 있던 천재들의 허를 찔렀다. 그들은 컴퓨터 알고리듬에 의존하는 집단이었기에 특히 심했다. 거래소라고는 한 번도 가본 적이 없는 사람들이었다. 트레이딩 현장은 짐작만 했던 실력이 가감 없이 드러나는 곳으로, 유능하고 능수능란한 애널리스트는 가치를 판단하고 위험을 육감으로 알아차려 빙산에 부딪히는 사고를 피한다. 또

한 플로어의 총감독은 매니저들에게 고함을 지르며 경고한다. "과거로는 절대로 미래를 예측할 수 없어!"

1998년 5월, 메리웨더의 포트폴리오는 가치가 6퍼센트 하락했다. 6월에는 10퍼센트 떨어졌고 7월은 더 악화하여 18퍼센트 하락했다. 8월 들어 펀드 매니저 대부분이 햄튼에서 휴가를 보내거나 배를 전세 내어 지중해를 유람하는 동안 주식시장이 폭락하여 LTCM은 5억 5,300만 달러의 손실을 냈다. 그들의 포지션은 거의 모두가 반대로 움직였다. 게다가 아시아 위기와 석유 수요 급감으로 시달리던 러시아가 전혀 예상치 못한 수를 두었다. 채무불이행을 선언한 것이다. 메리웨더에게는 결정타였다.

글로벌 시장이 갑자기 무너지면 투자자들은 안전한 곳을 찾아 몰린다. 안전한 곳이란 미국 국채를 의미한다. 물론 수익률은 낮지만 약세장에서 사람들이 원하는 건 오로지 자본을 지키는 것뿐이다. LTCM은 미국 국채에 대비할 채권을 산더미처럼 보유하고 있었다. 그리고 그들은 그 채권을 대량으로 매각했다. 하지만 숏 포지션을 취하기에는 타이밍이 너무 안 좋았다.

같은 달 말, 노동절 직전에 LTCM의 포트폴리오 중 44퍼센트가 연기 속으로 사라졌다. 4주 후 그들의 실적은 수직 낙하했고 버몬트의 단풍나무가 붉은 색으로 물들었을 때 LTCM은 83퍼센트 하락했다. 그들은 이제 파산 직전에 몰렸고 전국의 여러 기관들이 함께 주저앉게 생겼다. 누군가 개입해야 했다.

1998년 9월 15일에 저명한 투자자 조지 소로스$^{George Soros}$는 의회에서 글로벌 자본주의 시스템의 "솔기가 뜯어지고 있다"[7]고 말한 뒤 덧붙였다. "최근 금융시장은 진자처럼 움직이기보다 건물파괴용 철구처럼 움직이며 이 나라 저 나라를 차례로 두들기고 있다." 사흘 뒤 그리니치 헤지펀드 관계자들이 뉴욕 연방준비은행과 접촉했다. 뉴욕 연준 총재 윌리엄 맥도너 $^{William McDonough}$는 이들의 재무 문제를 보고받았다. 이틀 뒤 뉴욕 연준 팀이 뉴욕시의 한적한 교외를 지나 나뭇잎이 무성한 2차선 공원 도로를 따라 차를 몰았다. 그들은 문을 두드렸고 회의실로 안내되었다. 다른 사무실들은 모두 조용했다. 관료들은 그 펀드의 어느 누구도 본 적 없는 뭔가를 건네받았다. 그것은 '리스크 분석 전문업체'가 LTCM의 시장 노출을 요약해 정리한 문서였다. LTCM은 아르헨티나, 중국, 폴란드, 태국, 러시아에서 포지션을 취하고 있었다. 그들은 자신의 눈이 믿어지지 않았다.

거래상대방 리스크의 규모를 고려할 때 LTCM은 자산을 헐값에 처분할 가능성이 있었고, 그렇게 되면 경제에 도미노 현상을 일으켜 파국으로 치달을 것이다. 모두가 한꺼번에 팔면 유동성이 사라져 가격이 거의 제로가된다. 맥도너의 유명한 말처럼 "시장이 … 어쩌면 기능을 멈출지도 모르는"[8] 판국이었다. 그 자리에서 바로 결정이 내려졌다. 연방준비제도이사회는 구제금융을 획책하여 미국과 유럽 은행으로 구성된 컨소시엄에 압력을 가해 LTCM의 자산을 매입하도록 조치했다. LTCM의 규모가 너무 커서 무너지게 내버려 둘 수 없다고 판단한 것이다.

연준 의장 앨런 그린스펀Alan Greenspan은 정신이 번쩍 들었다. 기업들이 은행보다 금융시장을 통해 조달하는 자금이 훨씬 더 많아 미국 경제의 금융시장 의존도가 위험할 정도로 높다는 사실을 깨달은 것이다. 1998년에 은행 대출 총액이 약 3조 달러였던 반면에 미국의 주식과 신용 시장을 합친 시가총액은 20조 달러를 넘는 규모였다. 하지만 현재 미국 경제의 은행 대출 총액은 약 12조 달러이고 주식과 회사채 시장의 총 규모는 75조 달러에 육박한다. 이 때문에 금리 정책 등 은행 대출에 직접적인 영향을 미치는 연준의 기존 도구는 그 효력이 크게 약해졌다. 그날 이후 연준의 정책은 거의 전적으로 주식과 신용 시장, 즉 연준의 전문 용어로 '금융 상황financial conditions'에 집중되었다.

〈 그림 2.3 〉 신용과 자산, 그리고 은행 대출

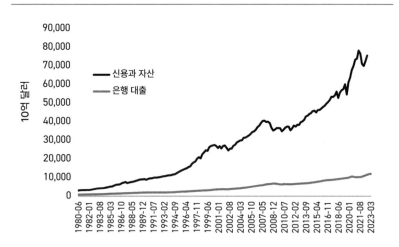

2020년 3월, LTCM 사태로 여러 헤지펀드가 무너진 과정

1998년에 나타난 LTCM의 폭락 사태와 코로나19 시기의 대규모 구제금융 간의 연관성은 그냥 우연히 일어난 일이 아니다. 투자자들은 반드시 이 부분을 알아야 한다. 투자 포트폴리오를 구성할 때는 특히 그렇다.

헤지펀드 매니저에게는 대부분 저마다의 기준수익률^{hurdle rate}, 즉 매년 고위 경영진이 목표로 정해주는 최소 수익률이 있다. 중앙은행이 금리를 억제하면 주식이나 채권, 원자재 등 다양한 자산군의 변동성도 장기간 억제된다. 다시 말해 금리가 안정되면 트레이더가 활용할 수 있는 가격 비효율성이 줄어든다. 스프레드가 줄어들 때 같은 수익을 내려면 더 많은 레버리지가 필요하다. 그러다 돌발 변수가 발생해 변동성이 갑자기 치솟으면 레버리지를 이용한 거래는 모두 폭락한다.

2020년 3월에 베어트랩스리포트의 우리 팀은 헤지펀드 분야에서 우리가 가장 아끼는 매크로 투자인 조 머로^{Joe Mauro}와 통화를 하고 있었다. 조는 골드만삭스에서 13년 동안 주로 파트너로 일했다. 금리나 국채, 외환은 물론 원자재에 대한 그의 거시적 이해의 폭은 월스트리트 최고 수준이었다. 월스트리트에서 누군가와 대화를 나누다 보면 갑자기 눈이 열려 더 큰 그림이 보일 때가 있다. 그때가 바로 그랬다.

주식과 채권을 비롯한 거의 모든 자산군에서 시장은 전혀 통제가 안 되는 지옥으로 변하고 있었다. 스프레드는 급락하고 매수자는 사라져 매수 호가 자체가 아예 없었다. 전부 매물뿐이었다. 코로나19가 위협적이긴 했지만 정작 자산 가격에 영향을 미치는 요인은 다른 곳에 있었다.

"어떻게 돼가요, 조? 다들 제정신이 아니에요. 리먼 사태 이후 이런 일은 처음이에요." 내가 말했다.

"그것 때문에 옴짝달싹할 수 없게 됐어요!" 그가 맞받아쳤다.

상대가치형 헤지펀드 안에 있는 대규모 레버리지를 가리켜 하는 말이었다. 이런 상황이 안고 있는 시스템 리스크 탓에 연준은 적극적으로 대응할 수밖에 없다. 그는 계속해서 연준이 오랫동안 금리를 억눌러 왔기 때문에 적어도 12개 이상의 펀드 전반에 형성된 '레버리지 몸집 부풀리기leverage buildup' 현상은 상상을 초월한다고 설명했다. 다시 한번 기관들은 대마불사를 입증해 보였지만 이번에는 한두 개 은행만의 문제가 아니었다. 다수의 헤지펀드가 같은 형편이었다. 최소 12개의 펀드가 LTCM이 유행시킨 '베이시스 거래'와 미세한 가격 왜곡을 이용한 또 다른 전략인 '상대가치 거래relative-value trade'에 갇혀 빠져나올 수 없게 되었다. 이들의 레버리지 비율은 터무니없이 높아 20:1인 회사도 있고 30:1인 펀드도 있었다.

"다들 코로나19로 인한 투매라고 생각하겠죠." 조가 계속했다. "사실 테이블 위에 펼쳐진 카드만 보면 LTCM도 일요일의 피크닉처럼 보여요. 하지만 이런 건 정말 빠르게 커질 수 있거든요. 20배가 될 수도 있어요. 지금 이 팬데믹은 여러 헤지펀드에서 동시다발적으로 엄청난 레버리지 폭발을 일으키고 있다고요. 워싱턴이 이 문제를 해결하려면 대규모 매입을 단행해야 할 겁니다… 리먼 사태보다 3~5배는 더 커지겠죠, 아마. 그게 게임 체인저가 될 겁니다. 그게 모든 자산 가격에 영향을 미칠 테고 또 앞으로 10년간 포트폴리오 구성을 완전히 바꿀 겁니다."

그렇다면 무엇을 배워야 하는가? LTCM에 스테로이드를 투여한 행위와 100년 만에 가장 치명적인 팬데믹으로 인해 대형 금융위기 때보다 3배 이상 큰 규모의 정책 대응을 할 수밖에 없었다는 사실이다. 결론은 분명하다. 중앙은행들은 경기 순환 주기의 부침을 완화해 보려 애쓰지만, 그래봐야 그것은 앞으로 훨씬 더 큰 폭발의 씨앗을 뿌리는 일일 뿐이다.

LTCM 구제금융으로 연준은 미국의 모든 금융 기관에 분명한 메시지를 보낸 셈이 되었다. 당신들의 규모가 너무 크고 손쓸 수 없을 정도의 빚더미에 앉게 되어 금융 시스템 전체를 위험에 빠뜨릴 경우, 우리는 절대 여러

분을 모른 척하지 않는다. 엉클 샘은 무슨 일이 있어도 여러분을 구해내고 금융시장을 지켜줄 것이다. 이런 조치는 금융 역사의 흐름을 영원히 바꾸어 놓았다. 미국은 루비콘강을 건넜다. 돌아올 수 없는 지점을 지난 것이다.

LTCM의 구제금융 이후, 세상은 정부가 경기 부양을 주도하는 시대로 접어들었다. 중국의 달러페그제와 마찬가지로 이런 조치는 비즈니스 지형을 완전히 바꿔놓았다. 금융 지원이 나갈 때는 정부가 재량껏 사용할 수 있는 다양한 무기가 함께 제공된다. 이런 무기는 개틀링 총이나 탱크, 스커드 미사일보다 훨씬 더 위험했다. 전쟁터에 나갈 때 이 무기를 들고 가지는 않겠지만, 세계 경제를 파괴하려 한다면 이만큼 쓸만한 무기도 없을 것이다. 다름 아닌 금리나 화폐 발행이나 구제금융을 말하는 것이다.

2001년 봄에 닷컴 거품은 완전히 꺼졌다. 민간 자본과 투기 열기가 끝내 말라버렸고, 천정부지로 치솟던 그들의 밸류에이션은 수직 낙하했다. 미국 곳곳의 테크 기업들은 가구를 한쪽으로 밀어놓고 문을 닫을 준비를 했다. 수많은 컴퓨터광들이 일자리를 잃었다. 시장을 덮쳤던 뜨거운 열풍이 끝나가고 있었다. 거품에 가까웠던 기술 붐은 4년 정도 지속되다 찬장 속의 접시처럼 한꺼번에 떨어졌다. 미리 빠져나간 사람은 챙길 만큼 챙겼다. 그러나 2001년 여름까지도 가방을 든 채 머뭇거리던 사람들은 산산조각이 난 꿈과 한 줄기 연기로 사라진 수백만 달러의 수익을 생각하며 허탈한 표정으로 빈 가방을 들여다보았다.

구식의 가치 투자를 하는 워런 버핏Warren Buffett은 1999년 선밸리에서 빌 게이츠Bill Gates, 마이클 델, 래리 엘리슨Larry Ellison 등 기술계의 거물들이 모인 자리에서 연설을 통해 자신이 왜 고평가된 기술 기업에 투자하지 않는지 설명했다. 이제 그는 오마하에 있는 자신의 사무실에 앉아 체리코크

Cherry Coke를 마시며 쓴 웃음을 짓고 있다. 음료업계 세계 1위인 이 회사의 지분 10퍼센트를 소유한 그는 여러 헤지펀드를 전멸시키고 엔론과 월드컴 같은 사기 행태를 세상에 드러낸 폭락 사태를 피해 갔다. 나스닥 지수는 번지 점프라도 하는 듯 최고점을 찍은 후 80퍼센트나 하락했다. 새로운 열반은 끝났다. 이제 미국은 정신을 차린 어른처럼 옷장에서 양복과 넥타이를 꺼내 입고 다시 일터로 돌아가 숙취에 시달리는 경제로 터벅터벅 발을 들여놓아야 했다. 닷컴이란 달콤한 맛이 모두 사라지자 경제는 생기를 잃고 풀이 죽었다. 연준은 경제 행보에 활기를 불어넣기 위해 금리 인하를 단행했다. 그런데 9월 11일 오전 8시 46분에 아메리칸 항공American Airlines 11편이 세계무역센터의 북쪽 타워에 충돌했다. 9시 3분에는 유나이티드 항공United Airlines 175편이 남쪽 타워에 충돌했다.

그날 장은 열리지 않았다. 이후로도 문은 그 주 내내 닫혀 있었다. 대공황 이후 가장 긴 폐장이었다. 9월 17일 뉴욕증권거래소의 개장을 알리는 종이 다시 울리기 무섭게 시장은 급락했다. 다우지수는 7.1퍼센트 하락으로 마감하여 일일 지수 하락률 신기록을 세웠다. S&P 500 지수는 11.6퍼센트 급락했고, 기술주 중심의 나스닥 지수는 16퍼센트 하락했다. 총 1조 4,000억 달러의 가치가 증발했다.

워싱턴 D.C.의 컨스티튜션애비뉴에 자리 잡은 연방준비제도이사회의 에클스 빌딩Eccles Building에서 앨런 그린스펀은 침울한 표정으로 연방공개시장위원회FOMC, Federal Open Market Committee 위원들과 마주 앉았다. 전후 사정이 어떻든 미국 경제를 덮친 이런 전쟁이 이제 그의 어깨 위에 놓인 것이다. 미국 교통 체제는 추후 공지가 있을 때까지 중단되었고 자본시장은 얼어붙었다. 아무도 다음 비행기가 언제 이륙할지 알지 못했다. 밀착된 관계였던 항공업과 호텔업 두 산업이 갑자기 큰 곤경에 처하면서 발생한 신용 위험은 곧바로 보험 업계에 400억 달러의 부담을 안겼다. 눈 깜짝할 사이에 일어난 일이었다. 어제만 해도 평화롭던 미국이었는데 눈 떠보니 전쟁 한복판이었다. 경제도 마찬가지였다. 어떤 의미에서는 한해 내내 그랬다. 9/11 테러는 또 다른 대형 충격이었다. 그래서 테러 이틀 후, 마에스트로라고 불렸던 그린스펀은 첫 번째 금리 인하를 단행했다. 금리 인하는 이후 5차례 더 이어진다.

상대적으로 금리가 높은 새로운 밀레니엄으로 진입하던 당시 연준은 시장과의 전쟁을 치를 무기를 많이 확보한 상태였다. 말하자면 연준의 대포는 충분히 장전되어 있었고 탄약도 비축되어 있었으며, 그 비축량은 갈수록 늘어갔다. 흔히 말하는 정부 부채, 즉 국가의 대차대조표는 건전했다. 2001년이 시작되었을 때 연방기금 금리는 6퍼센트였다. 그러나 그 해가 가기도 전에 연준은 무려 11번이나 금리를 인하하여 12월에는 1.75퍼센트까지 떨어뜨렸다. 9/11 테러 이후 연준은 4개월 연속으로 한 달에 50bp, 즉 0.5퍼센트 포인트씩 내리는 금리 인하 프로그램을 진행했다. 금리가 낮다는 말은 값싼 자본, 즉 이지 머니를 의미한다. 결국 소비자가 왕이다. 덕분에 충분한 유동성이 공급되었고, 하늘이 베푼 자비로 세계무역센터 테러 이후 시장은 빠르게 정상화되었다.

그러나 시장 용어에 새로운 문구가 등장했다. 단 두 단어로 이루어진 문구였다. 사실 두 단어에 불과했지만, 이 책을 쓰고 있는 2023년 현재 이 문구는 왜 우리가 국가 부채 위기에 직면하게 됐는지 그 이유를 일부 설명해 준다. 현재 정부 대차대조표에는 −33조 달러의 부채와 결코 갚을 수 없는 200조 달러가 넘는 미적립채무가 올라 있다. 그 문구는 "연준 풋Fed put "

이었다.

이 문구가 나오게 된 것은 시장이 침체할 때 보여준 연준의 대응 방식과 일이 잘못될 때마다 구명조끼를 던지는 그린스펀의 버릇 때문이다. LTCM의 실패, 닷컴 붕괴, 9/11 테러 공격 등 때마다 연준과 그린스펀은 그렇게 해왔다. 재난이 닥칠 때마다 연준이 있었고 그들은 자신의 속성에 내던져진 시장이 또 다른 블랙 먼데이를 겪지 않도록 지켜주었다. '보이지 않는 손'이라는 말로 자본주의 이론을 세웠던 우리의 오랜 친구이자 고전 경제학자인 애덤 스미스가 2000년대 초 FOMC 회의에 있었다면 그들을 의혹의 눈초리로 보았을 것이다. 뉴욕의 어떤 식당에 들어갔다고 하자. 식사를 하고 보니 맛은 형편없는데 음식값이 너무 비쌌다면 '이 식당은 몇 달 못 가겠는걸'하고 예측할 것이다. 내가 알기로 뉴욕은 사정을 봐주지 않는 가장 냉혹한 시장이며, 자본주의는 실제로 그런 시장에서 매우 잘 작동한다. 하지만 요즘 글로벌 시장에 부족한 것이 바로 그 점이다. 정책 입안자들이 파산할 기업이 파산하도록 내버려두고 경기 순환이 제대로 기능할 때까지 지켜보지 않는다면 시스템 안에 썩은 사과가 쌓이게 된다. 그리고 나쁜 사과가 버려지지 않기 때문에 파울 플레이가 가능해진다. 뉴욕의 식당들이 수시로 구제금융을 받는다면 지구상에서 가장 나쁜 식당이 될 것이다! 하지만 웬걸. 지금은 그런 식당이 최고 식당이다.

시장 스트레스는 벽돌담에 핀 곰팡이나 이끼처럼 시간이 갈수록 점점 두터워진다. 따라서 주기적으로 청소를 해야 다시 깔끔해진다. 당연한 일이지만 이것이 자본주의 시장이 자체 메커니즘으로 작동될 때 일어나는 일이다. 하지만 그린스펀이 이런 재앙을 계속 감싸고 막은 탓에 썩은 사과는 시장에서 끝내 사라지지 않았다. 썩은 사과는 구명정에 실려 감춰졌지만, 언젠가는 국가의 대차대조표에 그 모습을 드러내게 될 것이다.

시장이 말할 때는 귀를 기울여야 한다. 장기간에 걸쳐 거대한 변화가 서서히 진행되는 전환점에서는 특히 그렇다. 바로 그 지점에서 수십억 달러를 벌어들이는 쪽과 잃는 쪽이 갈린다. 고인플레이션 국면이 끝나고 디플레이션 시대의 문턱에 섰던 1980년대 초를 생각해 보라. 10년이 넘도록 가치주와 원자재가 시장을 지배했다. 1981년까지 S&P 500에 편입된 자본은 대부분 '실물' 경제와 가까운 주식에 투입되었다. 이때는 10년 동안 지속된 인플레이션이 끝나고 강한 순풍이 경질 자산을 밀던 시기였다. 시장 가치의 27퍼센트 이상이 에너지 부문에 묶여 있었고, 12퍼센트는 산업 부문에, 10퍼센트는 소재에 담겨 있었다. 시장 가치의 50퍼센트가 이 세 가지 경질 자산 부문에 투입되었다고 생각하면 입이 안 다물어진다. 반면 금융은 겨우 6퍼센트였다.

2007년으로 건너뛰면 얘기가 완전히 달라진다. 20년 가까이 디플레이션 압력과 쉬운 레버리지 그리고 연준의 양적완화 정책이 이어진 이후였다. 리먼브러더스의 파산이라는 중대한 사태가 벌어지기 전에 이미 금융업은 가장 큰 부문으로 올라앉아 전체 가치의 4분의 1에 가까운 24퍼센트를 삼켰다. 반면 에너지 부문이 차지하는 비율은 12퍼센트로 떨어졌고 산업 부문은 8퍼센트, 소재 부문은 4퍼센트, 유틸리티 부문은 2퍼센트로 초라해졌다. 또 한 가지 주목할 점은 1980년에 정보기술이 시장 가치의 10퍼센트를 차지했다는 사실이다. 닷컴 거품이 절정에 달했던 2000년에 정보기술은 35퍼센트라는 믿어지지 않는 수치까지 치솟았지만, 거품이 꺼진 후 2007년에는 다시 12퍼센트로 떨어졌다. 1990년대와 2000년대 미국에서 사업의 무게 중심은 완전히 바뀌었다. 상층부에선 특히 심했다. 양극 체제

(1968-1981년)의 세계 경제 질서는 상품 수출과 산업 생산을 중심으로 돌아갔었다. 지속적인 평화와 자유무역이라는 새로운 일극 체제의 세계 경제는 금융과 기술이 중심이었다. 시장은 이런 변화에 도취한 듯 들뜬 반응을 보였다.

2021년에 자산 중 20조 달러는 NDX 지수(나스닥 100) 내 불과 100개 종목에 몰려 있었다. 이는 자산 거품의 역사상 가장 붐비는 거래로, 투자자 중 압도적인 다수가 나스닥 주식으로 몰렸다. 다시 반복하지만 교훈은 명백하다. 1981년의 대형 석유주이든 2000년의 기술주이든 2007년의 금융주가 됐든, 한 업종이 너무 오래 시장을 지배하면 바로 그곳이 가장 큰 하락장이 숨은 곳이다. 남들이 사들이는 종목을 권하는 투자 설명의 목소리가 너무 커지면, 달아나라. 걷지 말고 뛰어라. 다른 쪽으로.

장기간에 걸쳐 서서히 진행되는 거대한 변화의 시작점에서는 앞일을 실시간으로 예측하기가 매우 어렵지만, 자세히 살펴보면 거기에도 모든 징후가 있다. 그리고 우리 팀은 매일 이런 징후를 찾으려 애쓴다.

레버리지는 마약의 수렁이다

리먼브러더스의 트레이딩 플로어에서 '체계적systemic'이라는 단어는 일상의 일부가 아니었다. 우리가 어떤 대차대조표에 담긴 엄청난 위험을 분석하고 그 거대한 도미노 중 하나가 무너질 경우 초래될 결과를 따져보기 전까지 이 단어는 사실 드러나지 않았다. 우리는 패니메이Fannie Mae와 프레디맥Freddie Mac을 살펴봤다. 이들은 수천억 달러의 모기지(담보부) 채권을 소유하고 있었다. 그 채권들이 시스템 전반을 떠받치고 있었고, 그 대부분은 서브프라임 모기지였다. 서브프라임 대출자는 이자율이 올라가면 상환할 능력이 없는 사람들이었다. 지금은 고인이 된 나의 소중한 친구이자 누구도 대신할 수 없는 독보적 위치를 차지했던 래리 매카시Larry McCarthy는 이 두 회사를 가리켜 "정부 자금으로 운용하는 포지티브 캐리positive-carry(수익률이 차입 금리보다 높은 경우의) 헤지펀드에 불과하다"고 단정했다. 2007년에 우리는 그림자 금융shadow bank이 줄줄이 도산하는 모습을 지켜보았다. 리먼 브러더스에서 우리 팀은 선수를 쳐, 주택 부문의 롱 포지션을 헤지하기 위해 서브프라임 모기지 대출회사인 뉴센추리New Century 주식을 대량 공매도했다. 하지만 궁극적으로 우리를 무너뜨린 것은 LTCM을 죽인 것과 같은 병폐, 즉 레버리지였다.

하지만 리먼 사태와 2008년의 금융위기는 어제의 뉴스다. 이런 이야기를 놓고 그런 사태가 어떻게, 왜 일어났는지 그 메커니즘을 이러쿵저러쿵해 봐야 설명만 복잡해진다. 알아야 할 것은 그런 일이 실제로 일어났으며 정부가 금융 시스템이 통째로 무너지도록 버려두지 않고 구제했다는 사실이다. 2001년부터 2003년까지 연방준비제도가 정한 저금리는 저리 자금과 허술한 대출 기준으로 주택 거품을 만들어 버니 메이도프Bernie Madoff 같은 사기꾼이 드러나지 않도록 덮었고, 연준은 사상누각이 통째로 무너지자 구출에 나섰다.

2008년 금융위기에 대한 공공 정책의 대응은 금융 무기의 사용이라는 측면에서 히로시마에 버금가는 수준이었다. 하지만 그 후 10년 동안의 파급 효과는 어땠는가? 연준은 신용 시장을 정비했고, 기업들은 문호를 계속 개방했으며, 금융 시스템은 살아남았다. 하지만 세상사 모든 일에는 반대급부가 따른다. 그리고 어떤 위기에서 5조 7,000억 달러를 투입했다면 또 다른 개입이 있을 것이라 예상해야 한다(77페이지의 추정치 참조). 그것은 자연의 균형을 무도하게 일그러뜨리고 의도하지 않은 끔찍한 결과를 초래한다. 히말라야산맥 같은 부채를 안고 있는 오늘날의 상황을 이해하려면 리먼브러더스 사태 이후 연방준비제도이사회가 사용한 실험용 약물과 언젠가 시장을 고사시킬 수 있는 치명적인 부작용을 꼼꼼히 살펴봐야 한다.

제3장 눈부신 오바마, 그리고 그 광채의 죽음

　　　　　2009년 1월 20일, 살을 에는 듯한 추위에 강풍까지 불었지만 200만 명이 넘는 사람들이 수도 워싱턴에 운집했다. '자유의 새로운 탄생A New Birth of Freedom'이라는 주제를 내건 역사적 행사를 보기 위해서였다. 버락 오바마Barack Obama는 2008년 대선에서 여유 있게 승리하며 8년에 걸친 공화당 정권을 끝냈다. 그는 이라크 전쟁 종식, 높은 의료비 문제 해결, 기후 변화 대처 계획 그리고 무엇보다도 경제 회복 등을 제시하며 국가를 위기에서 구해내겠다는 희망찬 약속을 했다. 조지 W. 부시George W. Bush 행정부는 마지막 몇 달 동안 수조 달러를 쏟아부으며 무너져가는 국가 경제를 구하려 했다. 연준은 1조 3,000억 달러 상당의 부실 자산을 사들인 것 외에도, 얼어붙은 신용 시장을 해동하겠다며 TALF, AMLF, TSLF 등 알쏭달쏭한 약어를 내건 대출 프로그램을 내놓았다. 12월에는 새로 국유화된 패니메이와 프레디맥으로부터 6,000억 달러 상당의 정부보증 기관 모기지 기반 증권Agency MBS을 매입하기 시작했다.

3월 6일에 S&P 500 지수는 잠깐이지만 666선까지 내려갔다. 불길한 수위였다. JP모건J. P. Morgan 주가는 11달러 아래로 떨어졌다. 이를 두고 우리의 오랜 친구 더그 카스Doug Kass는 CNBC에서 "지금까지 본 것 중 가장 큰 매수 기회"라고 부추겼다. 모두가 가슴을 졸이며 경험이 부족한 연준 의장 벤 버냉키의 다음 조치를 기다렸다.

하지만 하버드 대학을 졸업하고 MIT에서 경제학 박사학위를 받은 이 대단한 경제학자는 실탄이 떨어져 가고 있었다. 연방기금 금리는 바닥을 쳤다. 위기 극복을 위해 수조 달러를 쏟아부었지만 경제는 손쓸 수 없을 만큼 빠른 속도로 돈을 빨아들이는 블랙홀이었다.

버냉키는 대학에서 대공황the Great Depression을 폭넓게 연구했다. 그는 겁에 질렸다. 1930년대에 그랬듯이 그는 미국 경제가 끔찍한 디플레이션의 수렁에 빨려 들어가는 중이라고 판단했다. 그는 새로운 아이디어로 이 미지의 영역을 헤쳐나가기로 했다. 양적완화라는 새로운 형태의 통화정책이었다. 2장에서 보았듯이 일본은 1990년대 말과 2000년대 초에 양적완화를 실험해 봤지만, 버냉키는 연준이 그렇지 않아도 과감했던 일본보다 규모를 훨씬 더 키워야 한다고 생각했다. 리먼브러더스라는 폭탄은 미국을 재정 파탄 직전까지 몰고 갔다. 때가 때인 만큼 절박한 조치가 필요했다.

그리고 그 조치는 주효했다! 2009년 3월에 연준이 1조 2,500억 달러 규모의 기관채와 국채를 매입하겠다는 발표를 하자, 주식시장에는 즉시 매수 열풍이 불어 새로운 강세장이 형성되었다. 월스트리트는 뒤를 돌아보는 법이 없었다. 그리고 2009년 말에 S&P 500지수는 68퍼센트 상승했다. 많은 사람들이 미소를 지었고 서로 등을 두드리며 자축했다. 하지만 내가 아는 현명한 리스크 자문가들은 연준의 행태와 의회가 승인해 준 엄청난 규

2008년 금융 위기 당시 정부는 얼마나 많은 돈을 풀었나?[1]

측정하기가 쉬운 리먼 파산 당시 연준의 대응부터 살펴보자. 2010년 1분기 말에 연준은 새로운 양적 완화 프로그램을 통해 1조 5,000억 달러의 자산을 매입했다. 이것으로 부족했던지 연준은 2차 양적완화, 3차 양적완화를 연이어 단행하여 2008년부터 2014년까지 총 3조 5,000억 달러의 유동성을 투입했다. 7,000억 달러 규모의 부실자산구제프로그램Troubled Assets Relief Program, TARP 에 의한 은행 구제 기금은 나중에 4,750억 달러로 축소되었다. 패니와 프레디는 2,000억 달러에 가까운 구제금융을 받은 반면, 씨티Citi는 자산과 채무 보증, 그밖의 정부 지원의 형태로 혼자서만 4,000억 달러를 받았고, 뱅크오브아메리카 Bank of America는 1,000억 달러의 지원을 받았다. 모건스탠리Morgan Stanley는 2008년 10월에 연준으로부터 1,000억 달러를 지원받아 "충분한 유동성"을 확보한 상태에서 3분기 실적을 발표할 수 있었다. 그 외에도 정부는 리먼 파산 이후 빈사 상태에서 허덕이는 미국 경제를 살리기 위해 2009년 초에 9,000억 달러 규모의 미국 경제회복 및 재투자법American Recovery and Reinvestment Act을 통과시켰다. 2009년과 2012년 사이에 정부의 재정적자는 1조 달러를 넘어갔다. 이런 적자를 제외하더라도 구제금융 규모는 5조 7,000억 달러로, 왕년의 구제금융 심사관 닐 바로프스키Niel Barofsky가 추정한 4조 6,000억 달러보다 훨씬 많았다.

모의 부채에 불편한 기색을 드러내며 경계심을 늦추지 않았다.

주식시장의 랠리에도 경기 침체는 계속되었다. 근로자, 특히 미숙련 근로자들은 절망적일 정도로 일할 기회를 잡지 못했다. 통장이 바닥나고 일자리나 집을 잃는 사람들이 속출했다. 자산 가격이 부풀려지면서 갑작스레 미국 상위 1퍼센트의 부자가 소유한 재산이 하위 95퍼센트의 재산을 모두 합친 것보다 더 많아졌다!

디트로이트는 한때 세계까지는 아니더라도 미국에서 가장 성공한 도시였다. 하지만 2009년에 이 도시는 결국 주저앉았다. 자동차 제조 공장은 버려진 채 방치되었다. 주택의 3분의 1은 사람이 살지 않는 흉물로 변했다. 영스타운, 버펄로, 플린트, 게리, 세인트루이스 등 다른 주요 제조업 도시들도 마찬가지였다.

무엇이 미국 제조업 경제를 고사시켰을까? 모든 것을 리먼브러더스 탓으로 돌릴 수는 없는 일이다. 근본 원인을 따지자면 수천 킬로미터 떨어진 '인민야간공화국the people's benighted republic' 중국을 지목할 수밖에 없었다. 2001년 중국이 WTO에 가입할 당시 미국의 제조업 일자리는 1,750만 개였다. 2007년에는 그중 350만 개가 사라졌고 2009년에 제조업에서 일하는 근로자는 1,280만 명밖에 남지 않았다. 500만 명의 근로자가 갈 곳을 잃은 것이다. 2차 세계대전 이후 제조업에 종사하는 미국 근로자의 비율은 계속 감소하는 추세였지만, 그 속도가 무섭게 빨라졌다. 고등학교만 나오고 대학을 졸업하지 못한 근로자(건설 노동자, 기계공, 제조업 종사자)는 2000년 3,700만 명에서 2010년에 3,300만 명으로 감소했다. 일자리 부족이 블루칼라 근로자의 고충이었다. 그리고 그런 현실 탓에 미국은 위험한 소요 사태가 언제든지 일어날 수밖에 없는 길을 향해 가고 있었다.

오바마 대통령은 절박한 심정으로 러스트 벨트의 고충을 해결해 보려 했고, 이에 필요한 완벽한 기반도 갖고 있었다. 그의 당은 대통령직은 물론 하원과 상원을 모두 장악했다. 역대 모든 행정부가 탐을 냈던 국정 장악력이었다. 그리고 백악관 경제팀 자문인 래리 서머스Larry Summers도 해결책

수립을 도왔다. 서머스는 명민한 경제학자였다. 그는 열여섯 살에 MIT에 들어갔다. 하버드에서 그의 박사학위 논문을 지도한 교수는 마티 펠드스타인Marty Feldstein으로, 레이거노믹스의 실질적 창시자였다.

1999년 빌 클린턴 재임기에 서머스는 글래스-스티걸법Glass-Steagall Act을 폐지하는 데 일조했다. 이 법이 폐지되면서 결국 리먼의 파산으로 이어지는 문이 크게 열렸다. 서머스는 이제 의도하지 않았던 결과를 떠맡아야 했다. 첫 번째 과제는 자동차 제조업체를 살리는 일이었다. GM과 크라이슬러Chrysler는 일본과의 경쟁에 밀리고 수십 년 동안 이어진 기괴한 경영 실패로 혹독한 타격을 입고 벼랑 끝에서 비틀거렸다.

2009년 5월에 미 정부는 출자전환 형식으로 제너럴모터스 주식을 72.5퍼센트 사들였다. 덕분에 그해 겨울 캐나다에선 5,700명이 무료급식소로 향하는 발길을 끊을 수 있었다. 구조하는 데 든 전체 비용은 약 510억 달러였지만, 주택 시장 붕괴로 타격을 입은 제너럴모터스의 모기지 은행인 GMAC 파이낸스GMAC Finance에도 172억 달러가 추가로 투입되었다.

그런 다음 오바마의 경제팀은 전례 없는 조치를 했다. GM은 파산에 내몰렸고, 그들이 발행한 회사채 보유자들은 궁지에 몰려 채권보다 가치가 훨씬 낮은 주식을 강제로 떠안아야 했다. 그 사이 노조는 금맥이라도 찾은 듯 연금 청구권의 2배에 달하는 지분을 챙겼다. 이것은 선순위 채권자를 후순위로 밀어내는 것으로 모든 법적 선례를 무너뜨리는 행위였다. 그전까지는 파산법원 판사가 지급 순위를 결정했지만, 행정부는 200년 동안 시행되어 오던 파산법을 손바닥 뒤집듯 바꿔버렸다. 정치가 법의 통치를 추월하면 그 앞에 펼쳐지는 것은 매우 미끄러운 비탈길뿐이다. (베네수엘라와 아르헨티나의 투자자들에게 물어보라.)

크라이슬러도 비슷한 운명을 맞이했다. 이들 역시 파산법 11조에 따라 강제 법정 절차를 밟았고 80억 달러의 채무자 보유 대출debtor-in-possession loan을 받았으며 회사 지분의 50퍼센트는 이탈리아의 피아트Fiat에 헐값으로 매각되었다.

이 모든 일은 북미자유무역협정NAFTA과 깊은 관련이 있었다. 1995년에 체결된 미국과 캐나다와 멕시코 간에 체결된 이 우호적 동반자 협정은 미국 자동차 근로자에겐 무서운 파괴용 철구가 되었다. 2009년에 구제금융이 실시되고 또 자국 내 일자리를 지켜주겠다는 약속도 있었지만 제조업은 인건비가 저렴한 멕시코로 계속 옮겨 갔다.

미국 자동차 산업의 종말[2]

외국 자동차 회사의 제조 공장이 미국으로 대거 유입되었지만 미국 내 자동차 관련 일자리는 1992년의 220만 개에서 2023년엔 180만 개로 줄었다. 1990년에 80만 명이었던 GM의 국내 고용자 수는 2023년에 불과 16만 7,000명밖에 남지 않았다. 포드 역시 1990년 국내 고용자 수가 40만 명이었지만 2023년에는 17만 명에 불과했다. 1994년만 해도 미국에서 한 달 동안 생산된 자동차는 50만 대를 상회했다. 하지만 2008년에는 매달 30만 대, 2018년에는 20만 대로 감소했다. 코로나19 위기로 생산은 더욱 위축되어 현재는 월 15만 대를 조금 넘는 수준으로 버틴다. 생산 시설을 해외로 옮기는 기업이 갈수록 늘어난 탓이다.

예를 들어 2004년에 북미에서 생산된 자동차의 74퍼센트는 미국에서 제조한 것이다. 극히 일부인 9퍼센트만 멕시코에서 생산되었다. 나머지 17

퍼센트는 캐나다가 생산했다. 하지만 10년 후 상황은 완전히 바뀌었다. 멕시코가 생산하는 자동차는 20퍼센트로 2배가 늘어 속절없는 미국을 제물로 삼았다. 멕시코는 태평양 저편에 있는 중국과 달리 비교적 가깝다는 매력이 있었다. 제조된 자동차를 운송할 경우 거리는 중요한 문제다.

　로봇의 등장으로 전국 제조업에서 수천 개의 일자리가 더 사라졌다. 일자리를 잃은 이들 근로자들은 모두 어디로 갈까? 모델 T$^{Model T}$의 출시는 타이어 가게, 정비소, 세차장 같은 새로운 산업 세계를 창출했다. 그리고 일자리를 잃은 구시대의 판매원과 대장장이들에게는 새로운 기회가 많이 주어졌다. 하지만 지금 자동차 관련 부문에서 일자리를 잃은 사람들에겐 그런 말을 할 수 없다.

　한동안은 소매업이 희망을 줄 수 있을 것 같았다. 하지만 온라인 소매업의 부상과 함께 쇼핑몰이 하나둘 사업을 접으면서 많은 일자리가 사라지기 시작했다.

　오바마 행정부는 문제를 잘 알고 있었지만 장기적인 해결책이 없었다. 그래서 정치인의 신성한 전통에 따라 돈을 쏟아부었다. 실업 수당이 급증했고, 친환경 에너지 보조금이나 모기지 구제 프로그램, 태양광 보조금이 그랬듯 오바마케어가 전국적으로 시행되었다. 총 1조 3,000억 달러라는 비용은 납세자 부담이었다.

　이런 지출 프로그램[3]과 소득 불평등의 폭발적인 증가는 미국 대중의 양극화를 더욱 악화시켰다. 정부 대차대조표에 쌓여가는 부채에 항의하는 티파티 시위$^{Tea Party protests}$✦가 곳곳에서 일어났다. 적자 지출은 계속되었고

✦ 미국 보수주의자들의 저항운동-옮긴이

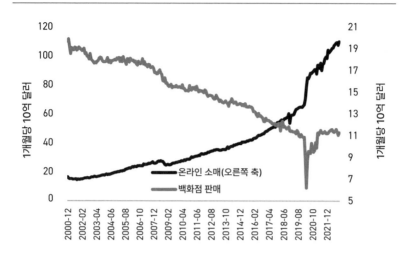

2010년에는 1조 3,000억 달러가 추가로 지출되었다. 하지만 이때 정치권이 나서 급제동을 걸었다.

2010년 중간선거에서 공화당이 하원에서 민주당에 압승을 거둔 것이다. 민주당은 그날 63석을 내줬다. 1926년 이후 가장 큰 패배였다. 이제 의회는 민주당의 통제를 완전히 벗어나고 말았다. 그날부터 오바마의 여러 계획은 교착 상태에 빠지게 된다. 하원이 개원하자 공화당은 곧바로 적자 지출을 막기 위해 할 수 있는 모든 노력을 기울였다. 2011년에 공화당은 국가 부도를 들먹이며 강제로 예산 삭감을 밀어붙여 오바마와 민주당이 10년간 2조 4,000억 달러의 예산 삭감에 동의하도록 만들었다. 공화당은 오바마 대통령의 남은 임기 동안 미국의 지갑을 쉽게 열지 못하도록 계속 힘으로 밀어붙였고, 실제로 2009년에 1조 4,000억 달러였던 재정적자를 2013년에 6,800억 달러로 줄일 수 있었다.

채권은 워싱턴 D.C.의 교착 상태를 좋아한다.

오바마의 중간선거가 시장에 미친 영향을 알려준 이는 우리의 최고 전략가 로베르트 판 바텐부르크 Robbert van Batenburg였다. 그가 어떤 도표를 하나 보여주자 고객들은 기겁을 했다. 워싱턴이 단점 정부(여대야소)에서 분점 정부(여소야대)로 바뀔 때 어떤 일이 벌어지는지 그 도표가 완벽하게 보여줬기 때문이었다. 대통령과 의회 다수당이 같은 정당일 때 채권 수익률은 거의 예외 없이 상승한다. 지출에 대한 견제가 없기 때문에 그 정당은 민심을 얻기 위해 수문을 활짝 연다. 이는 더 큰 재정적자와 더 많은 국채 발행으로 이어진다. 그러나 집권당이 의회를 지배하지 못하면 재정 지출도 힘을 잃는다. 더는 돈으로 민심을 살 수 없다. 특수 이익 단체에 대한 특혜도 줄어들거나 없어진다. 재정적자는 더는 늘어나지 않고 재무부도 국채 발행을 줄이며 채권 가격이 오르고 수익률은 내려간다. 이것이 바로 2010년 중간선거에서 민주당이 하원을 잃은 후 일어난 일이다. 2번에 걸친 오바마 대통령의 재임 기간에 3.6퍼센트였던 10년 만기 채권 수익률은 2016년 여름에 1.4퍼센트까지 하락했다.

때로는 최고의 거래가 가장 이해하기 쉽다. 그래서 우리는 중간선거를 앞두고 2018년 10월에 국채를 매수했다. 하원은 민주당으로 넘어갔고 채권은 2년 동안 전례 없는 랠리를 펼쳤다. 그해 가을, 10년물 수익률은 3퍼센트가 넘는 선에서 거래되었다. 2년 후 코로나19 위기가 닥쳤을 때는 0.5퍼센트로 떨어졌다. 2년 만에 장기 채권에서 50퍼센트라는 믿을 수 없는 수익을 낸 것이다.

국가가 갑자기 긴축 기조로 돌아서자 경기 부양책에 중독되었던 시장은 다시 허둥댔다. 연준의 도움 없이는 도저히 상승세를 이어갈 수 없었다. 그리고 연준은 바로 줄 것을 주었다.

2011년, 미국은 자국의 엔지니어링이 역대 최고 수준이라는 점을 다시 한번 입증했다. 자동차가 아니라 금융을 말하는 것이다. 언론은 이 계획을 '오퍼레이션 트위스트Operation Twist'라고 불렀다. 연준은 장기 채권을 매수하고 만기가 짧은 채권을 매도하는 이 작전에서 30년 만기 채권을 사들이고 2년 만기 채권을 팔았다. 물가상승률과 미래에 대한 기대치가 끈질길 정도로 낮았기 때문에 연준은 필요한 수단을 모두 동원해 금리를 더욱 억제하고 국채 수익률을 끌어내려 경제를 진작시키려 했다. 하지만 만족스러운 결과가 나오지 않자 이듬해인 2012년에 연준은 1조 7,000억 달러 규모의 채권 매입 프로그램에 착수했다.

그래서 주가가 올랐을까? 그런 의문이 들 것이다. 결과는 마치 S&P 500에 일론 머스크Elon Musk의 팰컨 9Falcon 9을 장착한 것과 같았다. 팰컨 9은 액체 산소와 로켓급 케로신 추진제로 구동되는 9개의 멀린Merlin 엔진

〈 그림 3.2 〉 단점(여대야소) 정부와 분점(여소야대) 정부에서의 국채 수익

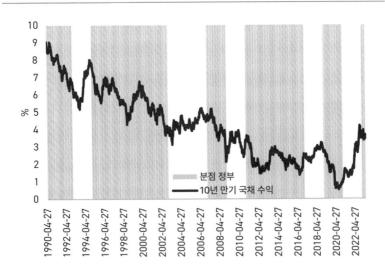

으로 해수면에서 77만 킬로그램 이상의 추력을 내는 발사체다. 그러니 답은 '예스'다. 거참, 그랬다! 주가는 급등했다. 버냉키 의장이 3차 양적완화 프로그램을 발표한 2012년 여름부터 이 프로그램이 종료된 2014년 중반까지 S&P 지수는 50퍼센트 이상 상승했다.

하지만 2009년 3월과 마찬가지로 주식시장 랠리는 전체 경제에 별다른 영향을 미치지 못했다. 이후 몇 년 동안 실질 GDP 성장률은 2.5퍼센트를 넘지 못했다. 낙담한 대중은 여전히 생활고에 시달리고 있었다. 연준의 계획은 은행 대출을 활성화하여 기업의 투자를 늘리는 것이었다. 그러나 은행들은 대출 대신 위험도가 매우 낮은 자산인 미국 국채에 돈을 묻어두었고, 미국 기업들은 현금을 쌓아놓고 자사주를 매입했다. 그 이유는 나중에 얘기하겠다.

금리와 물가의 상관관계를 기억하는가? 전형적인 인과관계다. 낮은 금리는 더 쉬운 대출을 의미하며, 쉬운 대출은 가격을 인위적으로 부풀린다. 큰 액수의 대출이 필요한 주택처럼 덩치가 큰 자산은 특히 그렇다. 그래서 부동산 가격과 임대료도 계속 높게 유지되었다. 저소득층과 중산층 가족들은 대부분 주택을 살 수 없거나 내 집을 마련하더라도 그로 인한 재정적 부담을 질 수밖에 없었다. 높은 비용은 삶을 그 어느 때보다 힘들게 만들었고 불평등을 더욱 악화시켰으며, 결국 미국은 도금시대Gilded Age 이후 가장 극심한 불평등의 시기를 맞았다.

신사 숙녀 여러분! 이제 드디어 금융에서 가장 지루한 주제인 구조적 장기 침체secular stagnation를 소개하겠다. 구조적 장기 침체는 민간 부문이 투자를 하지 않고 현금을 쌓아두기로 작정한 경제 상황이다. 정상적인 환경에서 낮은 금리는 투자와 성장을 촉진하게 되어 있지만, 2012년부터 2014

년까지는 연준이 아무리 애를 써도 그런 일이 벌어지지 않았다. 이유는 금융 위기로 대량 몰살을 당한 이후로 은행과 기업과 가계가 각자 대차대조표를 재건하는 데에만 집중했기 때문이다. 소비자는 구매를 미루고 기업은 투자를 연기했다.

당초 계획은 5조 달러에 육박하는 것으로 추정되는 은행 대차대조표의 구멍을 메우고 난 뒤 QE(양적완화)를 종료하는 것이었다. 금리가 낮다는 것은 은행이 보유한 자산의 가치가 증가한다는 뜻이었으니까. 하지만 QE는 생각보다 훨씬 더 오래 지속되었다.

한편 인위적으로 억눌린 금리 탓에 연금에 기대어 사는 고령자와 연금 수급자들은 소득이 줄었다. 노인들은 보통 저축의 대부분을 지방채나 기타 채권 투자상품으로 보유하는 경우가 많다. 이미 많은 사람들이 리먼 사태의 후유증에 시달리고 있었다. 어떤 의미에서 QE는 은퇴자들의 재산을 은행으로 이전시킨 셈이었다. 은행이 회복한 뒤로도 오랫동안 노년층으로부터 은행으로의 부의 이전은 계속되었다. 많은 미국인이 자신의 대차대조표를 정비하는 상황에서 낮은 수익률은 가계의 소비 여력을 더욱 떨어뜨렸다. 이 것이 대침체Great Recession 뒤로 저성장 기간이 이어진 요인이었다.

하지만 연준은 상황을 그런 식으로 보려 하지 않았다. 경기가 활성화되 지 않자 채권 환매bond-buyback 프로그램은 규모가 더욱 커졌다. 연준은 QE1(1차 양적완화)에서 QE2로 넘어간 뒤 곧바로 QE3를 시행했고 결국 그 들의 대차대조표는 4조 5,000억 달러에 달했다. 명심할 것은 이것은 연준 의 대차대조표라는 사실이다. 국가 부채와는 다른 것이다. 국가 부채는 맨 해튼 브라이언트 공원 근처에 부착된 대형 디지털시계에 표시된다. 부동산 재벌 시모어 더스트Seymour Durst의 아이디어다. 당시 그 수치는 기절초풍할 속도로 바뀌었다. 미국은 1분에 대략 100만 달러를 풀어내고 있었다. 2009 년 오바마 행정부가 백악관에 입성했을 때 국가 부채는 10조 달러로 GDP 의 68퍼센트여서 어느 정도 여유가 있었다. 2014 회계연도 말에는 17조 8,000억 달러로 증가하여 GDP의 101퍼센트에 달했다. 2차 세계대전 이후 처음으로 미국은 경제가 생산하는 것보다 더 많은 빚을 지게 되었다.

오바마가 임기 마지막 해를 시작하던 2016년, 8년 전만 해도 젊고 활기 찼던 이 낙천주의자는 지친 표정이었고 칠흑 같던 그의 머리카락은 회색으 로 변해 있었다. 미국은 곤경에 처해 있었다. 일자리가 사라지고 빚도 많을 뿐 아니라 정치적 분열도 심각했다. 미국인들을 서서히 죽이는 마약 문제도 끔찍했다. 러스트 벨트가 특히 심했다. 실직한 사람과 제대로 된 직장을 갖 지 못한 임금 근로자 중 많은 사람들이 약물 과다 복용과 자살과 알코올 관 련 질환으로 죽어가는 탓에 수십 년간 꾸준히 증가했던 미국인의 기대 수

양적완화는 주식과 채권을 어떻게 밀어 올리는가

시장 유동성은 주가의 상승과 하락을 좌우하는 주요 요인 중 하나다. 유동성이 증가하면 금융시장에 더 많은 자금이 유입되고, 그 돈은 주식과 채권으로 흘러들어 간다. 반면에 유동성을 제거하면 시장에서 현금이 빠져나가 주식과 채권 가격이 떨어지는 양상을 보인다.

그렇다면 연준은 어떻게 시장에 유동성을 더하고 뺄까? 연준이 채권을 매입한다는 것은 투자자가 갖고 있던 채권을 연준이 현금을 주고 가져간다는 뜻이다. 연준은 해당 채권을 계좌에 넣고 만기까지 보유한다. 이런 교환을 통해 시장에 유동성이 주입된다. 왜냐하면 이제 투자자들은 손에 들어온 현금을 다시 투자해야 하기 때문이다. 연준이 양적완화 프로그램을 통해 수조 달러의 미국 국채를 매입한다고 생각해 보라. 투자자의 손에는 수조 달러의 현금이 놓이게 되고 연준은 더는 투자자에게 갈 수 없는 산더미 같은 무위험 채권을 떠안게 된다. 이들 투자자는 연준에게 판 채권 대신 그 유동성으로 새로운 채권을 매입해야 한다. 그러나 연준이 시장에서 채권을 매입하는 바람에 채권 수익률이 너무 낮아져 그 채권은 더는 투자자가 원하는 최소한의 수익률을 충족해 주지 못한다.

보험사나 연기금 같은 기관투자가들은 최소 수익률이 보장되는 저위험 채권을 매입해야 한다. 따라서 이런 투자자들은 다른 곳에서 적절한 수익률을 제공하는 채권을 찾다가 결국 투자적격등급 회사채를 매입하게 된다. 그러나 그렇게 하면 그들의 수익률에 압박이 가해져 결국 투자적격등급 채권이 부족해진다. 이 모든 것이 차등제sliding scale를 만들어 투자자들은 평소 같으면 생각지도 않았을 자산군으로 강제 편입되고 만다. 이것이 채권 시장 전반의 수익률을 낮추는 역학 관계이며, 그렇게 채권의 수익률이 낮아지면 주식에 더 마음이 가기 때문에 주가가 강세를 보인다. 또한 자본이 넉넉한 기업은 인위적으로 금리가 낮은 채권을 발행하고 그 수익금으로 자사 주식을 다시 사들일 수 있다. 애플 같은 경우, 2012년부터 이 회사는 1,300억 달러의 채권을 발행하여 자사주 5,000억 달러어치를 매입하는 데 사용했다.

그뿐이 아니다. 연준은 자체 대차대조표에 현금이 거의 없기 때문에 시중은행에서 신용으로 이런 자산을 매입한다. 따라서 연준이 1,000억 달러의 국채를 매입하면 시중은행의 지급준비금도 같은 금액만큼 증가한다. 시중은행 대차대조표의 준비금은 자산을 더 많이 매입하는 데 사용된다. 2008년 이후로는 규제가 훨씬 심해져 은행이 대차대조표에 보유할 수 있는 자산은 가장 안전한 자산, 즉 주로 국채로 제한되었다. 그래서 이들 은행은 할 일을 한다. 국채를 더 많이 매입하는 것이다. 다시 말해 연준이 채권을 대량으로 사들일 때마다 시중은행은 자산이 생기고 그 자산으로 그들 역시 국채를 사들인다. 이것이 채권 매입의 이중 타격이다.

2조 9,000억 달러에 달하는 미국 기업 부채(하이일드 채권, 투자적격등급 채권, 레버리지 대출 등)는 2024년과 2026년 사이에 만기가 도래할 예정이다. 연준이 실제로 금리를 '더 오래 더 높게' 유지하면, 이 막대한 부채를 훨씬 더 높은 수익률로 재융자해야 한다. 그렇게 되면 좀비 기업이 양산되고 엄청난 디폴트 사태가 벌어질 것이다. 이들 부채는 대부분 채권 수익률이 크게 낮았던 2020년과 2021년 사이에 발행되었다는 점을 알아야 한다. 2060년에 만기가 돌아오는 애플 AAPL 2.55퍼센트 채권이 그런 경우다. 이 채권은 2020년에 투자자들에게 액면가로 판매되었고 2023년에는 그 금액의 60퍼센트에 거래되었다. 그러니 투자자들은 정신 바짝 차려야 한다.

명도 줄어들기 시작했다. 프린스턴 대학 교수인 앤 케이스Anne Case와 앵거스 디턴Angus Deaton[3]은 "절망으로 인한 죽음deaths of despair"이라는 유명한 말로 이런 추세를 설명했다. 네이선 셀처Nathan Seltzer 교수의 2020년 연구 논문 '마약 확산의 경제적 토대The Economic Underpinnings of the Drug Epidemic'에 따르면 마약과 오피오이드 과다 복용으로 인한 사망은 남녀 가릴 것 없

이 대부분 제조업에서의 일자리 손실이 그 원인이 될 수 있다[4]고 한다. 실제로 미국 제조업 고용 지도를 보면[5] 약물 과다 복용 비율과 정확히 겹친다.

골드만삭스는 이 데이터를 더욱 심층 조사하여 미국 노동력의 불균형을 분석했다. 그 결과 그들은 미국의 핵심생산인구, 즉 25세에서 54세까지 노동참여율이 다른 선진국보다 낮다는 사실을 발견했다. 오바마 정부의 경제자문위원회 위원장을 지낸 앨런 크루거Alan Krueger는 노동에 참여하지 않는 핵심생산인구의 남성 중 거의 절반이 매일 진통제를 복용하고, 20퍼센트가 건강 문제를 겪는 것으로 보고했다. 다른 선진국에서는 여성의 경제활동참가율이 계속 상승하고 있지만, 미국은 2008년 이후 여성의 경제활동참가율이 정체되었다는 사실도 주목할 내용이었다.

지난 10년 동안 석탄을 연료로 사용하는 중국 공장에서 만들어진 아이폰은 10억 대가 넘는다. 우리의 그린 길트green guilt(환경을 해치는 사업을 할 때 느끼는 죄책감)를 중국에 수출하면서 동시에 러스트 벨트에서 일자리 전망을 흐리게 하고 미국 기업을 기울어진 운동장으로 몰아넣는 현실은 이해하기 어렵다. 이런 노선은 정치적으로 여러 가지 파급효과를 낳기 때문에 지속하기 어렵다. 탄소 감축이라는 목표는 가상하지만 중국이 좀 더 적극적이고 건설적인 역할을 하지 않는다면 결코 달성할 수 없는 꿈이다. 2022년에 중국이 새로 건설한 석탄발전소의 수는 다른 모든 나라의 석탄발전소를 모두 합친 것의 6배나 된다. 글로벌에너지모니터Global Energy Monitor, GEM와 에너지및청정대기연구센터Centre for Research on Energy and Clean Air, CREA의 보고서에 따르면 중국은 2022년부터 석탄발전소에 대해 '허가 남발'을 이어가 2023년 상반기에는 52기가와트GW 용량의 발전소를 신규 허가했다. 그렇다면 2022년부터 석탄 발전 용량은 23퍼센트에서 33퍼센트까지 증가했을 것으로 추측된다.

미국 기업과 소비자들은 다른 어떤 선진국보다 값싼 수입품, 특히 중국 제품을 더 많이 사들였다. 다른 선진국들은 대부분 치열한 경쟁을 막기 위해 자국의 산업과 근로자를 보호하는 정책을 시행하고 있지만, 미국 정치인과 월스트리트는 값싼 수입품이 가져다주는 디플레이션 효과에만 초점을 맞췄다. 인플레이션이 낮으면 금리가 낮고, 금리가 낮으면 주식과 채권 시장이 활성화한다. 결국 워싱턴은 최저 수준의 금리 덕에 날로 부풀어가는 재정적자를 메울 수 있었다. 하지만 갈수록 분명해지는 것은 그 대가로 수백만 개의 일자리와 기회가 사라지고, 경기 침체가 10년 넘게 지속되어 수십만 명의 헛된 죽음을 초래했다는 사실이다.

2008년부터 2016년 사이에 국가 부채는 그저 증가한 정도가 아니라 10조 달러에서 19조 5,000억 달러로 2배 가까이 급증했다. 세계화와 구매력 상실로 중산층이 사라지면서 무역 적자의 형태로 해외로 빠져나간 돈은 채권 매입 형태로 월스트리트로 되돌아왔다. 불평등은 미국을 승자독식 사회로 만들었다. 대기업은 연방기금 금리보다 약간 높은 1.5퍼센트 정도의 금리로 대출을 받았다. 하지만 실물 경제의 근간인 소상공인들은 6~7퍼센트의 대출금리를 적용하는 지역 은행이나 18퍼센트의 기업 신용카드로 돈을 빌려야 했다. 그들은 경쟁력을 갖출 수 없었다. 2007년부터 2019년까지 미국 기업의 투자적격등급 부채(안전한 대형 기업의 부채)는 3.7배 늘어나 4조 5,000억 달러에 이르렀다. 이에 비해 중소기업의 자금줄인 하이일드 부채는 1.6배 증가에 그쳤다. 아마존, 홈디포Home Depot, 스타벅스Starbucks 같은 공룡기업들은 값싼 신용 덕분에 저리로 돈을 빌려 중소기업을 몰아낼 수 있었다.

적은 자본 비용 덕분에 대기업들은 그들의 이점을 활용할 또 다른 메커니즘을 갖게 됐다. 값싼 부채로 자사주를 매입하는 방식이었다. 기업이 자사주를 다시 사들이면 공개 시장에서 거래되는 주식 수가 줄어들어 주가가 상승한다. 투자자들은 당연히 이를 반긴다. 자신들의 포트폴리오의 가치가 올라갈 뿐 아니라 배당 소득과 달리 매각할 때까지 해당 수익에 대한 세금을 내지 않아도 되기 때문이다. 장기 침체와 제로 금리 시대 이전인 2009년에 S&P 500에 속한 기업들은 자사주재매입에 총 1,370억 달러를 지출했다. 이듬해 그 액수는 2,850억 달러로 2배 이상 증가했다. 2012년에는 5,000억 달러가 넘는 기록을 세웠고, 그 후로도 2010년대 내내 그 이상의 수치를 유지했다.

중소기업이 대기업에 밀리는 이유는 금리에서 크게 불리할 뿐 아니라 투자 자본이 자사주를 재매입하는 기업을 선호했기 때문이다. 2010년대에 자사주재매입이 대부분 기술과 금융 부문에서 이루어지면서 장기 침체에 기반한 시스템과 실물 경제 간의 간극은 더욱 벌어졌다. 결국 2010년대에는 연준으로 가능해진 값싼 부채와 레버리지가 넘쳐나면서 자사주재매입에 5조 달러가 투입되었다. 그러나 꼭 해야 할 질문을 던지는 사람은 아무도 없었다. 값싼 부채와 금융을 믿고 이렇게 무서운 속도로 자사주를 매입하면 S&P 500의 가치는 얼마나 비틀리겠는가?

〈월스트리트 저널The Wall Street Journal〉에 따르면, 상위 100대 기업의 수익률은 1997년 52퍼센트에서 2017년에는 무려 84퍼센트로 치솟았고 2020년에는 90퍼센트 가까이 올랐다.

냉전 종식 이후에 전반적인 조정이 이루어졌지만 구조적 장기 침체를 벗어나지 못하는 경제는 러스트 벨트 제조업 근로자와 중소기업 소유주와 고용인 그리고 중산층에게 아무런 도움을 주지 못했다.

또 다른 문제도 있었다. 연준이 금리를 인상하겠다는 매파 발언으로 위협하자 유럽중앙은행European Central Bank은 매달 수십억 유로 상당의 채권을 매입하기 시작했다. 그러자 달러가 급격한 강세를 보였다. 달러가 강세면 미국으로선 좋은 것 아닌가? 그렇지 않다. 2장에서 설명한 대로 달러 강세는 미국 산업의 경쟁력을 크게 훼손했다. 다른 나라들이 사가는 미국 제품이 더 비싸졌기 때문이다. 2015년과 2016년에 미국은 제조업 일자리를 5만 개 더 잃었는데, 대부분 이런 역학 때문이었다.

국제결제은행Bank for International Settlements에 따르면 2010년과 2020년 사이에 미국을 제외한 나라들의 달러 표시 부채는 정부와 기업 둘 다 약 13조 달러로 2배 가까이 증가했다. 2000년에 비해 6배 이상 늘어난 수치였다. 세계는 신용거래로 가득 찼고, 달러 가치가 상승할 때마다 신용거래는 서비스 비용이 더 비싸져 대차대조표에 더 큰 부담을 주었다. 미국 달러 지수 DXY가 10퍼센트 상승하면 신흥시장에서 10억 달러의 부채는 11억 달러가 된다. 미국 달러 가치의 상승은 훨씬 더 파괴적인 효과를 냈고 디플레이션을 더욱 심화시켰다. 실제로 연준은 전 세계를 대상으로 하는 통화정책을 수립하기 시작했고 이제 미국 달러의 강세는 세계 전체를 두들기는 철구가 되었다. 현재 S&P 500이 거두는 총수익의 약 40퍼센트는 미국 이외의 지역에서 발생하는 것이며, 달러 강세는 미국의 제품 가격을 더욱 밀어 올린다.

금리를 인상하겠다는 연준의 매파적 발언으로 세계 곳곳의 제조업 생산량이 급감하면서 글로벌 어닝 리세션earnings recession⁺은 가속화되고 주식 가치도 20퍼센트 떨어졌다. 이에 자극을 받아 중국인민은행中國人民銀行은

....

✦ 전년도 대비 실적이 두 분기 연속으로 하락하는 현상 – 옮긴이

> ## 기업의 자사주재매입은
> ## 미국 주식의 가장 큰 수요원이다.
>
> S&P 500에 속한 기업들은 매년 평균 6,000~8,000억 달러의 자사주를 매입한다. 이런 관행은 21세기에 들어와 유행한 것으로, 기업이 자신의 투자에서 더 나은 수익을 찾지 못할 때는 자기자본으로라도 자사주를 되사야 한다는 발상에서 비롯된 것이다.
>
> 연준이 자본 비용을 억제하는 기간이 길어질수록 자본주의는 제 기능을 발휘하지 못하고, 대신 2단계 체계로 바뀐다. 값싼 부채는 대기업에 넘볼 수 없는 이점을 제공한다.

2015년 여름에 자국의 통화 가치를 평가절하했다. 중국은 통화를 달러에 고정했기 때문에 달러가 오르면 위안화도 올라간다. 중국은 위안화를 평가절하하여 경쟁력을 유지한 반면, 미국 제조업은 쇠퇴했다.

변화에 대한 희망은 사라졌고, 민주당은 2016년 대선에서 전혀 다른 종류의 정치인에게 패배할 위기에 몰렸다. 그는 자신의 이름을 딴 뉴욕 5번가 고층 빌딩의 미다스 왕 왕릉 같은 아파트에 살았다. 그는 정치 역사상 외교수완이 가장 서툰 인물이었지만 그래도 미국 영혼의 아픈 곳을 건드릴 줄 알았다. 그는 일자리를 더는 해외로 내보내지 않고 국내에서 만들어내겠다고 선언했다. 그는 미국의 옛 제조업 중심지에서 마약으로 인한 사망자가 속출한다는 기사에 치를 떨며 이런 사태를 중단시키기로 마음먹었다. 그리고 국제 무역에서 중국과 정면 대결을 벌여 미국의 위상을 다시 세우겠다고

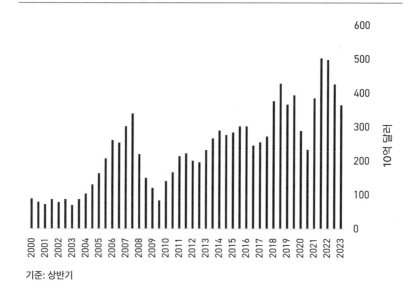

기준: 상반기

큰소리쳤다.

　　탈진한 소상공인과 시민들은 이 새로운 게임에 주사위를 던질 준비가 되어 있었다. 지난 10년간 연준 정책에 수혜를 입은 1퍼센트의 행운아들도 대부분 세금 인하와 규제 완화를 기대했다.

제 4 장

새로운 워싱턴 합의

——— 1975년에 스티븐 스필버그^{Steven Spielberg}는 마서스비니어드를 모델로 한 가상의 섬을 배경으로, 해변의 관광객들을 공포에 떨게 하는 식인 상어를 소재로 블록버스터 영화 〈조스^{Jaws}〉를 만들었다. 나는 마서스비니어드섬 바로 건너편에 있는 케이프코드에서 자랐기 때문에 그곳을 잘 알았지만 영화는 별로 무섭지 않았다. 비니어드에도 케이프코드에도, 아니 그 근처 어디에도 식인 상어는 없었다. 사실 내가 아는 누구도 매사추세츠에서 상어를 봤다는 사람은 없었다. 나는 여름이면 조금도 망설임 없이 그 바다에 뛰어들었다. 1936년에 케이프코드에서 식인 상어가 사람을 공격한 적이 있었다는 사실을 나중에 알게 되었지만, 아주 오래전의 얘기여서 그런지 아무도 식인 상어 따위는 걱정하지 않았다.

하지만 모든 것이 바뀐 건 2018년이었다. 케이프코드 해안과 겨우 3미터 떨어진 곳 물속에서 백상아리 한 마리가 뉴욕 스카스데일에서 온 윌리엄 라이튼^{William Lytton}이라는 61세의 신경과 의사를 공격했기 때문이다. 그는 보스턴으로 공수되었고, 의사들은 그의 생명을 구하기 위해 5.7리터의 피를 수혈해야 했다. 3주 후 거대한 백상아리가 아서 메디치$^{Arthur\ Medici}$를 공격해 죽음에 이르게 했다. 브라질 출신의 26살 대학생이었던 메디치는 굴요리집들로 유명한 케이프코드 국립해안공원의 목가적인 해변 마을 웰플리트 해안에서 서핑을 하던 중이었다. 그의 죽음은 이 지역을 충격으로 몰아넣었지만, 사실 상어 공격에 대한 공포는 2014년부터 계속 커지고 있었다. 그해 플리머스에서는 또 다른 백상아리가 카약을 타던 여성 2명을 덮쳤다.

하지만 왜 난데없이 케이프코드에 상어 문제가 불거졌을까? 2013년 한해에 이 지역에서 탐지된 상어 개체수는 11마리가 전부였는데, 무엇 때문에 2021년에 132마리로 급증한 것일까? 무엇이 자연의 균형을 무너뜨렸는가? 현실에서 일어날 것 같지 않았던 스필버그의 픽션 〈죠스〉가 어쩌다 단골 헤드라인 뉴스가 됐을까?

알고 보니 정치권의 어떤 조치 때문이었다. 의도는 좋았겠지만 생각이 짧았던 것 같다. 1972년에 의회는 해양포유류보호법$^{Marine\ Mammal\ Protection}$ ^{Act}을 통과시켰다. 미국 해역의 모든 포유류를 보호하는 법인데, 그중에는 백상아리가 가장 좋아하는 먹이인 바다표범도 포함되어 있었다. 1997년에 의원들은 대부분의 연방 해역에서 상어를 보호종으로 지정했고, 8년 후에는 매사추세츠주 해역에서도 상어를 보호하도록 의결했다. 법이 이렇게 바뀌면서 상어와 상어의 먹잇감은 더는 괴롭힘을 당하지 않았고 포획도 되지 않았다. 상어에겐 멋진 소식이었겠지만, 매사추세츠 해변을 찾는 사람들에게는 반갑지 않은 일이었고, 경우에 따라서는 치명적인 위협이 되기도 했다. 해양생물을 보호하려 했던 정책 입안자들도 그 법안이 세상에서 가장 무서운 포식자인 상어를 사람들이 모이는 장소에 풀어놓는 일인 줄은 생각도 못 했을 것이다. 의회와 주 의원들이 펜을 몇 번 끄적인 행위가 본의 아니게 케이프코드 해안을 북미의 간스바이로 바꿔놓았다. 남아프리카공화국의 간스바이는 세계에서 상어가 가장 많이 몰려드는 곳이다.

지금 상어나 바다나 케이프코드 같은 얘기를 하려는 것이 아니다. 사실은 순진하고 일차원적인 공공 정책의 의도치 않은 결과가 어떻게 미국 금융 시장에 무서운 위험의 싹을 퍼뜨려 놓았는지를 말하려는 것이다. 버냉키 의장이 양적완화라는 형태로 5년 동안 시장에 쏟아부은 수조 달러의 자금은 서유럽과 미국 중앙은행들의 참고 교본이 되었다. 하지만 변동성이 수년간 억제되다가 어떤 위험 신호가 나타났을 때 중앙은행이 이를 구하겠다고 나서면 어떤 일이 벌어지게 되겠는가? 여전히 안전하다는 잘못된 의식을 시장에 심어주어 투자자들을 위험한 물속으로 유인하게 될 것이다.

시장 내부의 보이지 않는 위협

2016년 초에 하이일드 채권 시장이 달아오르면서 시장은 다시금 빨간 불이 켜졌다. 연준 의장 재닛 옐런Janet Yellen은 유럽과 일본과 중국의 중앙은행 총재들과 힘을 모아 대응에 나섰다. 이른바 상하이협정Shanghai Agreement에 따라 이들은 또 한 차례의 통화부양책을 시행하고 더는 금리를 인상하지 않겠다고 공언했다.

변동성이 사라지면서 시장은 상승세로 돌아섰지만, 그해 봄이 끝나갈 무렵 영국이 유럽연합EU 탈퇴를 결정하자 시장은 다시 한번 요동쳤다. 하지만 잉글랜드은행Bank of England은 첫날부터 소방 호스로 무장한 채 지옥 불속으로 당당히 들어가 대규모 채권 매입 프로그램을 발표했다. 화재는 즉시 진압되었고 불안에 떨던 투자자들의 마음이 진정되면서 시장은 빠르게 회복되었다. 그러나 중앙은행이 계속 변동성을 억제하면서 첫 징후가 나타나기 무섭게 구명줄을 던져 시장의 자가 교정을 막는다면, 시장 전문가들은 한 가지 사실을 금방 알아차리게 된다. 그리고 그걸 아는 것이 바로 부자가 되는 길이다. 시장 구도를 함부로 손질하는 것은 고약하게도 항상 낭패로 끝나는 습성이 있다.

2017년 여름 어느 주말에 베어트랩스리포트에 기고하는 로베르트 판 바텐부르크는 내게 변동성 매매의 미묘한 차이와 그런 매매가 인기를 끌 때 나타나는 위험을 설명해 주었다. 로베르트는 소시에테제네랄Société Générale 의 글로벌 매크로 데스크에서 함께 일할 때 나와 아주 가까운 친구가 되었다. 머리가 비상한 그는 항상 몸에 꼭 맞는 맞춤 정장을 입었고 영화배우 윌럼 더포Willem Dafoe 처럼 바짝 마른 외모를 가졌다. 7월 치고는 드물게 그날은 서늘한 서풍이 도시를 훑으며 불어와 찌는 듯한 여름의 열기를 몰아내고 있었다. 우리는 사람들이 많이 모이는 부두에서 만나, 셔먼즈위커Sherman Zwicker라는 오래된 범선 갑판에 자리 잡은 굴요리 전문 레스토랑 그랜드뱅크스Grand Banks에 가기로 미리 약속해 둔 터였다. 한여름의 허드슨강은 배가 부두에 묶여 있어도 쾌적하기 그지없는 곳이다.

로베르트는 20대 초반에 네덜란드에서 미국으로 이민 와, 역경을 헤치고 뉴욕에서 가장 내로라하는 여러 프랑스 은행에서 영향력 있는 시장 컨설턴트로 입지를 굳힌 인물이다. 그는 기관 고객들과 긴밀한 관계를 구축하고 유럽인 특유의 매력으로 신뢰를 얻으며 적절한 질문을 던지고 놀라운 부분을 찾아내는 재능을 계발했다.

약속 장소로 갔을 때 그는 배로 건너가는 트랩 옆에 서 있었다. 로베르트는 늘 몇 분 일찍 도착했다. 우리는 바에 있는 스툴에 앉았다. 바에는 손님들이 많았지만 말소리가 조용했고 태리타운에서 불어오는 바람이 분위기를 차분히 가라앉혀 주었다.

　　"래리, 우리 일이라는 게 정보가 하나 들어오면 그에 대한 증거를 확보하는 것 아닌가? 그게 바로 모자이크 탐색이고 우리의 목표지." 로베르트는 그렇게 말했다. 그는 국제금융 석사학위를 취득하기 위해 컬럼비아 대학교를 다닐 때 영어를 부지런히 연습했지만 네덜란드 억양은 사라지지 않았다. "시장에는 재깍거리며 시간을 재촉하는 시한폭탄이 있어. 지난 몇 년 사이에 변동성 ETF의 인기가 치솟았는데, 문제는 변동성 전략이 투자 세계의 한 귀퉁이라는 점이야. 금융 매체들은 그 부분을 종종 놓치지."

　　차가운 화이트 버건디를 홀짝이며, 굴 껍데기를 벗기는 요리사들을 지켜보다 로베르트는 시장의 시나리오를 설명해 주었다. 머리가 쭈뼛해지는 얘기였다. "이 시장을 지배하는 건 컴퓨터 도사들, 특히 프랑스 출신 시장 분석가들이야. 프랑스의 데카르트 교육 시스템은 해마다 대학에서 수많은 수학자들을 배출하는데, 그중 최고들은 런던이나 맨해튼의 은행과 헤지펀드의 파생상품 부서로 진출하지. 거기서 변동성 매매 전략 같은 난해한 주제를 물고 늘어진다는 말이야."

　　으깬 얼음 위에 신선한 굴이 놓인 접시가 나왔다. 레몬과 미뇨네트 소스가 같이 나왔지만 나는 건드리지 않았다. 나는 짭짤한 맛과 바다 향과 조개의 육즙을 좋아한다. 내게 굴은 항상 바다에서 나는 리큐어였다. 신맛은 필요 없었다.

　　"자네 프랑스 은행들과 얼마나 오래 일했지?"

변동성 전략의 위험한 비즈니스

변동성은 시장에 격렬한 조정이 일어날 때 개인 투자자들이 CNBC에서나 듣게 되는 개념이다. 변동성 지수^{VIX}는 주식시장에 몰아치는 파도가 얼마나 거친지를 나타내는 주요 척도다. 폭풍에 비유해 말하자면 VIX가 30을 넘으면 3등급 허리케인이고, 40을 넘으면 5등급 슈퍼 허리케인이다. 주식시장이 크게 하락할 때 변동성 ETF를 보유하고 있으면 수익률을 30~60퍼센트까지 낼 수 있다. 그래서 진입 가격과 타이밍이 중요하다. '변동성을 산다'는 말은 주식시장인 S&P 500이 하락하는 데 베팅한다는 뜻이다.

올해 수익이 좋아 9월 초에 포트폴리오가 15퍼센트 상승했다고 하자. 이럴 때 수익을 지키는 방법 중 하나가 보유 자산 중 일부를 매도하는 것이다. 문제는 이렇게 할 경우 과세 대상이 된다는 점이다. 다 아는 사실이지만 자본 이득이 발생하는 곳에서 미국 정부는 세금을 내라고 요구한다.

큰 규모의 과세 대상이 될 만한 이벤트를 일으키지 않고 수익의 일부를 보호하려면 변동성 ETF를 매수하면 된다. 15퍼센트 올랐을 경우 수익의 2퍼센트를 활용하여 전체를 보호할 수 있다면 그것도 괜찮은 방법 아닌가?

시장이 큰 폭으로 하락할 때를 제외하면 변동성도 얌전한 편이어서 거래도 대부분 매우 좁은 범위에서 이루어진다. 이런 시기에는 투자자들도 대부분 변동성에 별다른 관심을 갖지 않기 때문에 투자 자문가나 브로커는 변동성을 이용해 고객에게 추가 수익을 창출해 준다. 이를 위해 그들은 옵션을 매도해 약간의 추가 수입을 얻는다. 변동성을 매도하는 사람은 이를테면 '하우스' 즉 카지노다. 투자자가 보험료를 내기 위해 변동성을 매도할 때 시장이 안정적이면 괜찮은 보상을 얻을 수 있다. 이 경우엔 VIX를 공매도하는 것이다.

옵션은 S&P나 나스닥 같은 지수나 개별 주식에서 사거나 팔 수 있다. 옵션 가격에는 변동성 프리미엄이 포함되어 있다. 주식이나 지수의 변동성이 크면 프리미엄이 높다. 안정된 시장에서는 변동성 프리미엄이 다소 낮지만, 단기적으로 변동성이 안정을 유지하리라고 중개인이 판단하면 수익을 내기 위해 매도할 만

하다. 또한 실적 발표나 연방준비제도의 금리 결정처럼 주식이나 지수에 영향을 미치는 이벤트가 심리 중일 때는 보통 변동성이 상승하는 편이다. 그러나 실적이 이미 발표되거나 정책 회의가 끝나면 변동성 프리미엄이 폭락하고 옵션 매도자는 프리미엄을 챙긴다. 이런 것들이 변동성 매도 전략으로, 투자자는 프로셰어즈 단기 VIX 0.5배 인버스 선물 ETF ProShares Short VIX Short-Term Futures ETF (SVXY)나 단기 VIX 1배 인버스 선물 ETF -1x Short VIX Futures ETF (SVIX) 같은 역변동성 ETF를 통해서도 이런 전략을 구사할 수 있다. 따라서 변동성이 하락하면 이런 ETF는 상승한다. 그러나 2018년 초에 보았듯이 시장이 무차별 매도세를 보이면 이런 ETF는 순식간에 가치를 잃는다.

　　변동성 매도 전략의 일례로 옵션을 사는 방법이 있다. 변동성이 급등하면 옵션 가격이 상승하게 된다. 또는 아이패스 VIX 단기 선물 ETN iPath Series B S&P 500 VIX Short-Term Futures ETN (VXX)이나 프로셰어즈 VIX 단기 선물 1.5배 ETF ProShares Ultra VIX Short-Term Futures ETF (UVXY) 같은 장기 변동성 ETF를 매수할 수도 있다. 이런 ETF의 문제점은 VIX에 선물 계약을 보유하고 있다는 것이다. VIX는 그 자체가 지수이고 거래를 하지 않기 때문이다. ETF는 주로 만기에 가장 가까운 선물을 보유하기 때문에 매달 자산을 다음 달 VIX 선물로 롤오버해야 한다. 그렇게 되면 ETF는 매달 그 '롤'에서 자산의 일부를 잃게 되며, 시장이 안정세를 유지하면 이런 ETF는 시간이 지남에 따라 하락하게 된다. 따라서 투자자들은 대부분 이런 ETF를 사용하여 갑작스러운 투매를 헤지한다. 그렇지 않고 다른 방법으로 이런 장기 변동성 ETF에서 수익을 얻으려면 시장이 얼마 안 가 스스로 제자리를 찾으리라는 확신이 있어야 한다. 그렇지 않으면 가격이 조금씩 계속 하락하는 동안 그 ETF에 갇혀 있어야 한다. 레버리지로 투자한 ETF는 단기간 임대한 것일 뿐 소유한 게 아니라는 점을 절대 잊지 말아야 한다. 선물 계약의 기간을 연장할 때의 비용은 시간이 갈수록 매우 비싸진다.

"10년쯤 됐지, 아마. BNP파리바BNP Paribas까지 합하면 13년이야."

그 후 로베르트는 ETF 차익거래를 전문으로 하는 새로운 유형의 대형 마켓 메이커에 합류했다. 최고 전략가로서 그 회사의 모든 트레이딩 데스크를 한눈에 파악하는 자리에 있었던 그는 변동성이나 변동성지수VIX에서 벌어지는 일을 보고 충격을 받았다. 변동성지수는 요즘 '공포지수fear index'로 통한다.

"변동성이 기초자산의 미래 가격에 대한 불확실성의 크기를 측정한다는 건 자네도 잘 알잖아." 그는 말했다. "불확실성이 커진다는 건 변동성이 커지고 주가가 하락한다는 뜻이지. 리먼 사태처럼 불확실성이 크면 변동성이 엄청나게 높아진다고. 그 변동성을 좀 더 쉽게 측정하려고 월스트리트에서 VIX를 만들어낸 거야. 보통은 10에서 15 사이를 오가는데, 이런 대참사 때는 VIX가 90까지 올라갔어. 한 번도 본 적이 없는 최고 수위지."

로베르트는 말을 이었다. "리먼 사태 때 VIX가 급등했던 걸 생각해 보라고. 자네가 바로 거기 있었잖아. 그날 90을 쳤지. 솔직히 난 세상이 끝나는 줄 알았어."

"내 세상은 그날 끝났어."

"우리 둘 다 그랬어. 문제는 그 변동성이 진정되는 데 거의 6년이 걸렸다는 거야. 개인 투자자에게는 말 그대로 악몽이었지만 옵션 트레이더에게는 그런 열반이 없었지. 변동성이 옵션 가격을 더 올리니까 말이야."

"리먼이 만든 상처가 2014년까지 가다니 대단하네." 내가 덧붙였다.

"그랬지. VIX가 기준선인 15를 회복하는 데 6년이 걸렸어. 곳곳에서 중앙은행들이 시장을 받쳐준 덕분이지. 하지만 지금 머리 잘 돌아가는 투자자들은 틈만 나면 변동성을 매도한다고. 그 어느 때보다 더 많이."

"그게 왜 시한폭탄이지? 시장이 이렇게 조용한데 어떻게 한순간에 망가뜨릴 수 있지?"

로베르트는 북유럽 바닷가에서 자란 사람답게 굴을 하나 집어 들더니 능숙한 솜씨로 껍데기에서 살을 발라 먹었다. "그건 설명이 좀 필요해. 하지만 기본적으로 변동성 매도는 이제 지구상에서 가장 집단적인 거래가 됐어. 벨로시티셰어즈 일일 인버스 VIX 단기 ETN^{VelocityShares Daily Inverse VIX short-term ETN}(XIV)이나 SVXY(프로셰어즈 단기 VIX 0.5배 인버스 선물 ETF) 같은 역변동성 ETF에 투자자들이 몰리고 있는 형편이야."

"중앙은행이 이런 부양정책을 언젠가는 중단할까?"

그는 빈 껍데기를 얼음 위에 엎어놓았다. 강한 돌풍이 식당을 휩쓸고 지나갔다. 여성 2명이 파시미나를 집어 어깨까지 감쌌다.

로베르트는 헛기침을 하더니 물 한 모금을 들이켰다. "그런 건 중요하지 않아. 중요한 건 이런 단기변동성 ETF에 얼마나 많은 돈이 몰리는가야. 단기변동성 ETF는 거짓말 안 보태고 1980년대 양배추 인형만큼이나 인기가 많아. 재정 자문가부터 펀드 매니저에 이르기까지 너도나도 수익률을 올리는 전략이라는 허울 좋은 말을 앞세워 별도의 수입을 올리고 있지."

그의 말을 듣고 있자니 시장 부양책에 슬그머니 부아가 치밀었다. 나도 속속들이 자유방임 사상에 물든 자본주의자일지 모르지만, 시장에 투입된 엄청난 돈의 규모는 역겨웠다. "이게 바로 인위적인 낮은 금리가 시장에 하는 짓 아닌가, 안 그래? 그놈의 저금리가 사람들을 가까이할 필요가 없는 상품으로 유인하는 거지." 내가 흥분했다.

"바로 그거야." 그렇게 말하는 로베르트의 눈에 공포의 기운이 스쳐갔다. 막힌 벽을 향해 눈 감고 돌진하는 시장의 끔찍한 장면을 떠올리기라도 하는 듯했다. "구매자의 90퍼센트는 위험 따위는 전혀 인식하지 못하고 있는 것 같아. 다른 세력들이 나서고 있어. 지금은 패시브 펀드와 퀀트 펀드 가 괴물이야. 현재 일일 주식시장 거래의 70퍼센트에 가까운 자금이 거래량 가중평균가격volume-weighted average price으로 매일 시장을 사들이고 있지. 이 렇게 되면 변동성이 더욱 억제돼. 그건 제 살을 깎아 먹는 짓이야. 음성 피드 백 루프처럼 말이야.

"이렇게 패시브 투자자들이 앞뒤 안 가리고 사들이면 변동성에 하방 압력이 가해지고, 그래서 변동성이 낮아지면 패시브 투자자들은 기계적으 로 주식에 대한 노출을 훨씬 더 늘리게 돼.

"지금 특별한 자금 두어 개가 이런 전략에 몰린다는 얘기를 하는 게 아 니라고. 변동성 매매는 폭발적으로 증가했어. 불과 몇 년 사이에 이런 ETF 의 자산이 6배 늘었지. 말 그대로 모든 투자자가 변동성을 매도하고 프리미 엄을 챙기는 판이야. 뉴스에서 한 번도 언급된 적이 없고 무해한 작은 ETF 인 SVXY가 지난 15개월 동안 600퍼센트 상승한 것도 그 때문이라고. 헤 지펀드와 옵션 구조를 합치면 내 계산으론 현재 단기 변동성 전략에 연결된 자본이 2조 달러는 족히 될 거야."

나는 앉은 채 레스토랑 건너편을 잠깐 바라보았다. 우리 주변에 변동성 공매도가 얼마나 많은지 궁금했다. 로베르트의 어깨 너머로 미국 금융의 힘을 상징하는 담청색 반사 유리로 된 마천루가 보였다. 프리덤타워Freedom Tower. 월스트리트 바로 남쪽을 차지한 배터리파크시티에서 솟아오른 건물 이었다.

2017년 여름, 감세 소문에 시장은 무아지경이 되어 S&P 지수는 연일 상승세를 이어갔다. 그해를 통틀어 S&P 500 지수가 1퍼센트 이상 하락한

날은 단 3일밖에 없을 정도였다. 주식시장이 생긴 이래 이런 경우는 단 한 번도 없었다.

"세상에서 가장 쉬운 거래였어!" 로베르트가 목소리를 높였다. "하지만 시장 안에 괴물이 숨어 있지. 바로 그림자 속에 말이야. 그 생각만 하면 소름이 끼쳐."

"묻지 마 매도로 돌아설 것 같은가? 어떻게 그럴 수 있는지 난 이해가 안 가는데."

"이제부턴 얘기가 복잡해져." 그가 대답했다. "그건 '베가vega'와 관련이 있어. 이 희한한 그리스어를 이해하는 사람은 잘 꼽아봐야 월스트리트에서 다섯 명 정도밖에 안 돼. 베가는 변동성이 1퍼센트 변할 때 옵션 가격의 변화를 측정하지. 그러니까 베가는 사람들이 기초자산의 미래 가격에 대해 갖는 불확실성의 정도에 변화가 있을 때 옵션 가격이 어느 정도 변할지 알려주는 지표야. 예를 들어 불확실성이 커지고 변동성이 1퍼센트 상승하면 베가가 높은 옵션의 가격은 베가가 낮은 옵션의 가격보다 더 많이 상승해. 이 베가를 신중하게 추적해야 해. 야수가 그림자 속에서 나와 유령처럼 투자자를 덮치는 순간이 바로 이때이기 때문이야."

나는 와인을 한 모금 마신 뒤 잔을 조심스레 바에 다시 내려놓았다.

"VIX는 요즘 10 전후에서 거래되는데 그런 상태가 몇 주 동안 계속되고 있어." 로베르트가 말을 이어갔다. "하지만 우리가 모르는 어떤 게 시장을 덮치면 지수는 18까지 치솟을 수 있어. 아주 쉽게 말이야. 사실 그래봐야 기본치 15보다 겨우 3포인트 높은 수준이지. 여전히 적당한 수준이지만 백분율로 보면 얼마나 상승했을까?"

"10에서 18이라고? 그럼 80퍼센트네."

"맞아, 80퍼센트 오른 거지. 좀 더 극단적인 시나리오를 생각해 보자고. S&P 500 지수가 3.5퍼센트 하락한다고 가정해 봐. 지금으로 따지면 VIX가 12포인트 뛴 거지. 120퍼센트인 셈이야. 그래도 우린 여전히 VIX를 22라고 말할 뿐이라고. 리먼이나 그 비슷한 경우와는 달라. 베가 리스크를 결정하는 건 백분율의 움직임이야. 변동성의 양이 아니라고.

"변동성을 팔려는 사람을 모조리 죽이는 수학이 있어. 변동성을 공매도할 때는 베가도 공매도하니까. 그리고 지금 이 순간 인버스 VIX ETF의 베가 수치를 보면 2억 달러에 해당하는 수준이야. 이런 ETF를 다루는 매니저는 벨몬트스테이크스Belmont Stakes의 마권업자처럼 위험의 균형을 당일에 맞춰야 해. VIX가 1퍼센트포인트 급등하면 2억 달러의 VIX 선물을 매수해서 노출을 완화해야 해. 하지만 방금 내가 말한 12퍼센트포인트의 움직임 같은 실제 급등 현상이 발생하면 매니저들은 그 위험을 상쇄하기 위해 7만 개의 VIX 선물을 매수해야 한다고. 그 7만 개의 선물을 합치면 370억 달러에 달해. 그 정도 규모의 공매도를 상상할 수 있겠어? 그 정도 액수를 헤징할 수 있는 VIX 선물은 없어. 어림없는 얘기지. 결국 무덤에 갇히고 마는 거야."

"미쳤군." 나는 2008년에 시장이 폭락했던 때가 생각나 불쑥 내뱉었다. 유동성이 고갈되어 아무도 빠져나올 수 없었던 그때의 상황은 앞으로도 머릿속을 떠나지 않고 날 괴롭힐 것이다. "그렇게 되면 시장이 궤멸하는 거 아냐?"

"그렇겠지."

"맙소사." 그런 엄청난 위험이 다시 한번 시장에 도사리고 있다니, 믿기지 않았다.

"그리고 말이야, VIX ETF만 베가를 대규모로 매도하는 게 아니야. 헤지펀드들은 베가에서 2억 5,000만 달러를 추가로 매도해. 모두 수익률에 굶주려 변동성을 매도하는 거지. 메인스트리트 투자자들도 현재 7,000억 달러의 옵션을 매도한다고. 하지만 모두가 기본적으로는 같은 거래에 있는 거야. 그러니까 시장이 악화할 경우 완전한 유동성 부족 상태에 빠진다는 걸 모르는 거지."

너무 어이가 없어 나는 그 자리에 앉은 채 무심코 '죽음의 계곡'에 뛰어들었던 투자자들을 떠올리며 생각에 잠겼다.

"만약 그런 위기가 발생하면 어떻게 되는 거지?" 결국 그렇게 묻지 않을 수 없었다.

"그런 ETF들은 다 쓸려나가는 거지. 그걸 가진 사람도 다 사라질 거야."

일주일 뒤 우리는 변동성 매도의 위험성을 설명하는 보고서를 발표했다. 하지만 S&P 500 지수는 그해 말까지 내내 상승세를 이어갔다. 새해 전야에는 20퍼센트 상승했다. 전 세계 고객들에게 보낸 엄중한 경고 탓에 우리는 늑대가 어쩌고 소리친 양치기 소년이 되고 말았다. 나는 늘 패시브 투자에 대해 의구심을 버리지 못했다. 지난 10년간 패시브 ETF에 수조 달러가 유입되는 모습을 보면 특히 그랬다. 그런데도 나는 로베르트의 말에 충격을 받았다. 그의 말이 정말로 현실로 나타날까 걱정스러웠다.

그러던 중 일이 터지기 시작했다. 2018년에 접어들고 몇 주 지난 1월 말의 어느 평온한 아침이었다.

볼메가돈 Volmageddon 의 날

2018년 1월 22일 수요일, 기자단 한 팀이 대통령 집무실로 조용히 들어갔다. 대통령이 아시아산 세탁기와 태양광 패널에 대해 새로운 관세를 부과하는 조치에 서명하는 모습을 지켜보기 위해서였다. 관세 규모는 비교적 작은 편이었지만 그것은 중국만 겨냥한 것이 아니라 아시아 전체를 대상으로 하는 관세였다. 이런 행동은 한국과 중국으로부터 저항과 대규모 불만을 촉발했지만, 미국 철강과 가전제품 노동자들은 훌륭한 조치라고 박수를 쳤다.

하지만 이번에는 시장이 아시아 편을 들었다. 트럼프가 백악관에 입성한 이후 처음으로 시장은 분노를 드러냈다. 1월 29일 월요일에 증시는 무너지기 시작했다. 공포 지수로 잘 알려진 VIX로 추적한 변동성은 단 하루 동안 270퍼센트나 치솟았다(일반적으로 주식시장이 하락하면 VIX는 상승한다).

기절할 노릇이었다. 아무도 자신의 눈을 믿지 못했다. 9/11이라도 일어난 건가? 또 다른 리먼이 무너졌나? 그런 건 아니었다. 공매도자들이 포지션을 청산하는 광란의 숏커버링(환매) 랠리였다. 아마도 내가 본 것 중 최악의 랠리였을 것이다. 시장이 너무 오랫동안 조용했기 때문에 투자자들은 변동성을 매도하는 것이 월스트리트에서 가장 안전한 투자라고 생각했다. 분명히 대통령은 시장을 끝도 없이 끌어올릴 것이다. 하지만 시장 내부에 숨어 있던 야수는 감세가 관세로 바뀌는 것을 싫어했다.

그리고 그것은 모든 투자자들, 특히 변동성이 큰 숏 포지션에 투자한 투자자들의 허를 찔렀다. 그리고 포지션을 청산하는 투자자가 많아질수록 변동성은 급등했다. 명심할 것은 숏 포지션을 청산하려면 매수를 해야 한다는 점이다. 매도하면 안 된다. 그 험악했던 변동성 급등은 마치 14개월 동

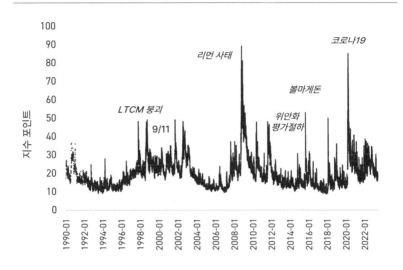

안 감겨 있던 스프링이 풀린 것과 같았다. VIX ETF 매니저들은 베가 수위가 그들의 펀드를 궤멸시키자 겁에 질려 VIX 선물 계약을 사겠다고 아우성을 쳤다. 자신의 포트폴리오의 균형을 다시 맞추려면 지금 있는 VIX 선물을 모두 매수해야 했지만, 장 마감 시간인 오후 4시가 됐을 때 그들은 게임이 끝났다는 것을 알았다. 그들의 절박한 요구를 충족시킬 만한 선물이 세상에 없었던 것이다.

그런 다음 단기 변동성 트레이더들은 저마다 뒤통수를 맞았다. 그런 트레이더가 수천 명이었고 그들 모두 출구를 향해 달렸다. 하지만 트레이더가 레버리지 거래를 할 수 있도록 그들에게 자금을 빌려주는 백오피스 매니저인 마진 관리자들은 사자의 무리처럼 뒤를 쫓아 트레이더들을 덮쳤다. 2월 9일 금요일 오후에 마진 관리자들은 모두 산 채로 그들의 가죽을 벗기고 있었다. 마진 관리자들은 트레이더들을 잔인하게 포지션에서 끌어내렸다. 담보가 전액 사라질 위험에 처한 트레이더에겐 그렇게 해도 되는 일이었다. 궁극적으로 수익률을 높일 수 있는 거래가 저승사자에 의해 지하로 끌려간 것이다. 5년 동안의 수익을 1주일 사이에 빼앗기고 말았다. 1달러짜리 지폐를 줍겠다고 화물 열차 앞으로 뛰어드는 투자 전략을 짜면 그렇게 된다. 2018년 봄의 그 2주는 '볼마게돈Volmageddon'으로 두고두고 기억될 것이다.

이후 몇 달 동안 트럼프가 중국산 수입품에 대해 여러 차례 관세 인상을 들먹이는 등 위험을 가하면서 시장은 등락을 거듭했다. 그래도 경제는 백악관의 엄포를 흡수할 만큼 튼튼했다. 결국 관세 위협에 익숙해진 시장은 서서히 오르다 2018년 여름에 최고치를 경신했다. 그 사이 연준은 대침체 기간과 그 이후의 여러 차례 양적완화를 통해 대차대조표에 쌓아둔 4조 5,000억 달러의 자산을 매각하는 절차를 시작했다. 대부분 국채였던 이들 자산을 매각하는 조치는 금리 인상과 같은 기능을 했다. 시장에 국채와 기타 채무의 공급이 증가하여 금리가 상승하고 과잉 유동성이 해소되었다. 이른바 양적긴축QT은 천천히 시작되었지만 2018년 가을까지 연준은 매달 500억 달러의 국채와 주택저당증권을 매각했다. 동시에 연준은 회의 때마다 연방기금 금리를 인상했다. 그렇게 금리를 총 1.5퍼센트포인트 인상하고 대차대조표에서 3,400억 달러를 덜어냈다. 연준이 이처럼 대규모 금리 인상 사이클에 착수한 것은 당시 금융시장과 전반적인 경제가 기본적으로 매우 강세를 보였기 때문이다. 그러나 2018년이 저물어갈 무렵 시장이 비틀거리기 시작했다.

그해 마지막 3개월 동안 S&P 지수는 20퍼센트 하락했다. 트럼프는 통화 긴축을 완화하지 않으려는 연준을 연이어 맹비난했지만 소용이 없었다. 양적긴축은 2017년과 2018년 사이에 대부분 호황을 누렸던 경제에 제동을 걸어 빠르게 침체에 빠뜨렸다. 제롬 파월$^{Jerome\ Powell}$ 연준 의장은 몇 달 동안 물러서지 않았다. 그러나 결국 그는 자신의 정책이 시장과 경제에 피해를 준다는 사실을 깨달았다. 2019년 초에 그는 결국 수건을 던졌다. 그렇게 금리 인상은 끝났다. 그리고 시장은 다시 활기를 되찾았다. 2018년 12월의 저점을 기준으로 2019년 말에 시장은 39퍼센트 급등했다. 중국과의 무역 전쟁 위협과 관련된 트럼프의 로비로 랠리가 느닷없이 중단될 때도 있었지만, 2019년 9월이 되자 변덕이 심한 트럼프는 총구를 2020년 대선으로 돌렸다. 이후 중국과의 무역 협정은 시장의 분노를 진정시키고 두 경제 강대국 사이의 긴장을 해소해 트럼프는 선거 운동에 본격적으로 힘을 쏟을 탄탄한 입지를 확보한다.

2020년 1월 15일, 트럼프 대통령은 취주악대가 연주하는 미 대통령 공식 입장곡 '헤일 투 더 치프$^{Hail\ to\ the\ Chief}$'에 맞춰 류허^{刘鹤} 중국 부총리와 함께 백악관 이스트룸에 들어섰다. 트럼프 대통령은 연단으로 향했고 마이크 펜스$^{Mike\ Pence}$ 부통령, 스티븐 므누신$^{Steven\ Mnuchin}$ 재무부 장관, 로버트 라이트하이저$^{Robert\ Lighthizer}$ 미국 무역대표부 대사가 그 뒤를 따랐다. 트럼프 대통령은 류 부총리의 왼편에 놓인 목재 탁자 뒤에 앉았다. 두 사람은 행정명령서에서 흔히 볼 수 있는 전형적인 검은색 가죽 케이스에 담긴 합의문에 서명했다. 트럼프 대통령은 특유의 자축하는 미소를 지으며 몸을 기울여 중국 대표단과 악수를 나누었다. 시장은 잉크가 마르기도 전에 급등해 몇 달 만에 처음으로 다우지수가 2만 9,000포인트를 찍었다. 트럼프는 재선에 대한 자신감이 넘쳤다.

하지만 중국 정부 내부에 불길한 소문이 돌았다. 중국 최대 도시 중 하나인 우한^{武汉}에서 정체불명의 바이러스가 확산되고 있다는 소식이었다.

선홍색으로 깜빡이는 위험 지표

21 리먼 시스템리스크지표[21 Lehman systemic risk indicators]에 의한 베어트랩스리포트 지수는 주요 리스크오프[risk-off] 사건[＊]을 미리 포착하는 데 아주 탁월하다. 리먼브러더스의 몰락처럼 투자자들을 두려움에 떨게 하는 놀랍고도 극적인 위기가 바로 그런 사건이다. 이때 투자자들은 시장에서 돈을 회수한다. 다시 말해 포트폴리오에서 위험을 무릅쓰고 싶은 충동을 자제한다. 이런 매도 행위와 매수를 꺼리는 심리로 자산 가격은 바닥을 친다. 이것이 2001년과 2008년에 발생한 시장 붕괴와 약세장의 기본 메커니즘이다.

이런 위험 지표를 살펴보면 코끼리가 시장 어디에 발자국을 남기는지 알 수 있다. '코끼리 발자국[elephants' footprints]'은 스마트 머니나 퍼스트무버나 세계에서 가장 영리한 자금 관리자들이 놓치는 대규모 자금의 물결을 가리키는 속어다. 남들보다 한발 앞서 나가기 원하는 투자자라면 이들 발자국, 즉 위험 지표를 추적할 줄 알아야 한다. 평소 이들 지표는 한두 가지 사소한 우려를 잠깐씩 드러낼 뿐 아주 조용하다.

하지만 2020년 1월 말에 우리의 시스템 위험 지표들이 빨간색으로 깜박이기 시작했다. 세계 전체가 악몽에 시달릴 날이 머지않았다는 조짐이었다. 표면적으로 시장은 아직 반응이 없지만 수면 아래서 뭔가 큰 소용돌이가 일고 있음을 느낌으로 알 수 있었다.

이는 시장에서 경제적으로 민감한 부분에서 두드러졌다. 사람들은 무섭게 팔아 치웠다. 구리 가격은 폭락했고, 채권은 반등했다(채권은 변동성이 큰 주식에서 빠져나올 때 찾는 전형적인 위험 회피형 자본이다). 항공사, 렌터카, 호

[＊] 위험을 회피하여 안전자산으로 자금을 이동하게 만드는 사건 – 옮긴이

텔, UPS, 페덱스^{FedEx} 등 운송업 주식은 연일 매도세를 이어갔다. 사람들은 조금이라도 자금을 회수해 보려 안간힘을 썼지만 소용이 없었다. 마치 붉은 귀리 풀이 무성한 케냐의 국립공원 마사이마라에 넋을 놓고 앉아 있는데 갑자기 킬리만자로 기슭에서 일어난 먼지구름이 빠르게 아프리카의 사바나를 덮치자 촘촘히 붙어 이동하던 코끼리 행렬이 숲에서 뛰쳐나와 돌진하는 것과 같았다. 무엇이 그들을 두렵게 만들었을까? 그게 의문이었다.

사무실에서 우리는 초비상 사태를 유지하면서 투자자들에게 리스크를 줄이라고 다그쳤다. 전에도 이런 사태를 본 적이 있었다. 2008년 9월 15일을 향해 가는 몇 주 동안이었다. 그리고 다시 한번 폭풍우를 머금은 어두운 먹구름이 모여들면서 투자 심리가 바뀌는 움직임을 똑똑히 볼 수 있었다. 하이일드에서 돈이 쏟아져 나왔고 그렇게 빠져나온 자본은 나스닥으로 숨어들었다. 실제로 2020년 2월에 나스닥 100 지수는 3주 동안 거의 매일 8퍼센트씩 상승했다. 팬데믹이 위협하고 있다는 증거는 날이 갈수록 많아지고 뚜렷해졌다. 아시아발 코로나19 확진자에 대한 관심이 폭발적으로 증가하면서, 전 세계 뉴스 방송국은 연일 이 문제에 매달렸다.

디플레이션 충격의 위험이 높아질 때 주식시장에서 가장 먼저 나타나는 현상은 장기 성장주로의 이동이다. 자본을 배분하는 사람들도 마찬가지로 안전하다고 여겨지는 곳을 찾기 시작한다. 애플이나 마이크로소프트나 구글 같은 대형 기술주에 주목하게 되는 것도 다가오는 폭풍에 대비해서다.

2월 20일경에 우리 팀은 필수소비재 ETF인 XLP와 자유소비재 ETF인 XLY로 들어가는 자금의 유입 속도가 갈수록 빨라지는 모습을 발견했다. XLP ETF는 프록터앤갬블^{Procter & Gamble}, 제너럴밀스^{General Mills}, 코카콜라^{Coca-Cola}, 허쉬^{Hershey} 등 불황에 더 좋은 성과를 내는 미국 기업들로 채워져 있다. 보통 필수소비재로 유입되는 자본은 누구든 고개가 갸우뚱할 정도로 속도가 느려 지루할 정도이지만, 그 주에 우리 모델이 포착한 것은 놀란 소 떼처럼 질주하는 모습이었다. 처음에는 시속 10킬로미터로 달리다가 그다음에 시속 40킬로미터가 되더니 갑자기 시속 150킬로미터로 빨라졌다. 이것이 소위 말하는 '변화율rate of change'이다. 투자자들은 이들 주식에 투자하려고 자리를 박차고 일어났다.

미국에서 가장 따분한 주식에 투입된 자본의 규모에 아연한 나는 플로어 반대편에 대고 소리를 질렀다. "이봐, 크리스, 이리 와서 이것 좀 봐." 우리는 평판이 매우 뛰어난 투자 회사 애스터리지Astor Ridge의 파트너이자 머리 좋은 크리스 브라이튼Chris Brighton과 사무실을 같이 쓰고 있었다. 크리스는 금리 파생상품의 내부 속사정을 누구보다 잘 알고 있었다. 그가 곁에 있다는 건 마치 헤지펀드의 거물 폴 튜더 존스Paul Tudor Jones와 같은 사무실을 쓰는 것이나 다름없었다.

그 달 고객들을 장기 미국 국채에 포지셔닝하게 한 후 고공행진을 계속하던 크리스는 우리 사무실로 들어와 눈앞에서 깜박이는 2개의 ETF 차트를 쳐다봤다. 그의 표정이 어둡게 바뀌었다.

"세상에." 그가 탄식했다. "꼭 금리 같은 역동성이네. 죄다 30년 만기 미국 국채로 몰리는군." 시작은 1월 8일이었다. 다음 달 채권수익률은 2.36 퍼센트에서 2퍼센트로 하락했다(채권 가치의 7퍼센트 상승에 해당하는 비율이다). "매일같이 한도 끝도 없이 매수가 이어지더니만." 크리스가 지적했다. 모든 사람이 국채 시장과 채권의 중요성을 제대로 파악하는 것은 아니지만, 이것들은 거의 예외 없이 시장을 선도하는 지표 역할을 한다. 채권은 지구상에서 가장 뛰어난 탐지견이다. 경기 침체 위험이 높아지면 채권은 주식보다 훨씬 먼저 그 냄새를 맡는다.

"금리를 모델링해 보자고." 그는 외쳤다. "구리, 석유, 자유소비재에 대한 필수소비재의 비율, 아, 그리고 운송업도 빠뜨리면 안 되지. 동조화와 변화율을 측정해야 해."

달리 질문해 보자. 얼마나 많은 부문들이 방향을 바꾸는가? 그런 일이 얼마나 빠르게 일어나는가? 얼마나 많은 코끼리가 얼마나 빨리 움직이고 있는가?

데이터를 실행해 보니, 소름이 끼쳤다. 어느 누구도, 심지어 뉴욕 채권 시장의 베테랑인 크리스조차도 이런 상황은 본 적이 없다고 했다. 적어도 리먼 사태 이후로는 없던 일이었다.

시장은 분명한 메시지를 보내고 있었다

"맙소사," 크리스가 말했다. "생각보다 상황이 나빠지면 회사 문을 닫아야 할지도 몰라."

그 말을 듣자 정신이 번쩍 들었다.

"빌어먹을." 누구에게 하는 말인지도 모를 비명이 터져 나왔다.

나는 주저 없이 전화를 들어 10자리 숫자를 눌렀다. 전화는 〈파이낸셜 타임스Financial Times〉 미국 지사 편집장인 질리언 테트Gillian Tett의 데스크로 연결되었다. 질리언은 세계 최고 금융 저널리스트 중 한 명으로, 미국 금융계의 모든 주요 인사들을 연결해 주는 롤로덱스[회전 명함첩]를 가지고 있다. 그녀가 쓰는 글의 힘은 케임브리지 대학교에서 가장 오래된 칼리지 중 하나인 클레어 칼리지에서 갈고 닦은 지성에서 나오는 것이다. 질리언은 영국인으로, 타고난 차분함과 영국 상류층 억양을 구사했다. 수화기 저쪽에서 목소리가 들렸다. 그녀였다.

세계 최고의 평판을 가진 경제금융 일간지에 인용되는 것은 언제나 영광이지만, 그래도 나는 조심스레 전날 찾아낸 자료들을 설명했다. 변화율과 이들 자산의 움직임이 상당히 동조화되어 있으며(즉 서로 긴밀하게 연동되어 거래되고 있으며) 그리고 시장이 죽음의 소용돌이로 빨려 들어갈 날이 얼마 남지 않았다는 내용이었다. 그녀는 내 말을 끊지 않고 가만히 듣고 있었는데 내가 말을 멈췄는데도 아무런 말이 없었다. 무슨 반응을 기다렸지만 그저 긴 침묵과 뭔가 끄적이는 소리만 희미하게 들릴 뿐이었다. 그러더니 질리언이 물었다. 무심한 듯한 목소리였다. "얼마나 나쁠까요?"

"나쁠 겁니다." 내가 대답했다. "우리 지표로는 리먼 사태와 거의 비슷합니다."

2월 21일에 나스닥 지수는 4퍼센트 급락했다. 14개월 만에 가장 큰 낙폭이었다. 잠잠하고 변동성이 낮은 장세가 장기간 이어진 후에 첫 3퍼센트의 주가 하락은 머지않아 문제가 발생할 수 있다는 신호인 경우가 많다. 2월 23일에 질리언 테트는 〈파이낸셜 타임스〉에 바로 그런 내용을 실었다. 그 주에 S&P 지수는 12퍼센트 하락했다. 3월 16일에는 시장이 12퍼센트 폭락했다. 1일 낙폭으로는 1987년 블랙먼데이 이후 역사상 가장 큰 폭이었다. 3월 말에는 S&P 500 지수가 35퍼센트 폭락했다. 피바다가 따로 없었다. 시장은 야생마처럼 날뛰었다. 황소 로데오 세계 챔피언을 세 번이나 차지한 터프 히드먼Tuff Hedeman이라도 버티지 못했을 것이다. 황소는 라이더를 왼쪽, 오른쪽, 사방으로 던지고 머리 위로 곧장 날려버렸다.

열흘 후 연준은 금리를 제로로 떨어뜨리고 전대미문의 양적완화와 긴급자금대출 프로그램을 단행했다. 2008년의 상황이 재현되었지만 더 빠르고, 더 크고, 더 강력했다. 벤 버냉키 의장이라면 기절초풍했을 테지만, 신

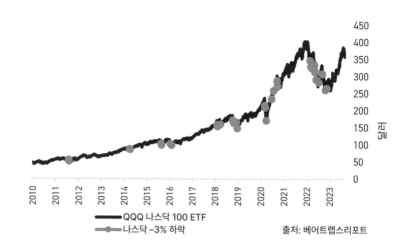

QQQ 나스닥 100 ETF
나스닥 −3% 하락

출처: 베어트랩스리포트

임 의장은 그에 비하면 냉혹한 킬러였다. 프린스턴에서 정치학을 전공하고 조지타운 로스쿨에서 법학박사 학위를 받은 제롬 파월은 이전의 모든 양적완화를 합친 액수를 무색하게 만드는 대규모 양적완화 프로그램을 기획했다. 그는 머니마켓[단기금융시장]에서 정크본드에 이르기까지 신용 시장의 모든 주요 분야를 지원하기 위한 새로운 프로그램을 발표했다. 6월까지 연준의 대차대조표는 3조 달러가 증가했다. 1년이 채 안 가 증가액은 5조 달러가 되고, 2021년 3월에 연준이 보유한 자산의 대차대조표는 무려 9조 달러에 다다른다. 이 숫자를 컴퓨터 화면에 표시하지 않고 1달러 지폐로 쌓으면 98만 킬로미터가 된다. 달까지 거리의 2.5배다.

미국 정부는 동시에 지출 수문을 열었다. 세계는 종말을 향해 달렸다. 세상을 구할 유일한 방법은 워싱턴에서 직접 쏟아져 나오는 돈의 소방호스뿐이었다. 트럼프 행정부는 신중함 따위는 내던지고 액셀러레이터 위에 벽

돌을 얹고 끈으로 묶은 다음 누구도 상상하지 못했던 수준으로 부채를 늘렸다. 3월에 미 의회에서 공화당과 민주당은 의기투합하여 미국 역사상 최대 규모의 금융 구조 패키지인 2조 2,000억 달러 규모의 경기 부양법안을 통과시켰다. 소위 '케어스 법안CARES Act'이었다.

이 엄청난 규모의 법안은 번개 같은 속도로 통과되어 미국 경제 전반에 지출 자금을 배분했다. 케어스 법안은 휘청거리는 주 정부와 지방 정부를 잡아주고, 중소기업을 위한 대출 프로그램에 자금을 지원했으며, 심지어 미국의 모든 가정에 조건 없이 돈을 지급했다. 논평가들은 케어스 법안이 미국 경제에 미칠 영향을 두고 오랫동안 모호한 말로 옥신각신했지만, 실제로 미국은 혼란스럽고 정신을 차릴 수 없었던 2020년 한 해 동안 그런대로 경기 침체를 피해 갈 수 있었다. 물론 그 탓에 수조 달러가 국가 부채에 추가되었다. 게다가 새로운 위협이 다가오고 있었다. 인플레이션이었다.

3월 마지막 주를 시작으로 자산은 전반적으로 활기를 되찾기 시작했다. 연준이 6조 달러 규모의 자산 매입 프로그램을 시행할 것이 분명해지고 케어스 법안 통과가 확실시되었기 때문이다. 하지만 4월 중순 무렵부터 주가는 횡보하기 시작했다. 강세장으로 가는 것인지 아니면 훨씬 더 급격한 하락장으로 향하는지 분명치 않았다.

21 리먼 시스템리스크지표가 리스크오프 이벤트를 찾아내던 방식을 상기해 보라. 이 지수는 리스크온 상황, 즉 위험자산으로 이동할 동기를 주는 상황도 아주 확실하게 찾아낸다. 이는 리스크오프 때와 정반대다. 이때 투자자들은 앞으로 호시절이 오리라 여겨 주식이나 채권 등 여러 자산을 매수함으로써 위험도를 높인다. 그렇게 되면 당연히 주가는 치솟는다.

주식은 여전히 좀 더 일정한 방향성을 찾고 있었지만, 21 리먼 시스템

리스크지표는 리스크온 신호를 보냈다. 신호가 나온 곳은 신용 시장이었다. 우리가 알기로 신용 시장은 최고의 위험 지표였다. 여러 해 동안 그랬다. 주식에 투자할 때 전문투자자나 기관투자자들은 대부분 확실성을 추구하거나 높은 수익률을 외면한다. 그런 곳이 신용 시장이다. 그래서 가장 중요한 질문은 아주 간단한 질문으로 귀결된다. 주식이 밤새도록 파티를 열고 싶을 때 신용 시장도 같은 기분일까? 이 질문에 대한 답이 사람들이 필요로 하는 유일한 답일 경우가 많다.

채권 트레이더는 비상할 정도로 위험을 감지하고 측정하는 재주가 있다. 이들은 금융계에서 누구보다 예리한 눈을 가진 사람들이다. 어떤 때는 누구보다 먼저 앞일을 내다본다. 따라서 고수익을 노리는 채권에 투자할 때 그들은 자신감이 넘친다.

재택근무 시대가 열리던 때, 우리 팀은 줌으로 브라이언 매지오^{Brian} ^{Maggio}와 대화를 나눴다. 그는 헤지펀드 매니저이자 탁월한 트레이더다. 10여 년 전에 그는 리먼브러더스에서 금융 신용 데스크를 운영했다. 당시 그는 우리 팀이 컨트리와이드^{Countrywide}의 신용부도스왑에 참여하는 것을 도왔다. 신용부도스왑은 대형 모기지 회사의 채무 불이행에 베팅하는 것이다. 하지만 2020년 2분기에도 주식시장은 약세를 면치 못해, 코로나19로 인한 경제 침체가 거의 극에 달했을 때도 경기가 회복되지 않는다는 쪽에 베팅하는 쪽이 여전히 많았다.

그날 브라이언은 우리 팀에게 엄중히 경고했다. "래리, 절대 여기서 팔지 마세요. 주식은 격랑에 빠져들 겁니다." 브라이언은 자신의 목숨이라도 달린 것처럼 말했다. "CCC 등급 채권이 이 정도로 주식보다 수익률이 높다는 것은 주식시장이 믿을 수 없을 만큼 강세장이 된다는 거예요. 그러니

사세요. 매수, 매수해야 한다고요!"

CCC 등급은 신용 위험도가 높고, 정크본드 중에서도 최악이자 가장 보잘것없는 채권이다. 하지만 브라이언에게 이것은 야구 경기 같은 일이었다. 그는 타고난 트레이더였다. 그리고 4할에 가까운 타율을 올리는 타자처럼 그의 예상은 적중했다.

CCC는 2020년 3월 23일에 바닥을 치고 수익률 19퍼센트로 정점을 찍었다! 일반적인 수익률은 11퍼센트 정도다. 2020년 4월 17일에는 14.4퍼센트로 떨어졌고, 6월 5일에는 10퍼센트까지 내려갔다. 한편 4월 17일부터 5월 17일 사이에 주식은 박스권에서 움직인 반면, 하이일드 정크 크레딧은 2퍼센트 내려갔다. 채권으로서는 상당한 폭이었다. 하지만 5월 중순 이후 주식은 경찰견처럼 냄새를 맡았고 9월 초 내내 거침없는 상승세를 이어갔다. 시장이 하는 말에 오랜 세월 귀를 기울여 왔다면 신용 시장(채권)의 의미심장한 움직임이 증시를 이끈다는 사실을 알게 된다.

시장의 수면 아래에 숨어 있는 미스터리를 밝혀내어 최고의 정보를 찾아내려면 관계를 개발하는 요령을 알아야 한다(그 관계가 서로 다른 자산군에 분산되어 있다면 더욱 좋다). 제대로 물을 줄 알면 그 퍼즐을 맞출 수 있다. 전설적인 짐 론Jim Rohn이 평소에 자주 하던 말이 있다. "열심히 한다고 성공하는 게 아니다. 누구나 어느 정도는 열심히 한다. 중요한 것은 의문을 가지고 자꾸 묻는 것이다."

그래서 우리는 보아즈 와인스타인Boaz Weinstein을 만났다. 보아즈는 각종 자산군을 연구하여 가치와 기회를 찾아내는 크로스에셋cross-asset 분야에서 명예의 전당에 오른 인물이다. 체스의 고수이기도 한 보아즈는 15살에 월스트리트에서 일을 시작했다. 현재 그는 헤지펀드 사바캐피털Saba Capital

을 운영하고 있으며, 그와 그의 팀은 늘 질문을 던지면서 디스로케이션 dislocation✦을 찾는다. 회사채 시장에서 대출채권담보부증권collateralized loan obligations은 하이일드 채권에 비해 더 좋은 값으로 거래되는가 아니면 싸게 거래되는가? 정크본드는 주식 변동성과 관련해서 어떤 식으로 가격이 책정되는가? VIX는 하이일드 시장에 비해 비싸게 거래되고 있는가?

"시장은 중요한 다이버전스divergence✦✦를 통해 신호를 보냅니다." 이런 신호를 포착하는 데 남다른 능력을 가진 보아즈가 말했다.

주식의 경우를 보면 대차대조표의 대부분을 레버리지가 차지하는 주식들이 있다. 보아즈처럼 노련한 신용 투자자들은 항상 자본 구조의 전체를 살펴보라고 주의를 준다. 어떤 회사를 10조각으로 이루어진 사과파이라고 하자. 파이 조각 중 8개가 부채이고 순수 지분이 2개뿐이라면 그 주식에 투자한 사람들은 매우 불리한 위치에 있을 것이다. 그 회사의 총기업가치에는 모든 주식의 시가총액과 부채의 액면가를 더한 값에서 그 회사가 대차대조표에 보유한 현금을 뺀 값이 포함된다. 그런데도 투자자들은 대부분 주식을 볼 때 그것이 전체 그림의 작은 조각에 불과할지도 모른다는 사실을 이해하지 못한다.

레버리지가 많은 회사의 경우, 주식이 특정 범위 내에 머무는 동안 채권이 상승 추세를 보이면 주식 투자자에게 그것은 강세장 신호다. 반대로 채권이 매도 우세여서 실적이 저조할 때 주식 투자자에겐 뚜렷한 약세장의 선행 지표가 된다. 자본 구조가 대부분 부채로 구성된 레버리지가 높은 기

✦ 자금의 수요와 공급이 어긋나 가격 측정이 어려운 상황-옮긴이

✦✦ 실제 가격과 지표의 방향에서 나타나는 불일치-옮긴이

업에서는 채권자가 주식 보유자에 비해 훨씬 더 큰 영향력을 행사한다.

이 이야기의 교훈은 무엇인가? 신용 시장의 말에 귀를 기울이라. 그러면 위험에서 벗어나기 쉽고, 더 나아가 멋진 거래를 할 최적의 타이밍을 포착할 수 있다.

야수 인플레이션, 동면에서 깨어나다

2020년 말에 S&P 500 지수는 3월 저점 대비 70퍼센트 상승했다. 기술주 중심의 나스닥은 90퍼센트 급등했다. 특히 아마존, 넷플릭스, 페이스북, 애플 같은 락다운의 최대 수혜주들의 상승폭이 컸다. 투자자들은 디플레이션이 물러나지 않을 것이라고 믿었기 때문에, 메가캡 성장주는 120퍼센트 상승으로 그 해를 마감한 반면 메가캡 가치주는 하락 폭이 1퍼센트 미만이어서 닷컴 시대를 제외하곤 가장 큰 1년 다이버전스를 보였다.

11월 선거에서 패한 트럼프는 대통령직에서 물러났다. 그의 재임 4년 동안 나스닥은 172퍼센트, S&P는 83퍼센트 올랐다. 연준의 대차대조표도 2배 늘어 8조 5,000억 달러가 되었고 미국 정부 부채는 7조 8,000억 달러 증가했다. 그리고 미중 간의 모든 대화와 새로운 우호 관계와 중국과 미국을 오가는 항공편에도 불구하고 연간 무역 적자는 여전히 3,000억 달러를 크게 상회했다.

신임 대통령 조 바이든Joe Biden은 지체하지 않았다. 2021년 3월 31일에 발표한 성명에서 그는 "새로운 경제를 구상하고 재건하겠다"[1]고 약속했다. 지출을 늘리겠다는 의미였다. 그것도 아주 많이. 짐작건대 그 모든 비용은 법인세율을 28퍼센트로 인상하여 충당할 것이다. 그리고 그렇게 하면 당연히 부채가 더 많아질 수밖에 없다. 바이든은 또 3월 31일의 성명에서 연방정부 권한으로 주 정부들의 '노동권right to work' 법을 정비하여 전국적으로 노조의 권한을 대폭 강화하는 안건을 제안했다. 미국 일자리 계획American Jobs

〈 표 4.1 〉 **2020/2021/2022년 최고실적주**

2020년 최고실적주			2021년 최고실적주		
종목	분야	증감률(%)	종목	분야	증감률(%)
테슬라	전기차	750	데번	원유&가스	189
엔페이즈	태양광	591	매러손	원유&가스	145
모더나	백신	448	포티넷	소프트웨어	143
엣시	소매	300	포드	자동차	136
솔라엣지	태양광	239	베스엔바디웍스	소매	129
캐리어 글로벌	에어컨	217	모더나	백신	128
엔비디아	반도체	125	엔비디아	반도체	124
제너락	발전기	125	다이아몬드백	원유&가스	123
페이팔	결제	117	뉴코	철강	120
엘버말	리튬	108	가트너	소프트웨어	110

2022년 최고실적주		
종목	분야	증감률(%)
옥시덴탈	원유&가스	119
콘스텔레이션에너지	원유&가스	107
헤스	원유&가스	94
엑손	원유&가스	89
매러손	원유&가스	88
슬럼버제어	유전서비스	82
발레로	정유	77
아파치	원유&가스	75
핼리버튼	유전서비스	75
코노코필립스	유전서비스	72

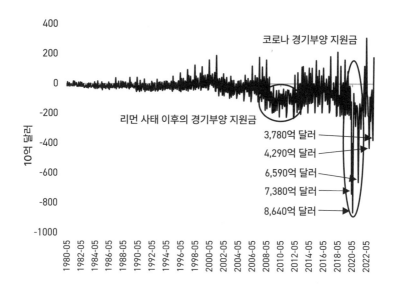

⟨ 그림 4.3 ⟩ 미국의 월별 재정적자(1980-2023)

Plan은 바이든이 '발전적 재건'이라 명명한 더 큰 계획의 일부였다. '발전적 재건'은 미국 경제를 탄소중립으로 전환하기 위해 인프라 지출을 대규모로 지속시키겠다는 그의 캠페인 주제다.

　어느 정당이 시행하든 이런 종류의 부양책은 투자자에게는 실질적인 혜택이다. 우리 팀은 2020년 말부터 2021년 초까지 화상회의로 데이비드 메츠너David Metzner를 배석시킨 가운데 주요 고객들과 이 주제를 다루었다. 워싱턴 D.C.에 자리 잡은 메츠너의 정치 자문 회사 ACG 애널리틱스ACG Analytics는 이 분야 최고다. 우리는 태양광과 우라늄 기업들을 통해 드러나는 재정과 통화 대응을 보고 투자자들이 스스로 포지셔닝하는 것이 중요하다고 생각했다. 이 정도 규모의 재정정책이면 엄청난 투자 수익을 거둘 수 있다. 예를 들어 인베스코 태양광 ETFInvesco Solar ETF(TAN)는 2020년 3

월 저점에서 2021년 10월 고점까지 490퍼센트 상승했다. 이 투자 상품에는 퍼스트솔라First Solar, 솔라엣지SolarEdge, 엔페이즈에너지Enphase Energy, 어레이테크놀로지스Array Technologies, 캐네디언솔라Canadian Solar 등 다양한 종목이 포함되어 있다. 스프랏 우라늄 광산업 ETFSprott Uranium Miners ETF(URNM)는 2020년부터 2021년까지 570퍼센트 상승했다. 이 펀드는 캐메코Cameco, 넥스젠NexGen, 에너지퓨얼스Energy Fuels, 데니슨마인즈Denison Mines 등을 보유한다. 적어도 우리 생애에 국한해서 말하면, 정부의 재정 대응과 통화 대응이 이렇게 큰 규모일 때는 대체로 엄청난 기회가 있는 것으로 봐도 좋다. 그런 법안을 구상 중이면 시장은 법안이 통과되기 훨씬 전에 이미 가격을 올리기 시작한다. 위기 시에는 항상 정책 대응을 주시해야 한다. 투자자는 사후에 대응할 것이 아니라 한발 앞서 대처해야 한다. 전 시카고 시장 람 이매뉴얼Rahm Emanuel이 한 말이 있다. "절호의 위기를 낭비하지 말라." 부양책과 지출이 많으면 승자와 패자도 더 많이 나온다. 투자자는 이런 순간을 대비해야 한다.

코로나19 위기를 대하는 트럼프의 대처와 바이든의 '더 나은 재건'을 구성하는 많은 법안들 사이에 낀 2020년부터 2022년까지는 정부가 벌인 광란의 지출 파티 기간이었다. 트럼프는 퇴임 직전인 2020년 12월에 모든 가정을 대상으로 수표를 지급하는 9,000억 달러 규모의 지원 패키지에 서명했다. 2021년 3월, 고삐를 빼앗은 바이든은 미국구조계획법American Rescue Plan Act을 통해 더 많은 가계 지원 수표를 포함하여 1조 9,000억 달러의 추가 부양책을 통과시켰다. 2021년 11월에는 1조 2,000억 달러 규모의 기본시설투자 및 고용법Infrastructure Investment and Jobs Act에 서명했다. 이 듬해 의회는 전기 자동차와 태양 에너지의 도입을 촉진하기 위해 약 5,000

억 달러의 보조금을 지급하는 인플레이션 감축법Inflation Reduction Act 이라
는 또 다른 지출 폭주 법안을 통과시켰다. 그때까지 조성된 전체 달러의 44
퍼센트가 2020년과 2021년에 발행된 것이었다. 트럼프의 7조 5,000억 달
러 이외에 바이든은 재임하는 동안 국가 부채를 5조 달러 더 늘렸다. 이들
두 사람은 함께 7년 동안 부채를 50퍼센트 늘렸다.

　인플레이션은 화폐공급량과 화폐유통속도가 모두 증가할 때 발생한다.
다시 말해 정부가 1조 달러를 찍어내 10년 동안 금고에 가둬둔다면 인플레
이션은 꿈쩍도 하지 않는다. 경기 부양책은 대부분은 2008년과 2009년의
대침체기에 은행의 대차대조표를 회복하는 것이 그 목적이었다. 하지만 그
1조 달러나 그 이상의 돈을 수많은 미국인의 은행 계좌에 직접 입금한다면
인플레이션이 치솟는다. 2020년과 2022년 사이에 바로 그런 일이 일어
났다.

　코로나19 팬데믹은 또한 미국 경제에서 힘의 균형을 소유주에서 근로

〈 그림 4.4 〉 미 연방정부 부채 총액

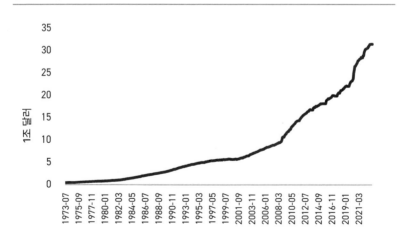

자 쪽으로 이동시켰다. 연방 정부는 락다운 기간에 근로자를 지원하기 위해, 2021년 9월까지 지속되는 긴급 실업 보험을 통과시키고 세 차례에 걸쳐 재난지원금을 지급했다. 이를 통해 근로자들은 단체 교섭과 임금 협상에서 유리한 고지를 차지해 자신들의 입지를 강화할 수 있었다. 많은 근로자가 주로 조기 퇴직이란 절차를 통해 영원히 직장을 떠났다. 집에 머무는 사람들이 늘어나면서 노동력 부족 현상이 발생했다. 지난 몇 년 동안 아마존, 월마트, 스타벅스에서 노조 설립을 요구하는 목소리가 폭발적으로 증가했으며, 이들 기업과 이들과 사정이 비슷한 다른 기업의 임금도 상승했다. 이세 회사는 세계에서 가장 큰 사용자에 속한다. 아마존 주문처리센터의 최저 임금은 2018년에 시간당 15달러였다가 2022년에는 19달러를 넘어섰다. 스타벅스도 사정은 크게 다르지 않아 노조가 압력을 행사해 배당금 정책을 바꾸도록 만들었다. 2022년에 노조들은 유니온퍼시픽철도Union Pacific Railroad에서 파업을 강행하겠다고 위협하여 미국의 화물 운송을 마비시킬 뻔했지만 임금 인상을 통해 파국을 피할 수 있었다. 이 회사는 이 사태가 수익성에 큰 악재였다고 토로했다. 이런 유형의 사태는 1968~1981년 이후로 오랫동안 미국에서 볼 수 없었던 풍경이다.

지난 30년 동안 아웃소싱과 노동권법(강제 단결에서 자유로울 권리법)으로 노조는 힘이 빠졌고, 디플레이션 압력으로 근로자의 임금 협상력도 약해졌다. 인플레이션은 노조에게 힘을 실어준다. 구매력 감소로 위축된 근로자들이 더 많이 노조에 가입하기 때문이다. 노조의 압력으로 임금이 올라가면 인플레이션이 더욱 상승하여 자기 강화 회로에 빠진다. 이렇게 되면 인플레이션이 오랫동안 사라지지 않아 해결하기 어려운 환경이 조성된다. 애틀랜타 연준의 임금 추적 장치를 보면 2022년과 2023년에 소비자물가지수CPI

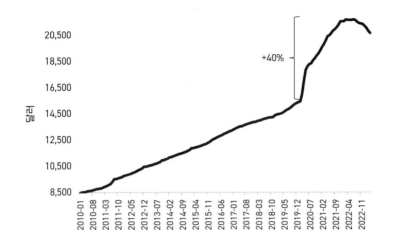

〈 그림 4.5 〉 M2 통화 공급(현금, 입출금 계좌, 머니마켓펀드, 정기예금, 저축성 예금 등)

인플레이션이 하락했음에도 임금 상승률은 여전히 높은 것을 확인할 수 있다. 강해진 노조의 힘은 미국 정치에서도 드러나기 시작했다. 노조 승인 비율은 2010년에 48퍼센트로 기록적으로 낮았지만 2022년에는 71퍼센트로 상승하여 사상 최고치에 다가섰다. 대부분 팬데믹 기간에 이루어진 상승이었다.

워싱턴이 오래전부터 경제적으로 의견의 일치를 보아왔던 부분은 철저한 디플레이션이었다. 즉 국제 시장을 개방하고 개발도상국에 아웃소싱하며 필요한 경우가 아니면 민간 부문에 간섭하지 않는다는 방침이었다. 이런 정책 기조는 전 세계의 인건비와 원자재와 상품 운송 비용을 낮춰 전반적으로 물가를 낮췄다. 워싱턴의 새로운 합의는 대체로 인플레이션이다. 즉, 무역 전쟁과 산업 생산 역량의 리쇼어링이다. 이 모두가 막대한 적자 지출로 그 비용을 충당한다(2,800억 달러 규모의 반도체지원법CHIPS Act을 참조할 것). 동시

에 우리는 공격적인 대외 제재를 시행해 왔다. 지금은 다극 세계로, 여러 전선에서 비용이 많이 드는 글로벌 분쟁이 발생할 가능성이 많다. 여기에 되살아나는 노동 세력을 더하면 무엇보다 한 가지 비책을 얻게 된다. 물가가 장기간 상승하면, 안전벨트를 하라!

제 5 장 녹색 초원으로 가는 길을 여는 화석 연료

─────── 오브리 맥클렌든Aubrey McClendon 의 흰머리[1]가 흩날렸다. 이마가 드러났고 손가락은 핏기가 없어 마디마디 하얗게 변했다. 셔츠는 윗단추 두 개가 풀렸고 재킷도 넥타이도 없었다. 콧대 위에 걸친 무테안경 뒤의 날카로운 푸른 두 눈은 전방만 뚫어져라 응시했다. 그러나 그는 눈물을 흘리고 있었다. 그는 지난 24시간을 돌아보았다. 그의 인생은 끝났다. 적어도 그가 알고 있던 삶은 끝이었다. 그의 명예는 장엄하게 추락했다. 오클라호마에서 가장 부유한 사람들 중 하나였던 그는 한때 천연가스 업계를 대표하는 체서피크에너지Chesapeake Energy 의 CEO였다. 전 세계 곳곳에 흩어져 있는 그의 친구들 중에는 왕좌에 앉아 정부를 통치하는 자들도 있었다. 이제 그는 파산했고 10년간 징역을 치러야 할 신세가 되었다.

30년쯤 전에 그는 석유와 가스를 퍼 올리는 수직 굴착기로 둘러싸인 먼지 자욱한 텍사스의 벌판에 서 있었다. 거기서 그는 미래를 보았다. 창창한 날씨만큼이나 뚜렷한 미래였다. 그의 곁에는 아마, 평생의 친구 톰 워드

Tom Ward가 있었을 것이다. 그는 톰 워드와 체서피크에너지를 공동 설립했다. 두 사람 모두 카우보이 모자에 카우보이 부츠 복장으로 대지를 바라봤다. 그들은 수직 시추기를 모조리 치우고, 있는 돈 없는 돈 할 것 없이 전부 수평 시추에 쏟아부어 의심의 여지가 없는 바위투성이 셰일 지층에서 천연가스를 채굴하게 된다. 프래킹 공법(수압파쇄법)이었다.

두 사람은 체서피크의 시가총액을 370억 달러로 끌어올리며 회사를 에너지 시장의 거함으로 키워냈다.

하지만 리먼 사태가 그들의 턱을 강타했다. 그리고 정확히 그때 텍사스와 오클라호마에 걸쳐 있던 그들의 대차대조표는 번지 점프 로프처럼 쭉 늘어나 툭, 하고 끊어지기 일보 직전까지 갔다. 에너지 가격은 지하 파쇄 드릴만큼이나 낮은 지점까지 폭락했다. 15달러였던 천연가스는 4달러로 떨어졌고, 탐사와 토지 임대를 위해 빌린 엄청난 금액의 레버리지가 갑자기 굶주린 늑대 무리처럼 한꺼번에 그들을 향해 달려들었다. 2008년 말에 체서피크의 부채는 210억 달러에 달해, 매년 50억 달러의 현금을 소진하고 있었다. 주가는 불과 몇 주 만에 62달러에서 12달러로 떨어졌고 시가총액은 1억 1,500만 달러로 폭락했다. 하지만 이런 2008년의 폭락은 안타깝게도 끝이 아니었다.

다들 아는 얘기지만 정부가 모두를 구제하고 금융 시스템을 지원한 탓에 롱텀캐피털매니지먼트의 실패가 남긴 정부 개입의 곪은 상처는 더욱 악화한 상태였다. 시장에 개입하는 것은 위험한 게임이다. 시장은 매우 미묘하고 섬세한 시스템이고 정교하게 균형을 이루며 돌아가는 수백만 개의 부품으로 이루어진 거대한 유기체로, 각 부품은 시계 장인이 만든 백금 톱니바퀴처럼 서로 맞물려 움직인다. 건강한 시장은 스스로 회복하는 탄성력을 가진 기계이며, 충격 흡수 장치가 내재되어 있어 스스로 치유가 가능하다. 세계적인 베스트셀러《블랙 스완The Black Swan》의 저자 나심 니콜라스 탈레브Nassim Nicholas Taleb는 몇 년 전 '안티프래절anti-fragile'이라는 개념과 관련된 놀라운 연설을 했다. 이 용어는 부서지지 않는다는 의미도 아니고, 단순히 강하거나 엄청난 압력을 견딜 수 있다는 의미도 아니다. '안티프래절'은 타격을 입을 때마다 더 강해져 돌아온다는 의미다. 그는 그 개념을 팽팽하게 긴장된 인간 근육에 비유한다. 근육의 섬유질은 찢어질 때마다 더 강한 힘으로 스스로 회복한다. 모든 웨이트 트레이닝은 이런 원리를 기본으로 행해진다. 탈레브가 데드리프트를 열심히 하는 이유도 바로 이 때문일 것이다. 몇 년 전 나는 모나코에서 그와 술자리를 같이 한 적이 있다. 우리 둘 다 그곳에서 열린 어떤 회의에 초대받아 글로벌 거시경제에 대해 연설하기로 되어 있었다. 리스크 관리의 대가를 만나는 것이 나로서는 영광이었고, 그의 회복탄력성resilience과 안티프래절 이론은 여전한 매력을 지니고 있었다. 정부 관리들은 그 이론을 믿지 않는다. 지금은 절대 안 믿는다. 그들은 시장을 애지중지한 나머지 멋대로 굴어도 버려두어, 그들의 변덕에 휘둘려 경제가 더는 지원 없이는 혼자 설 수 없게 만든다.

리먼 사태 이후 두 차례의 양적완화로 돈 빌리기가 쉬웠던 몇 해가 지난 뒤, 시장은 다시 휘청거렸다. 시장은 경기 부양책에 중독되었고 그 결과는 2010년대 초반에 뚜렷하게 나타났다. 시장은 연준의 도움 없이는 상승세를 이어가지 못했다. 그리고 시장은 바로 받을 것을 받았다. '오퍼레이션 트위스트'나 1조 7,000억 달러를 추가로 공급하는 3차 양적완화 등이 그것이었다. QE3는 벤 버냉키조차 이론적으로 효과가 없다고 시인한[2] 조치였지만 실제로는 기적과도 같은 효과를 발휘한 시약이었다. 따라서 새로운 세기의 두 번째 10년으로 접어든 직후에도 연준은 그들이 알고 있는 방법을 계속 동원했다. 금리 억제였다. 그 때문에 시장은 계속 더 높이 올라갔다. 에너지 가격도 그들의 전철을 되밟아 2008년 말 35달러였던 원유는 꾸준히 올라 2011년에는 배럴당 125달러까지 상승했다. 또 한 번의 석유와 가스 시장의 호황을 뒷받침할 만한 수준이었다.

낮은 대출 금리는 그 자체만으로 거대한 탐사 러시를 불러왔다. 닥치는 대로 시굴하는 와일드캐터wildcatters와 질이 나쁜 석유나 가스를 탐색하는 자들까지 합세하자 경쟁은 더욱 치열해졌다. 2009년부터 2015년 사이에 미국의 석유 생산량은 하루 1,000만 배럴로 2배 증가했다. 아파치Apache, 데본에너지Devon Energy, 사우스웨스턴에너지Southwestern Energy 같은 기업들이 모두 그들 속에 섞여 있었다. 엑손Exxon은 2009년에 셰일가스 생산업체

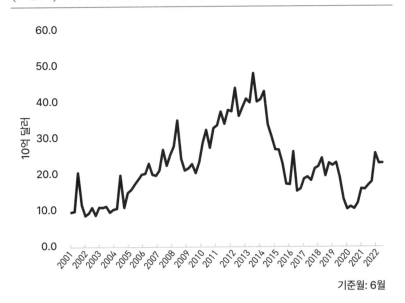

〈 그림 5.1 〉 미국의 석유 및 가스 자본 지출(Capex)

기준월: 6월

XTO에너지^{XTO Energy}를 410억 달러에 사들여 화제가 되었다.

레인지리소시스^{Range Resources}, EOG리소시스^{EOG Resources}, 다이아몬드백에너지^{Diamondback Energy}, 파이오니어내추럴리소시스^{Pioneer Natural Resources} 같은 다른 셰일가스 업체들은 텍사스 퍼미안 분지와 노스다코타 불모지 밑에 있는 7만 8,000제곱킬로미터 규모의 바켄 지층에 수십억 달러를 쏟아부으면서 수십억 배럴의 원유와 천연가스를 채굴한다.

체서피크는 더는 시장을 지배하지 못했다. 에너지 회사의 최고재무책임자들은 투우장의 황소처럼 곧장 돌진했다. 그리고 대기업들은 빚을 늘려갔다. 그들은 값싼 돈을 빌려 탐사와 시추에 쏟아부었다. 이 분야의 레버리지는 현기증을 일으킬 정도였고 체서피크의 운영 방식도 이와 다르지 않았다.

톰 워드는 이미 오래 전에 회사를 그만둔 터였다. 평생의 친구가 곁에 없는 오브리 맥클렌든은 어떤 의미에서 혼자나 다름없었다. 그가 윤리적 선을 넘은 것도 바로 그때였다. 광구 개발권을 낙찰받기 위해 몇 주 전에 계획적으로 담합 경매에 입찰한 것이다. 우위가 사라진 대결장에서 그의 수익을 조금씩 갉아먹는 수많은 경쟁자들 때문이었다. 경쟁력을 유지하려면 더 좋은 조건으로 부지를 임대해야 했고, 그렇지 못하면 도태될 수밖에 없었다. 그 절망적인 시기에 그의 장부에는 레버리지가 너무 많이 쌓였고 채굴업체도 많았으며 석유와 가스 생산 붐이 만든 공급 과잉은 결국 에너지 가격을 크게 떨어뜨렸다.

시장이 바닥을 쳤음을 알려주는 순간은 언제나 있게 마련이다. 보통은 모두를 놀라게 하는 가격으로 나타난다. 하지만 이런 순간은 가격 이외의 다른 무엇을 수반하는 경우가 많다. 대형 펀드가 침몰한다. 은행이 무너진다. 대기업이 수건을 던지고, 최고경영자가 밀려나고, 파산 변호사가 문 앞에 도착한다. 2016년 2월 10일에 유가는 배럴당 27달러를 기록했다. 최저치를 다시 갈아치운 것이다. 한 달도 안 돼 유가는 최저치를 다시 시험하려 했다. 2016년 3월 2일에 석유와 가스 시장은 다시 하락세로 돌아섰고, 다음 날 뉴스는 오브리 맥클렌든이 차를 콘크리트 벽에 부딪쳐 스스로 목숨을 끊었다는 소식으로 도배되었다. 그날 유가는 배럴당 34달러를 찍었고, 에너지 업계의 거물은 영안실로 옮겨졌다. 바닥이 보이기 시작했다.

에너지 부문 전반에 걸쳐 자금줄이 고갈되자 석유회사들은 투자를 망설였다. 특히 정부의 규제와 강화된 행정절차도 분위기를 위축시켰다. 그리고 비축량이 줄어들면서 유가가 치솟았다. 2018년, 텍사스 경질유는 배럴당 77.41달러를 기록했다.

상승 궤적을 그리는 세계 인구로 보아 에너지 수요는 앞으로 몇 년 동안 그 기세가 꺾이지 않을 것이다. 그러나 공급은 발이 묶여 좀처럼 늘지 않

〈 그림 5.2 〉 저유황경질유(WTI) 선물에 대한 투기 세력의 포지셔닝

고 있다. 이 문제는 뒤에서 다시 다루겠다. 어쨌든 이 때문에 우리의 글로벌 생활 수준을 계속 끌어올리는 데 필요한 에너지나 주요 자원의 양과 발굴할 수 있는 양 사이에는 메울 수 없는 간극이 생긴다. 이 간극은 향후 수십 년 동안 더욱 벌어질 전망이다.

서구의 정치인들은 대체에너지 개발에 전력을 기울이기 때문에, 누가 나서 시추를 계속하고 프래킹 공법도 써가며 채굴해야 한다고 주장하면 대체로 반대의 목소리를 낸다. 나도 친환경 에너지 도입을 적극 지지하는 편이지만, 아직 20년 정도는 시기상조라고 생각한다. 나는 케이프코드에서 자랐고, 낸터킷사운드에서 요트를 몰고 태고의 공기를 들이마시며 청정 해변을 걷고 반스터블 항구에서 바로잡은 가리비를 맛보곤 했다. 자연과 자연계에 대한 숭배는 내 영혼의 일부이지만, 나는 또한 경제학자여서 80억 인구를 먹이고 입히고 나르고 거주지를 제공하는 데 필요한 것이 무엇인지도 안다.

⟨ 그림 5.3 ⟩ 에너지 소비와 인구

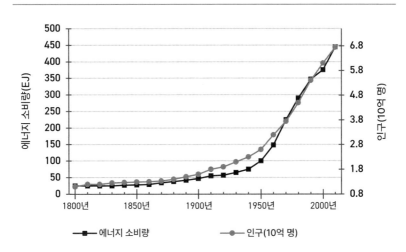

전력망을 유지하는 데 드는 부담은 결코 가볍지 않다. 그리고 풍력 발전소, 태양광 패널, 수력 발전만으로는 이를 감당할 수 없다. 어림없는 일이다.

지금 당장 해야 할 일은 거대한 세계 경제가 낮은 인플레이션을 유지하며 앞으로 나아갈 수 있도록 책임감을 가지고 불을 계속 밝히는 것이다. 그러기 위해선 화석 연료가 필요하다. 그리고 역설적인 얘기지만 친환경 에너지 혁명으로 가는 길을 열어주는 건 화석 연료다. 하지만 지금 당장 석유를 친환경 에너지로 대체한다는 것은 수학적으로 불가능하다. 게다가 인도와 중국과 러시아 등 세계에서 인구가 가장 많은 나라들은 서구의 오염물질 배출 기준에 구속당할 생각이 없기 때문에 특히 그렇다. 이번 장에서는 이런 얘기를 다루려 한다.

불가피한 원유

"트뤼도가 여기 있다면 이 커피도 석유로 만들었다고 말해줄 겁니다." 라피 타마지안Rafi Tahmazian은 우리 잔 하나하나에 커피를 따라주며 비꼬듯 말했다. 나는 세계 최고의 에너지 자산 관리자 중 한 명인 라피를 시내에 있는 그의 사무실에서 만났다. 2021년 11월 캘거리페트롤리엄클럽Calgary Petroleum Club에서 오후 연설을 마친 뒤였다. "커피를 재배하고 수확하는 기계, 그걸 수송하는 차량, 그보다 더 많은 포장 기계, 원두를 로스팅하고 그라인딩하는 데 들어가는 전기, 물을 끓이는 데 필요한 열, 이런 일은 먼지 요정이 해주는 게 아니에요. 원유가 하는 겁니다."

그가 말하는 도중에 이메일이 왔음을 알리는 알람 소리가 들렸다. 그는 석유와 광업과 천연가스를 전문으로 하는 20억 달러 규모의 관리 회사인 카누파이낸셜Canoe Financial에서 투자 부서를 이끌고 있다. 그의 말에서 정치적 견해 같은 것을 찾을 수는 없지만, 그에게는 오랜 세월 굳건히 지키고 유지해 온 한 가지 신념이 있었다. "이 지구는 원유로 돌아갑니다. 우리가 만지는 것, 우리가 소비하는 것, 모두가 원유예요. 이건 정치와는 아무 상관이 없어요. 실용주의일 뿐이라고요. 석유 공급을 두고 벌이는 이런 전쟁은 내가 본 것 중 제일 멍청한 짓입니다. 하지만 트뤼도가… 집권하고 나서 2015년에 캘거리 시내는 폭삭 주저앉았어요. 절대로 잊지 않을 겁니다. 연극 선생 주제에 에너지 정책을 멋대로 좌지우지한다니까요!"

그는 창문 옆에 서서 파노라마처럼 펼쳐진 전망을 손으로 한번 훑었다. 여기저기 솟은 마천루 밀집 지역에는 셸Shell, 엑손, 코노코필립스ConocoPhillips, 선코어Suncor 등 에너지 대기업의 로고들이 붙어 있었다. 금융 성지 맨해튼과는 확연히 달랐다. 추위도 2배나 심했다. "이 오피스 빌딩들 보이시죠? 이걸 보면 우리 업계가 호황인지 불황인지 금방 알 수 있어요." 2014년에 그가 알기로 민첩한 사람들은 시장의 상투를 금방 알아챘다. "골드만, 모건 스탠리 같은 대형 은행과 함께 대형 에너지 회사 등의 뉴욕 자금이 들어오기 시작하면 강세장이 본격화된다는 신호예요. 처음에는 몇 방울씩 떨어지다 홍수처럼 밀려들죠. 평방피트당 사무실 가격이 2배, 3배 오르면 노련한 선수나 캐나다 현지의 와일드캐터들은 포지션을 풀고 석유와 가스에 대한 장기 노출을 줄이기 시작합니다." 하지만 그 이후로 역학 관계는 급격하게 바뀌었다.

라피는 커피를 한 모금 마시더니 잠시 말을 멈췄다. 생각을 정리하는 것 같았다. "원유를 발견하기 전인 1850년에는 1.5달러도 채 안 되는 하루 수입으로 생활하는 사람이 전 세계 인구의 80퍼센트였어요. 대부분이 자기

먹을 것만 생산하는 농부였죠. 1985년에도 그런 수입으로 사는 사람들이 50퍼센트나 됐지만, 그때부터 그 비율은 실제로 감소하기 시작합니다. 2020년으로 건너뛰면 10퍼센트로 줄어들어요. 오로지 석유 덕에 수십억 인구가 지독한 빈곤에서 빠져나왔다 해도 과언이 아닙니다. 특히 지난 30년 동안 서구 이외의 지역으로 옮겨 간 생산활동이 더 많아진 것도 그런 현상을 부추겼죠. 무엇보다 그들 대부분이 중산층과 비슷한 삶을 누리게 되었어요." 그는 몸을 젖혔다. "그게 무슨 뜻이겠어요? 개발도상국 소비가 늘어난다는 얘기예요. 옷이나 텔레비전, 자동차, 뭐가 됐든 모든 면에서 소비가 점점 더 많아지는 겁니다! 적어도 그들의 생활 수준이 서구 수준에 도달할 때까지 이런 현상은 계속될 겁니다."

그는 몸을 앞으로 기울였다. "래리, 인도를 한번 보자고요. 2000년 이후에 인도의 에너지 사용량은 2배로 늘어났어요. 지금도 도시화가 매우 빠르게 진행되고 있으니까 세계 평균으로 따지면 곧 3배가 될 겁니다. 그렇게 되면 2021년부터 2031년까지 에어컨 수요가 엄청나게 급증하겠죠. 그래서 우리가 기후 위기를 겪는 겁니다. 지구상에서 가장 빠르게 증가하는 에너지 수요는 대부분 14억 인구를 가진 이 나라에서 이루어집니다. 미국이나 영국, 독일 그리고 다른 선진국보다 3~4배 빠른 속도지요. 인도는 값싼 석탄과 화석 연료에 중독되어 있습니다. 여기서 중요한 투자 논거가 만들어집니다. 약 3억 2,000만에 이르는 인도 가구 중 현재 에어컨을 보유한 가구는 2,200만이 채 되지 않거든요."

라피는 상황의 심각성을 강조하려는지 몸짓을 동원했다. "지금 낮 평균 기온이 섭씨 29도, 그러니까 화씨 84도에 가까운 나라 얘기를 하는 겁니다. 인도의 1인당 소득이 증가하고 생활 수준이 높아질 때 가장 먼저 사들이는 것이 바로 에어컨이에요! 2050년 탄소중립 시나리오는 환상에 불과합니다. 40억 개발도상국 인구를 생각하면 2100년이나 2125년쯤에나 가능할지 모르죠. 그 공백을 메우려면 석유와 가스와 원자력이 있어야 합니다. 지구 곳곳에 고임금 일자리를 수출하는 데는 대가가 따릅니다. 공짜는 **없어요**."

라피는 캘거리에서 자랐고 평생을 에너지 투자와 관련된 일을 해왔으며, 대형 투자 펀드에서 중요한 직책을 맡았다. 그는 에너지 호황과 불황을 거래하는 데 타고난 소질을 보였다. 그의 분석과 세계관은 솔직하고 논리적이었으며, 무엇보다 놀라울 정도로 단순한 논리를 중심으로 전개되었다. 그런 단순성을 현대 정부들은 흉내 낼 생각도 하지 않는다.

"간단히 말해 서구에 에너지가 부족해진다는 말은 찬물로 샤워해야 한다는 뜻이에요. 맛이 없는 커피를 마셔야 하는 일일지도 모르죠. 하지만 신흥시장에서는 대학살이나 혼란이나 내전이 벌어질 수도 있습니다." 그는 씁쓸한 미소를 지으며 나를 바라보았다. "캐나다 동부로 석유를 보내는 파이프라인이 왜 없는지 아세요? 퀘벡주 정부가 막았기 때문이라고요! 상상이 돼요? 이 사람들은 푸른 들판을 가로지르는 파이프라인보다 사우디 석유를 사는 게 낫다고 생각한다니까요!"

라피는 그 자리에 선 채 어이없다는 표정을 지었다.

뉴욕으로 돌아오는 내내 가까운 미래의 에너지 공급, 아니 에너지 부족에 대한 생각이 머리를 떠나지 않았다. 어림잡아 계산해 보니 2014년부터 2020년까지 화석 연료와 금속 카펙스에서 2조 4,000억 달러가 삭감되었다. '카펙스capex'는 'capital expenditure(자본 지출)'의 줄임말로, 에너지 시장에서는 일상적으로 사용하는 단어다. 에너지는 지구상에서 가장 자본 집약적인 사업에 속한다. 정교한 시추 장비, 광대한 파이프라인 시스템, 첨단

정유 기술, 가공 처리 공장 등을 떠올리면 짐작이 갈 것이다. 특히 채굴 사업을 하다 보면 원자재를 원산지에서 멀리 운반하기 위해 철도를 깔아야 할 때가 있다. 철도 건설은 웬만한 돈으로 할 수 있는 일이 아니다.

오른쪽의 도표에서 보듯, 대기업들의 석유 매장량은 감소하는 추세다. 이러한 역학 때문에 독립 에너지&석유^{E&P} 기업들이 매력적인 인수 대상으로 떠오른다. 마찬가지로 석유 산업도 부채를 줄였다. 대형 석유회사들이 적극적으로 부채를 상환하면서 생산에 대한 투자가 크게 줄었다.

어쨌든 2조 4,000억 달러 삭감은 2014년 불황 이후 부실 자본 제재가 그 원인이었다. 그리고 그것은 파산과 자산 매각과 정부 규제로 이어졌다. 다시 말해 특히 북미 지역에서 석탄, 석유, 가스, 우라늄, 금속 등의 탐사와 생산에 대한 쓸 만한 옛 방식의 투자가 거의 이루어지지 않았다. 같은 기간에 세계 인구는 8억 명이 증가했다. 현재 이를 따라잡으려면 추가로 3조 달러의 자본 지출이 필요할지 모른다.

코로나19 팬데믹은 석유 부문을 변화시켰다. 그 영향은 어쩌면 10년 정도 갈 것 같다. 코로나19가 발생한 직후, 석유 수요는 뜨거운 금속 팬에 떨어뜨린 물 한 방울처럼 온데간데없이 증발해 버렸다. 석유 시장은 폭락했고 서부 텍사스 중질유는 배럴당 0달러까지 주저앉았다. 이 분야 기업들은 죄다 유정 가동을 중단하고 장비를 끄고 직원들을 집으로 돌려보내 실업 수당을 받게 했다. 어처구니없었던 경제 셧다운은 지금도 다들 생생하게 기억할 것이다. 고속도로는 텅 비었고 토요일 밤 맨해튼에서는 자동차 경적조차 들리지 않았다. 유령같이 변한 미드타운의 넓은 도로는 마치 디스토피아 영화에서나 나올 법한 풍경이었다. 새로운 세상은 메타버스나 증강현실에 기반을 둔 미래를 향해 단호하게 나아가고 있었다. Z세대와 밀레니얼 세대

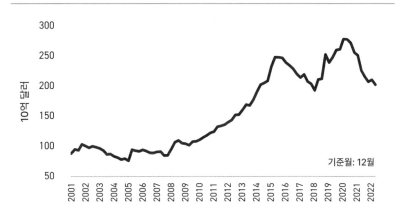

〈 그림 5.4 〉 석유 및 가스 부문 총부채

기준월: 12월

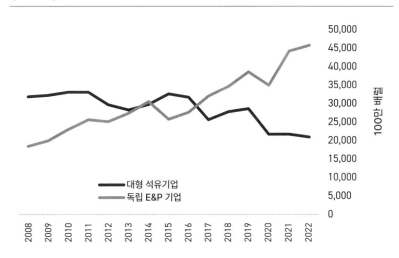

〈 그림 5.5 〉 석유 매장량: 대형 석유기업 vs 독립 석유개발(E&P) 기업

━━ 대형 석유기업
━━ 독립 E&P 기업

는 에너지의 미래가 더는 더러운 석유에 있는 것이 아니라 탄소 배출이 사라진 새로운 전기 세상에 있으며, 지난 100년 동안 연료를 많이 소비하던

전 세계 에너지 수요 전망은
완전히 틀렸을지 모른다

20년 안에 전 세계 이산화탄소 배출량을 절반으로 줄이자는 국제에너지기구[IEA]의 지속 가능한 성장 시나리오는 실현 가능성이 있는 비전일까? 내가 보기엔 어렵다. 2040년까지 1인당 에너지 수요가 25퍼센트 감소하리라는 전망은 어떨까? 가상한 포부지만 역시 어렵다. IEA는 신흥시장 경제에서도 수요가 감소한다고 추정하는데, 터무니없는 얘기다. 이런 문제라면 리 고어링 Leigh Goehring과 애덤 로젠스웨이그 Adam Rozencwajg가 조사한 자료[3]를 읽어봐야 한다. 고어링과 로젠스웨이그의 분석에 의하면 한 나라의 1인당 GDP가 연 2,500달러를 넘으면 상품 소비가 기하급수적으로 증가한다고 한다. 1인당 GDP가 연간 2만 달러를 넘으면 소비가 평준화된다. 하지만 그 전에 사람들이 많이 이용하는 교통수단이 자전거에서 스쿠터로 그리고 자동차로 바뀐다. 도시화로 생산성과 소득이 높아지면서 사람들은 에어컨, 난방, 조명, 전력 시설을 찾는다. 또한 그들은 고기를 더 많이 먹게 된다. 고기는 채소보다 생산하는 데 더 많은 에너지가 필요하다. 합리적으로 추정하자면 앞으로 20년간 1인당 전 세계의 에너지 수요는 10퍼센트 늘어날 것이다.

OPEC에 따르면 2023년의 전 세계 석유 소비량은 하루에 약 1억 200만 배럴이었다. 앞으로 5~10년 동안 미국과 서유럽, 아시아 선진국에서 석유 수요가 보합세를 보인다고 가정할 경우, 인구와 GDP의 증가분이 1인당 에너지 소비량의 지속적인 감소분을 상쇄하기 때문에 석유 수요의 증가는 분명 신흥시장에서 발생할 것이다. 지난 5년간 이들 나라의 수요가 증가하는 추세로 미루어 짐작하면 2023년에 5,600만 배럴이었던 일일 평균 석유 수요는 2028년에 6,500만 배럴, 2033년에는 7,700만 배럴로 증가할 것이다. 결국 10년 사이에 전 세계가 1억 2,300만 배럴을 소비한다는 뜻이다. 이런 수요의 증가분은 모두 신흥 경제에서 발생하겠지만 이조차도 아프리카와 인도 같은 지역에서 수요가 급증할 가능성은 고려하지 않은 수치다. 1인당 소득이 늘어나 석유 수요가 기하급수적으로 증가할 때 이들 지역의 증가량이 어느 정도일지는 쉽게 짐작이 가지 않는다. 공급 측면에서 보자면 2019년 이후로 미국의 생산량은 정체되어 있어 2022년에는 약 1,200만 배럴에 그쳤다. 국제적 제재를 받는 베네수엘라와 이란과 러시아의 생산 능력은 첨단 시추 기술이나 서방 자본에 접근하기 어려운 여건 때문에 고전을 면치 못하는 형편이다. 다시 말해 이들 나라의 생산량도 계속 정체되어 있다. 사우디아라비아와 아랍에미리트는 OPEC 회원국 중 초과 생산 시설을 가장 많이 보유하고 있지만, 여기서 현재 생산하는 양도 400만 배럴 정도여서 필요한 추가 생산량 2,100만 배럴에는 훨씬 못 미친다. 새로운 생산 시설에 대한 투자를 대폭 늘리지 않는 한, 예상되는 수요 증가를 석유 업계가 충족할 방법은 없다.

자동차는 결국 역사의 폐차장으로 견인될 것이라고 확신했다. 하지만 이것은 터무니없는 오판이었다.

코로나19 봉쇄 이후 2021년 세계의 문이 다시 열렸을 때 OPEC은 공급량을 단단히 제한했고 미국의 생산량은 좀처럼 회복되지 않았다. 2020년 민주당 토론회에서도 '셰일 죽이기killing shale'를 운운하는 말들이 지배적이었는데, 특히 바이든이 선거에서 승리한 후 그런 분위기는 이 분야에 발을 들인 수많은 기업들을 쫓아내겠다고 위협했다. 무엇 때문에 이런 살상지대에 투자하겠는가? 자본은 빠져나갔다. 그냥 빠져나간 것이 아니라 도망치듯 사라졌다.

당연히 유가는 갈수록 높아졌다. 공급이 충분치 않았기 때문이었다. 수요가 공급을 빠르게 앞지르자 항공사들은 대형 등유 터보팬을 가동했고, 3,000명의 승객을 수용하는 디젤 유람선은 닻줄을 내렸고, 고속도로에 휘

〈 그림 5.6 〉 아프리카의 석유 수요

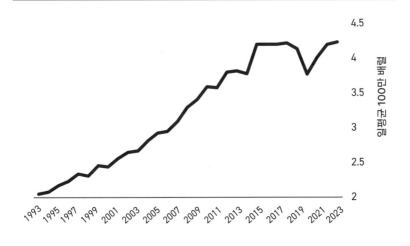

〈 그림 5.7 〉 중국의 석유 수요

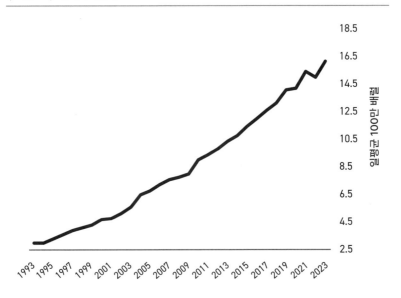

원자력은 간극을 메울 수 있을까?

원자력은 녹색 초원과 탄소중립으로 가는 유일한 길이다. 요즘은 친환경 운동가들조차 이런 사실을 인정하는 사람들이 점점 많아진다. 그렇다고 문제가 그렇게 간단해지는 건 아니다. 1986년에 소련에서 발생한 체르노빌 원전 사고와 2011년의 일본 후쿠시마 원전 사고 이후 언론은 원자로와 원자력과 관련된 것이면 무엇이든 두들겼다. 독일은 원자력 발전소를 대부분 폐쇄하고 풍력 발전소와 태양 에너지로 전환하는 등 탈원전 정책을 주도했다. 원자력에 대한 이해하기 힘든 수준의 투자 부진은 우라늄 시장의 풍경을 비가 추적거리는 텅 빈 주차장처럼 스산하게 바꿔놓았다. 미국에서 상업적 목적으로 가동 중인 54개의 원자력 발전소에서 써야 할 우라늄은 2년 치밖에 남지 않았다.

원자로를 건설하는 데는 여러 해가 걸린다. 이런 과정을 거꾸로 밟아나가는 일은 항공모함 3척의 방향을 되돌리는 일과 같다. 새로운 인재를 채용하고, 운영을 감독할 올바른 박사급 두뇌를 찾는 등 짧게는 5년, 길게는 7년 가까이 걸리는 길고 지루한 과정이다. 그런가 하면 원자력 분야는 심각한 두뇌 유출 현상을 겪고 있으며 그중 상당 부분을 암호화폐 같은 산업에 빼앗기고 있다.

현재 워싱턴은 여야가 초당적으로 합심하여 원자력 분야를 지원한다. 5~10년 전만 해도 상상할 수 없던 풍경이다. 무엇보다도 전 세계 수요 대비 공급 현황은 원자재와 주식 전반에 매우 낙관적인 전망을 던진다. 캐나다와 유럽과 아시아에서는 미래의 의미 있는 수요 증가를 부추기는 중요한 추세 변화가 일어나고 있다. 블룸버그에 따르면 원자력의 단위 생산 비용은 수력 발전의 90퍼센트 정도이고, 풍력 발전의 46퍼센트, 태양광 발전의 40퍼센트, 석유의 27퍼센트에 불과해 모든 에너지원 중 가장 저렴한 것으로 나타났다.

빌 게이츠의 말에 의하면 "전반적인 안전 관련 기록으로 볼 때 현대의 원자력 에너지[4]는 다른 에너지보다 낫다". 우리는 투자처로서의 이 분야를 애호한다. 2014년 이후 전 세계 인구는 8억 명 증가했다. 세계적으로 보면 10년마다 그 정도씩 증가한다. 이렇게 되면 화석 연료와 에너지와 전기의 수요가 저절로 증가한다. 현재 상황을 봐도 에너지 수요와 원전 발전 용량 사이에는 큰 격차가 존재한다. 세계 최대의 경제 대국인 미국과 중국의 경우는 특히 심하다. 프랑스, 헝가리, 스웨덴 같은 강대국은 원자력이 공급하는 전력이 전체의 30퍼센트를 넘는다. 하지만 미국이나 중국, 브라질, 인도, 영국처럼 몸집이 큰 나라에서는 이 수치가 20퍼센트에도 미치지 못하며, 특히 중국은 5퍼센트가 고작이다.

일론 머스크는 최근에 원자력 발전 용량 확대를 전폭적으로 지지하며 이렇게 말했다. "독일은 원전을 폐쇄하면 안 될 뿐 아니라[5] 폐쇄된 원전을 다시 가동해야 한다 … 완전히 미친 짓이다. 전 세계가 원자력을 더 많이 사용해야 한다!" 방정식에서 수요 쪽에 있는 사람들이 발전 용량을 늘리라고 요구하기 시작했다. 그들은 전력 부족 시대가 머지않았다고 본다. 결국 공급이 턱없이 부족한 원자력 에너지 쪽으로 모든 수요가 한꺼번에 들이닥치면 우라늄 가격을 크게 밀어올릴 것이다.

우라늄 분야의 전문가이자 지구과학을 연구하면서 오랜 세월 컨설턴트로 일해온 존 퀘이크스 John Quakes 는 지난 몇 달 동안 우라늄 분야에서 일어난 수십 가지의 발전적인 모습을 우리에게 전해주었다. "대단했습니다. 원자력 에너지에 관한 담론들이 눈덩이처럼 불어나고 있으니까요. 새로운 원자로들을 세우거나 계획하거나 확장하고 재가동한다는 발표를 들으면서 확실히 분위기가 예전과 달라졌음을 실감합니다." 아마 독일이 발화점이었던 같다. 재앙이라 할 만한 독일의 탈원전 정책은 러시아 가스와 돈이 많이 드는 풍력 발전소에 대한 의존도를 높여, 이젠 다른 나라들이 정반대의 선택을 하게 만드는 반면교사 역할을 하고 있다.

이런 선택을 하게 되는 이유는 거의 모든 측정치에서 원자력이 다른 모든 에너지원을 압도하기 때문이다. 탄소 배출량, 비용, 안전성, 폐기물 등등 일일이 열거하자면 한이 없다. 그러나 우리가 신문을 통해 접하는 것은 핵폐기물과 후쿠시마와 체르노빌의 악몽이 사라지지 않았다는 얘기뿐이다. 태양광 발전이 만들어내는 폐기물을 언급하는 사람은 거의 없다. 블룸버그뉴에너지파이낸스 BloombergNEF에 따르면 "전 세계에서 매년 발생하는 태양광 패널 폐기물의 양[6]은 2021년의 3만 톤에서 2035년에는 100만 톤 이상, 2050년에는 1,000만

톤 이상으로 늘어날 것이다". 녹슨 금속과 조각난 플라스틱 더미로 버려진 채 방치되는 패널을 가리키는 것이다. 그뿐인가. 풍력 터빈에 들어가는 필수 원료인 희토류를 정제할 때 발생하는 산더미 같은 독성 폐기물은 일반에게 잘 알려지지도 않았다.

의외지만 몇 해 전부터 우라늄은 전 세계에 흩어진 기존의 원자로를 가동하는 것만으로도 이미 공급량이 크게 부족해지고 있었다. 하지만 2022년 말부터 부활 조짐이 보이기 시작했다. 코로나19 팬데믹으로 공급망이 큰 타격을 입었지만, 수요가 되살아나 급속히 늘어나고 있기 때문이다.

9장에서는 앞으로의 트렌드를 선점하는 방법을 설명하겠다.

다가오는 석유 산업의 인수합병 물결

석유 및 가스 업계에는 세 차례 커다란 M&A 물결이 있었다. 1990년대 후반, 기록적으로 낮은 유가 속에서 엑손과 모빌이 합병했을 때 그리고 유가가 급등하고 천연가스에서 셰일 혁명이 막 시작되던 2004년부터 2007년 사이, 또 대형 석유업체에 대한 투자 붐이 일어난 후 약체 기업들을 인수하던 2015년부터 2019년 사이가 그것이다.

오늘날 이 분야는 또 한 차례 정리 통합의 시기를 돌파할 채비를 하고 있다. 수익성이 높은 셰일 유전은 대부분 이미 매입된 상태다. 또한 시추와 자본을 규제하는 ESG('환경, 사회, 지배구조' 기준을 근거로 기업이 자본을 빌릴 수 있는 곳을 선별하는 투자 유형) 때문에 대형 석유회사들은 유전 개발보다 인수에 더 눈독을 들인다. 다극화된 세계에서는 화석 연료의 매장지가 가까울수록 더 가치가 있다. 먼 곳에 있으면 지정학적 분쟁에 휘말리거나 외국 정부에 의해 압류될 수 있기 때문이다. 예를 들어 세계적인 대형 석유회사와 러시아 정부 간에 이루어진 합작 투자는 2022년에 미국과 유럽이 러시아에 제재를 가하면서 모두 무산되었다. BP는 러시아 기업 로스네프트 Rosneft에 갖고 있던 그들의 20퍼센트 지분을 포기하면서 250억 달러의 손해를 감수해야 했다. 이는 BP 매장량의 약 절반에 해당하는 액수다. 셸도 노르트스트림 2 Nord Stream 2 파이프라인에 자금을 조달하기 위해 러시아의 가즈프롬 Gazprom과 맺은 합작 투자에서 발을 빼면서 큰 손실을 봤다.

2020년에 엑슨모빌은 40억 달러의 현금을 보유하고 있었다. 2023년에 이 수치는 330억 달러로 급증했고, 회사의 연간 잉여현금흐름은 -20억 달러에서 580억 달러 이상으로 증가했다. 대기업들은 돈을 쓰지 못해 안달이다. 대부분 새로운 터전이 필요한데, 요즘에는 인수가 가장 쉽게 매장량을 늘리는 방법이다.

발유를 넣는 자동차와 버스와 트럭이 꾸준히 늘어나면서 시장에 인플레이션이 고개를 들기 시작했다. 이는 미국만이 아니라 전 세계적인 현상이었다.

지난 3년 동안 서방은 화석 연료와의 전쟁을 전면전으로 확대했다. ESG(환경, 사회, 지배구조) 규제는 갈수록 강화되고 있다. 서방은 기업을 향해 책임 있는 행동을 하라고 촉구하지만, 그래봐야 "지구를 오염시키려는 기업, 특히 화석 연료를 사용하는 기업을 멀리하라"는 말의 완곡한 표현일 뿐이다. 이런 문구는 뉴스에서도 볼 수 있고 선거 공약에서도 볼 수 있으며, 증권사 객장에서도 볼 수 있다. 이런 분위기는 석유와 천연가스와 석탄 등 전통적인 에너지 부문에 대한 투자를 위축시켰다. 그것은 또한 전반적으로 공급을 줄이는 데 큰 역할을 했다.

석유 공급량은 하루아침에 늘릴 수 있는 것이 아니다. 규모가 큰 생산 시설을 다시 가동하려면 여러 해 공을 들여야 한다. 첫째, 여러 해에 걸쳐

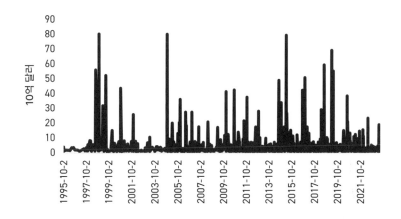

〈 그림 5.8 〉 미국 석유 및 가스 회사들의 인수합병 규모

강요해 온 규제를 극복해야 한다. 둘째, 정부는 기업이 그렇게 할 수 있도록 인센티브를 제공해야 한다. 하지만 여러 나라의 정부들은 대신 대형 석유회사에 뜻밖의 세금을 부과했다. 잘못된 접근 방식이었다. 세금은 생산을 위축시킨다. 두 말이 필요 없는 진리다. 셋째, 뽑아낼 수 있는 석유가 가장 많이 매장된 땅을 찾는 탐사가 진행되어야 한다. 비용이 많이 드는 작업이다. 넷째, 장비를 옮겨야 한다. 이 역시 수백만 달러가 든다. 다음으로, 자격을 갖춘 인력을 고용하고 시추하고 인프라를 확충하고 나면 운송과 물류 문제가 이어진다. 그런 뒤에도 다음 그리고 또 다음 단계가 계속된다. ESG 주도 정책이 결국 실패하고 난 뒤에 다시 석유와 가스가 넘쳐나려면 7년에서 10년 정도를 기다려야 할 것이다. 그래도 그렇게 될 것이다. 그러니 수치만 지켜보면 된다.

각국 정부가 석유를 지구 위를 쓸고 다니는 다른 에너지원으로 대체하려면 현재 프랑스보다 조금 더 큰 54만 제곱킬로미터의 풍력 발전 단지가 필요하다. 석유를 대체할 태양열 발전소는 스페인 크기의 48만 5,000제곱 킬로미터의 부지가 필요한 것 외에, 하루 8시간씩 최소 70퍼센트의 일조량이 매일, 매년 확보되어야 한다. 여기에 사용되는 플라스틱, 유리 섬유, 강철 샤프트와 터빈의 양과 한도 끝도 없는 유지보수, 수백만 개의 배터리와 케이블을 생각해 보라. 이런 일을 함부로 벌이다가는 지구가 파산할지도 모른다. 수십 년 뒤 어느 날엔가는 가능한 얘기일지 모르지만 지금은 아니다.

ESG 투자에 개입된 관료주의는 의도하지 않은 결과를 초래하는데 금융시장과는 전혀 별개의 양상을 보인다. 드러나지 않아 그렇지 그 영향은 매우 파괴적이다. 지난 몇 년 동안 캘리포니아는 엄청난 손실을 낸 대형 화재를 여러 차례 겪었고[7] 6만 채가 넘는 건물이 불에 탔다. 마일리 사이러스 Miley Cyrus, 닐 영Neil Young, 제라드 버틀러Gerard Butler도 집을 잃었다. 캘리포니아 산불은 세기가 바뀐 이후 총 8만 9,000제곱킬로미터의 숲과 초원을 태웠다. 메인주 전체에 해당하는 면적이다. 이들 화재로 자동차 1억 2,000만 대가 쉬지 않고 1년 동안 운행했을 때와 맞먹는 이산화탄소가 발생했다.

흔히들 쉽게 기후 변화 탓으로 돌리지만 이는 실상과 거리가 먼 분석이다. 사실 산불은 대부분 나타날 수 있는 결과를 꼼꼼히 고려하지 않고 성급히 재생 에너지를 사용하려는 캘리포니아주 정부의 과도한 열의와 전력회사인 퍼시픽가스앤드일렉트릭PG&E의 잘못된 관리가 그 원인이다. PG&E의 송전 기반 시설에 대한 주먹구구식 유지보수 관행은 2000년 이후 수십 건의 대형 산불을 일으켜 수백 명의 사망자와 수십억 달러의 피해를 입혔다. 그 외에 PG&E 같은 전력회사가 워싱턴주의 수력 발전이나 네바다주의 태양광 발전 등 멀리 떨어진 곳의 재생 에너지를 공급받도록 하는 까다로운 규제도 문제였다. PG&E가 자사의 전력망과 이런 원거리 재생 에너지원을 연결하려면 장거리 고압선이 여러 다른 주를 통과하도록 해야 하는데 여기에는 엄청난 비용이 든다. 이런 투자를 승인하는 규제 기관은 연방에너지규제위원회Federal Energy Regulatory Commission, FERC 였다.

캘리포니아의 주 규제 당국인 캘리포니아공익사업위원회California Public Utilities Commission, CPUC 와 FERC는 PG&E가 소비자에게 부과하는 전기 요금을 감독한다. 전력회사들 대부분이 그렇듯 PG&E는 어떤 요금이든 인상하려면 규제 당국의 승인을 받아야 하며, 승인 여부는 이 회사의 시설 투자 수준에 따라 결정된다. 이런 모든 재생 에너지 의무 조항과 이를 충족하는 데 필요한 고가의 기반 시설 때문에 캘리포니아는 결국 전국에서 전기 요금이 가장 높은 주가 되었다. 이런 이유로 CPUC는 마을과 도시로 들어가는 지역 송전선을 간단히 유지보수하는 데 드는 비용 등 다른 지출을 근거로 한 PG&E의 요금 인상 요청을 거부하는 경우가 많았다. 다시 말해 PG&E가 해야 할 유지보수 계획을 PG&E가 아닌 규제 당국이 결정하는 것이다. 따라서 지역 송전선이나 전신주나 송전소를 유지보수할 자금이 남지 않았다. 결국 부실한 고압선이 나무나 목재 건물 등에 쓰러지면서 화재를 일으켰고 화마는 주 전역 곳곳을 덮쳤다.

인플레이션을 부추기는 정책

결론부터 말하면 인플레이션의 근본 원인은 에너지 가격이다. 내가 캘거리에서 마셨던 커피 한 잔을 만드는 데 들어간 몇 방울의 휘발유와 에너지를 생각해 보라. 여기에 유가 상승분이 더해지면 스타벅스에서 4달러였던 커피 한 잔이 갑자기 6달러로 바뀐다.

하지만 에너지와 인플레이션의 관계에는 복선이 있다. 에너지 비용이 높아지면 다른 비용도 함께 상승할 뿐만 아니라 인플레이션을 다루기가 더 힘들어진다. 그래서 다음 설명이 어쩌면 이 책에서 가장 중요한 문장이 될 지 모른다. 이번 주기에서 인플레이션 수준이 지난 수십 년처럼 1~2퍼센트에서 유지되는 것이 아니라 3~4퍼센트로 일반화된다면, 투자 자산 생태계 전반에 할당되는 수조 달러가 자리를 잘못 찾기 쉽다. 대부분의 포트폴리오 비중이 여전히 성장주에 치우쳐 있기 때문이다.

일반적으로 경기 침체기에는 수요가 줄기 때문에 에너지와 석유 가격이 급격히 하락하는데, 이는 강한 디플레이션 압력으로 작용한다. 하지만 앞으로는 경기 침체기에도 에너지 가격이 상대적으로 높게 유지될 가능성이 높다. 미국과 캐나다의 석유와 가스 산업에 대한 만성적인 투자 부족으로 인해 귀중한 시장 점유율이 사우디나 러시아나 OPEC에 넘어가면서, 이들 나라는 세계 유가에 대한 통제권을 더욱 강화했다. 다극화된 세계에서 그다지 우호적이라 할 수 없는 이들 나라들은 이제 경기 침체기에 공급을 줄여 가격을 높게 유지할 수 있게 되었다.

미국이 미완결유정DUC(시추했으나 임시 봉인 중인 유정)을 8,000개 보유하면 생산량을 늘리고 그들로부터 시장 점유율을 빼앗아 올 수 있다. 하지만 우리는 그렇게 하지 않는다. 미완결유정의 수는 10년 만에 최저치를 기록한 상태여서, 우리는 더 높고 끈질긴 인플레이션과 장기적인 싸움을 준비해야 한다. 2022년에 있었던 사소한 에너지 위기 사태에서도 이런 일을 겪었지만, 앞으로도 몇 년 동안 이런 현상은 흔해질 것이다.

2020년에 블랙록BlackRock의 CEO 래리 핑크Larry Fink는 블랙록의 ETF에 투자를 많이 한 기업의 모든 CEO와 이사회 멤버에게 장문의 연례 서한을 보냈다. 이 편지로 핑크는 모든 이사회에서 그 존재감을 드러내게 되었다. 글 속에서 그는 기후 정책과 탈탄소 미래에 대한 소신을 밝혔다. 탄소 없는 세상이 얼마나 중요한지를 강조하는 사무적인 글이었다. 2022년에 그는 다시 한번 이를 보완하는 편지를 썼다. 편지에서 그는 타협의 여지가 별로 없다고 주장했다. 이들 기업에서 가장 발언권이 센 주주인 그는 말했다. "지속 가능한 투자로의 지각변동은 여전히 가속화되고 있습니다. … 탄소 중립 세계로 환경이 바뀌면 기업도 산업도 모두 바뀌게 됩니다.[8] 문제는 앞장설 것인가 아니면 따라갈 것인가입니다."

다보스에서부터 정치적 캠페인이나 기후학자, 언론인에 이르기까지 전 세계에서 오가는 모든 대화의 주제는 하나부터 열까지 이산화탄소와 이산화탄소를 다량으로 배출하는 기업에 관한 내용이다. 기본적으로 그것은 석탄과 석유와 천연가스 등 화석 연료에 대한 공격이며, 사람들은 CO_2를 내뿜지 않는 풍력, 태양광, 수소 등 무엇이든 동원할 수 있는 것은 모두 동원해 대체하고 싶어 안달이다. 수학적으로 이치에 맞지 않아도 아랑곳하지 않는다. 하지만 문제는 공급이다. 수요가 아니다.

친환경 에너지의 수학에 현실성이 빠져 있다는 점을 감안할 때, 탄소중립 세상으로 가는 길을 강요하면 세계 경제가 뒤집힐 위험이 크다. 핑크의 견해는 이렇다. "모든 분야는 새롭고 지속 가능한 기술에 의해 변형될 것이다." 탄소 없는 에너지라는 목표는 이제 광신자들의 믿음으로 변해가는가, 아니면 여전히 바랄 수 있는 최대한의 이익을 고려하는가? 현재 전 세계에서 구할 수 있는 구리의 양을 고려할 때 전기가 만들 친환경 미래는 현재로서는 불가능하다.

구리의 경우 앞으로 늘어날 수요의 40퍼센트[9]는 전기 자동차^{EV}, 풍력 터빈, 태양광 패널 같은 친환경 기술에 의한 전기 관련 분야에서 이루어질 것으로 예상된다. 연구 및 컨설팅 회사인 우드매켄지Wood Mackenzie에 따르면, 아직은 새로운 구리 채굴 프로젝트가 없기 때문에 이런 수요 증가는 10년간 최대 500만 톤의 수급 격차를 낳을 것이다. 에디슨전기연구소Edison Electric Institute에 따르면 미국의 송전 네트워크는 95만 킬로미터가 넘는 회선으로 구성되어 있으며, 이 중 38만 킬로미터는 23만 볼트를 넘는 고압선이라고 한다. 구리는 골조, 도체선, 케이블, 변압기, 회로차단기, 스위치, 변전소 등으로 구성된 송전 설비의 핵심 소재다. 전 세계적으로 2050년까지 탄소중립 목표를 달성하려면 1억 2,500만 킬로미터의 전력망이 필요한데, 이는 지구에서 태양까지의 거리로 현재의 2배에 해당한다. 투자 리서치 회사인 오리건그룹Oregon Group[10]은 2050년까지 필요한 구리의 양을 427톤으로 추산한다. 이 목표를 충족시키려면 21조 달러가 있어야 하는데, 이를 위해선 2022년에 2,740억 달러였던 연간 투자액을 2050년까지 1조 달러로 늘려야 한다. 구리를 구하고 전력망을 재설비하는 데 드는 자본 지출과 모든 자재를 필요한 곳에 공급하기 위한 물류비용이 그렇다는 말이다.

스티키 인플레이션Sticky Inflation +의 또 다른 원인

사회정치적 고려는 제쳐두고 순전히 경제적 관점에서 보면, 코로나19 이후에 사회안전망이 확대되면서 수십 년 전에 비해 정상적인 인플레이션율이 훨씬 높아질 것 같은 분위기다. 여기서 아주 쉬운 질문 하나. 수요에 보조금을 지

....

✦ 물가상승률이 좀처럼 떨어지지 않는 현상–옮긴이

급하고 공급을 억제하면 어떤 일이 벌어질까? 사우디아라비아, 러시아, OPEC 의 역할이 새롭게 강화된 것 외에도, 에너지 가격을 높이는 데는 어떤 국내의 정 치적 요인도 한몫을 한다. 그리고 이런 요인이 스티키 인플레이션이나 심지어 물 가상승을 초래한다. 2022년에 서방 정부들은 인플레이션 위기에 처하자 에너 지 수요에 보조금을 지급하는 이례적인 조치를 단행했다. 캘리포니아는 '인플 레이션 구제' 수표에 230억 달러를 지출했는데, 이는 대부분 늘어난 에너지 비 용을 보조하기 위한 것이었다. 이탈리아도 같은 목적으로 140억 달러를 지출했 다. 이런 에너지 수요 보조금 중 금액이 가장 컸던 것은 생계비 조정 Cost-of-Living Adjustment, COLA 으로, 미국 사회보장 급여액과 정부 퇴직자 수표에 추가된 것이 었다. 2023년에 COLA 인상률은 8.7퍼센트로 40년 만에 가장 높은 기록을 세 웠다. COLA는 소비자물가지수 CPI 로 계산하는데, 대부분은 에너지 비용으로 귀결된다(원유가 안 들어간 것이 거의 없기 때문이다). 연방 정부는 2022년과 2023 년에 구매력 감소분을 상쇄하기 위해 사회보장 급여를 통해서만 퇴직자에게 2,070억 달러를 추가로 지급했다. COLA 자본은 경제 전반에 스며들어, 식료품 과 의류를 사재기하도록 만들고 인플레이션을 고착화한다.

1970년대에도 이런 일이 벌어졌다. 물가는 정상화되더라도 이미 높아진 인 플레이션율 궤도에서 버틴다. 생계비 조정은 실제 생활비보다 1년 정도 늦어지 기 때문에 전년도 인플레이션을 앞당겨 예측하기도 한다. 직간접적인 수요 보조 조치는 다음 에너지 위기에도 등장할 가능성이 높으며, 이는 전 세계적으로 인 플레이션 부담을 가중시킬 것이다.

코로나19 이후로 사회안전망도 의미 있게 확대되었다. 지속적인 인플레 이션을 가장 잘 보여주는 것은 영양 보충 지원 프로그램 Supplemental Nutrition Assistance Program, SNAP 혜택이다. 팬데믹 기간에 이 프로그램의 수혜자는 25 퍼센트 늘어 전국적으로 4,200만 명에 달했다. 2001년에는 1,600만 명으로 미국 인구의 5.6퍼센트였다. 퓨리서치 Pew Research 에 의하면 2023년 4월까지 SNAP 혜택을 받은 사람은 4,190만 명이었다. 미국 전체 인구의 12.5퍼센트에 해당한다.

2020년에 월마트는 SNAP 식료품 구매액에서 26퍼센트를 챙겨갔다. 그들의 화상회의에서 나온 얘기처럼, SNAP가 지급되는 주기는 이제 월마트의 수익에 큰 영향을 미친다. 미 농무부에 따르면 농무부의 식품 및 영양 지원 프로그램에 의한 2021 회계연도 연방 지출은 총 1,825억 달러로, 그동안 최고치였던 2020 회계연도의 1,228억 달러보다 49퍼센트 증가했다.

그리고 이것이 '완전 고용'에 가까운 미국 경제다. 다시 말해 일자리를 원하는 사람은 거의 모두가 일자리를 구할 수 있다. 사회복지 지출은 이미 20년 평균보다 20퍼센트나 높기 때문에 다음에 경기 침체가 오면 미국의 재정적자는 연간 최소 5~7퍼센트를 넘길 것이다. 연준이 금리 인상으로 인플레이션과 싸우고 코로나19 팬데믹 기간에 적자 지출을 크게 늘려 인플레이션을 부추긴 탓에 지난 수십 년에 비해 앞으로 정상적 인플레이션율이 훨씬 더 올라갈 기반이 마련되었을 가능성이 있다.

리튬은 친환경으로 바꾸는 데 중요한 역할을 하는 또 다른 광물이다. 전기차에 들어가는 리튬에 대한 전 세계의 2030년 예상 수요량은 2021년 생산량의 23배에 달할 것으로 보인다. 이처럼 리튬은 수요가 계속 공급을 앞지를 수밖에 없기 때문에 공급 부족 사태가 적어도 2030년까지는 지속될 것이다. 니켈 역시 또 다른 친환경 금속으로, 리튬 배터리에 거의 예외 없이 들어가는 원자재다. 왜냐하면 니켈은 에너지를 방출하거나 충전하기 위해 리튬 이온을 앞뒤로 수축하는데, 그 리튬 에너지를 쉽게 흡수하고 방출하는 것이 니켈이기 때문이다. 니켈의 수요는 전기차나 전력 장벽power wall에 사용되는 니켈 기반 배터리의 성장 덕분에 2040년까지 2배로 증가할 것으로 보인다. 코발트는 9장에서 자세히 다루겠지만 2030년까지 수요가 2배로 증가할 것으로 예상되기 때문에 공급 부족이 32퍼센트 정도일 것으로

추산된다.

미국 도로에 전기차 1,000만 대가 추가로 늘어나면 그렇지 않아도 몇몇 지역에서 제대로 기능하지 못해 악명이 높은 전력망 인프라 전반에 상당한 압박이 될 것이다. 텍사스의 엄청난 정전 사태부터 캘리포니아의 만연한 화재에 이르기까지 우리는 이미 지난 몇 년 동안 섬뜩한 교훈을 수도 없이 얻었다. 미국의 전력망은 수명이 반세기를 넘겼고 갈수록 안전성이 떨어지지만 자금이 부족하고 무엇보다도 수백만 대의 전기차를 감당하기 힘든 지경이다. 그리고 탈탄소화된 미국 교통 부문을 지원하기 위해 이런 인프라를 업그레이드하려면 미국에서만 7조 달러에 달하는 비용이 소요된다.[11]

최근 우리 팀은 대서양을 건너온 희한한 이야기를 들었다. 독일 풍력 발전 부문의 실패를 보도하는 뉴스가 헤드라인을 뒤덮고 있다는 얘기였다. 독일은 석탄과 천연가스 사용을 중단하고 석유 사용을 제한하고, 수십억 달러를 태양열과 풍력에 투자한 바람에 결국 심각한 위기에 몰리고 말았다. 남서부 바덴뷔르템베르크주의 전력망 운영자는 사상 처음으로 고객에게 그날 오후 1시간 동안 전력이 끊길 것이라고 통보하며 에너지 소비를 줄여달라고 간청했다. 유럽 1위의 경제 대국 독일이 갑자기 들쑥날쑥한 날씨로 곤욕을 치르게 된 것이다. 둔켈플라우테Dunkelflaute(말 그대로 풀면 '어두운 고요함'이고 달리 표현하면 '바람이 불지 않는다'는 뜻)로 알려진 기상 패턴이 빚어낸 혼란이었다. 전력망 운영자는 풍력과 태양광 등 재생 에너지의 비중이 증가하면서 독일 에너지 전력망이 "도전받고 있다"며 어려운 현실을 처음 인정했다. 도전을 받고 있다니 너무 구차한 완곡어법 아닌가?

문제가 끊이지 않는 글로벌 에너지 시장에서 투자자들은 이런 지식을 어떻게 활용해야 할까? 우리의 조언은 간단하다. 원유라면 **롱 포지션을 취하**

라. 이런 시장에 확실히 노출될 필요가 있다. 우리는 앞으로 10년 동안 이 부문을 애용할 것이다. 셰브론^{Chevron}, 셸, 엑손모빌과 함께 에너지 ETF인 XLE와 XOP가 좋은 출발점이 될 수 있다. 특히 엑손은 남아메리카 북동쪽 끝에 있는 가이아나에 새로운 대규모 매장량을 확보하고 있어 흥미를 준다. 이 회사는 가이아나의 수도 조지타운에 사무소를 두고 여러 곳에서 해외 탐사와 개발 작업을 진행 중이다. 2015년 5월부터 가동을 시작한 스타브룩 광구에서 상당한 매장량을 찾아낸 엑손은 2022년에 하루 평균 37만 5,000배럴을 생산했고 2027년에는 120만 배럴씩 뽑아낼 것으로 보인다. 이렇게 되면 4년 뒤 가이아나는 엑손이 전 세계에서 생산하는 원유의 약 25퍼센트를 책임지는 생산지가 되는 셈이다. 가이아나는 자본을 투자하기에 확실한 곳이다. 우리는 기회가 있을 때마다 엑손모빌^{XOM}을 매수한다. 앞의 도표에서 우리는 나름대로 매력적인 가치를 지녔을 뿐 아니라 대형 석유업체가 인수합병에 눈독을 들일 만한 몇몇 중소형 석유 및 가스 업체를 강조해 두었다.

월스트리트는 석유나 가스 회사의 가치를 어떻게 평가하며, 투자자는 대기업의 방법론에서 자신에게 이익이 될 수 있는 정보를 어떻게 찾아낼까? 에너지 부문의 기업가치를 평가하는 한 가지 방법은 기업가치(기업의 부채와 시가총액의 합계)와 해당 기업이 땅속에 보유하고 있는 석유와 가스 매장량의 가치를 비교하는 것이다. 이런 비교는 '석유환산 배럴^{barrel of oil equivalent}'당 기업가치가 어느 정도인지 가늠하게 한다. 석유환산 배럴은 석유와 천연가스를 석유 배럴로 환산한 것이다. 기업가치가 땅속의 매장량에 비해 낮을수록 그 기업의 가치는 낮게 평가된다. 예를 들어 PDC 에너지^{PDC Energy}는 아주 싸다. 셰브론도 그렇게 생각했는지 2023년 5월에 PDC 에너지에 인

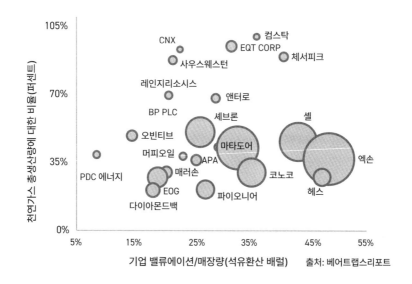

수를 제안했다. (163페이지의 도표는 셰브론이 제안하기 전의 PDC 가치를 보여준다.)

자본의 대이동

투자자가 지켜봐야 할 것은 경제를 주도하는 기업들이다. 그 이유는 시간이 가면서 주도 기업들이 바뀌기 때문이다. 업종 중에는 오랜 기간 유행을 타다 그림자 속으로 사라지는 것들이 있다. 이런 트렌드를 미리 파악하는 요령을 알게 되면 포트폴리오를 훨씬 탄탄하게 짤 수 있다. 예를 들어 1981년의 S&P 500에서 석유 및 가스, 공업, 소재 부문이 차지하는 비중은 49퍼센트였다. 2021년에 이 비율은 12퍼센트로 급락했다. 10년 동안 디플레이션이 지속된 이후로 처음 겪는 충격적인 낙폭이었다. S&P 500의 구성은 다른 방식으로 바뀌었다. 그 후로 40년이 지난 2020~2021년까지 투자가 과도하게 쏠린 부문은 금융 자산으로, 성장주와 채권으로 대표되는 장기 자산이었다. 이런 쏠림 현상은 2022년 1월에 기술주가 S&P 500 지수의 43퍼센트를 차지하면서 절정에 달했다. 이 순간을 기점으로 시장은 방향을 틀었고, 이후 10년마다 한 번씩 지각변동을 일으켰다. 아마도 2030년까지는 이런 추세가 계속될 것이다.

경제는 매우 확실한 **디플레이션** 국면에서 **인플레이션** 국면으로 옮겨 갔다. 이럴 때는 모든 포트폴리오 구성에서 자산을 배분하는 요소가 바뀐다. 우리는 에너지와 금속 가격의 상승 추세가 앞으로 10년은 지속되리라고 본다. 이미 이들 분야에서는 우리가 평생을 살아도 두 번 다시 보기 힘든 큰 규모의 자본이 이동하고 있다. 2022년에 투자자들은 기술주와 성장주에서 빠져나와 경질 자산 쪽으로 이동해, 지속적인 에너지 가격 상승과 지속적인 인플레이션에 더 잘 대처할 수 있는 포트폴리오를 구성하고 있다. 코로나19 기간의 저점부터 2022년 말까지 인플레이션이 상승하면서 SPDR 미국 에너지 ETF^{Energy Select Sector SPDR ETF}(XLE)는 325퍼센트 올랐고, 스프랏 우라늄 광산업 ETF(URNM)는 318퍼센트, 글로벌엑스 구리 광산업 ETF Global X Copper Miners ETF (COPX)는 260퍼센트, SPDR S&P 금속/광산 ETF^{SPDR S&P Metals and Mining ETF}(XME)는 260퍼센트 상승했다. 디플레이션이 뚜렷했던 2010~2012년의 시기가 지속적인 인플레이션 국면으로 바뀌면서 경질 자산은 장기 금융 자산에 비해 강세를 보였다.

석유 주식은 아직 시작 단계이기 때문에, 앞으로 몇 년 사이에 밸류에이션이 낮은 이들 기업으로 수십억 달러가 유입될 것으로 우리는 본다. '오마하의 현인' 워런 버핏은 이런 메가트렌드를 확실히 꿰뚫고 있다. 최근 몇 넌간 버핏이 동원한 신규 자본은 대부분 에너지 부문에 투입되었다. 버크셔 해서웨이는 현재 옥시덴탈페트롤리엄Occidental Petroleum, OXY의 약 25퍼센트와 셰브론CVX의 7퍼센트를 보유하고 있다. 미국의 석유 생산량은 감소하는 추세다. 팬데믹 직전 미국은 하루 1,310만 배럴을 생산했다. 3년이 지난 지금도 하루 1,330만 배럴밖에 생산하지 못한다. 2016년부터 2019년 말까지 3년 동안 미국의 생산량은 하루 840만 배럴에서 1,290만 배럴로 급증했다. 앞으로 10년 동안의 수요 증가가 하루 2,000만 배럴 정도일 것으로 예상되는 점을 고려하면 그런 페이스가 필요하다는 주장이 많다. 인구가 증가하고 수요는 급증하는데 공급은 발이 묶인 상태다.

래리 핑크는 그의 투자 서한에서 17세기에 멸종한 날지 못하는 도도새와 자신의 몸을 태워 그 재에서 부활한다는 그리스 신화에 나오는 불사조를 비유로 들었다. 미래의 도도새는 병약한 성장주에 매달리는 투자자들이 될 것이다. 불사조라면 경질 자산과 아직 주목받지 못하는 에너지 주식에 투자할 것이다. 차입비용은 높아지고, 2조 달러에 이르는 설비 투자로 인한 결손을 메우는 데는 여러 해가 걸리며, 석유나 가스나 석탄 등 화석 연료의 가격이 낮았던 시절은 곧 먼 추억이 될 것이다.

고수들이 말하는 투자 이야기
데이비드 테퍼와의 인터뷰

2013년 겨울에 나는 염화칼슘으로 얼룩진 회색 아스팔트 길을 따라 서쪽으로 차를 몰았다. 룸미러에 맨해튼의 들쑥날쑥한 스카이라인이 보였다. 하지만 뉴저지를 가로지르는 주간고속도로 I-78을 따라 탄성화 소재로 깔아놓은 3.5킬로미터의 조깅 코스와 300제곱미터 규모의 천연 호수 그리고 미국에서 가장 오래된 퍼블릭 골프 코스가 있는 위퀘힉 공원을 지나면서 스카이라인 정상부들은 점점 작아졌다. 몇 킬로미터를 더 간 후 나는 밀번 애비뉴 쪽으로 우회전해 상류층이 사는 교외의 베드타운으로 차를 몰았다. 북쪽에는 밀번이 있었고 남서쪽에는 뉴저지에서 가장 부유한 마을에 속하는 서밋이 있었다. 1800년대 중반만해도 서밋은 아늑한 농촌 마을이었지만 남북전쟁 이후 청정한 산 공기와 뉴욕과 가깝다는 이점 때문에 고급스러운 여름 휴양지가 되었다. 그다음 나타나는 마을 채덤은 사설인 카누브룩컨트리클럽 Canoe Brook Country Club 바로 너머에 있다. 이 컨트리클럽은 미국 최고의 챔피언십 골프 코스 2곳을 보유한다. 나도 옛날에 시간이 있을 땐 두 골프장에서 모두 파에 가까운 성적을 낸 적이 있지만, 메이저 대회에 나갈 만한 스윙은 하지 못했다. 어쨌든 그쪽에선 그 정도까지 못 됐다.

3분 후 나는 목적지에 도착했고 밖에 차를 세웠다. 이 약속을 잡기 위해 이메일을 17번 보내고 전화 통화도 12번을 했지만, 어떤 의미에서는 평생을 걸려 잡은 약속이었고 이제 그 문은 바로 3미터 앞에 있었다. 애팔루사매니지먼트 Appaloosa Management 는 부실 채권을 전문으로 하는 헤지펀드로, 데이비드 테퍼가 운영한다. 피츠버그 토박이인 테퍼는 기억력이 비상하다. 테퍼는 1987년 골드만삭스에서 일할 당시 손실을 보지 않은 유일한 트레이더였다. 실제로 그는 시장이 무너질 때 그 충격을 줄였고 폭락장에서 회사에 큰돈을 벌어주었다. 2009년 시장이 바닥을 칠 때 그는 미국 은행의 주식을 다량 매입해 유명해지기도 했다. 은행주들이 폭락하고 있었지만 테퍼는 열심히 사들였다.

"제값을 주고 사면 기분이 별로거든요." 그는 내게 그렇게 말했다.

그만큼 그는 아주 별나다.

미국 금융 부문이 회복됐을 때 애팔루사매니지먼트는 75억 달러의 수익을 올렸다. 테퍼도 우리와 같았다. 전 세계가 두려워 떨 때 우리는 그 극심한 두려움을 사들였다. 패닉 매도는 친구인 경우가 더 많다. 하지만 그것을 테퍼처럼 극복한 사람은 없었다. 정크본드 거래의 전설 래리 매카시가 늘 하던 말이 있다. "높은 가격은 구매자들을 불러낸다. 낮은 가격은 매도자들을 불러낸다. 규모가 눈을 열어준다. 시간을 끌면 거래는 사라진다. 사람들이 통곡할 때 사들여야 한다. 그들이 사겠다고 아우성치면 팔아야 한다. 이런 기본적인 사실은 배우기도 힘들지만 배운다 해도 몇 년이 걸리는 일이다." 테퍼는 흔들리지 않는 배짱을 가지고 있으며, 그가 밟아온 길은 곧 이런 자신의 말을 구체화하는 과정이었다. 그리고 그의 목소리에는 딱딱하지 않은 강인함이 스며 있다. 위대한 사람에게서 흔히 들을 수 있는 어조다. 하지만 테퍼의 경우 나는 '위대함'이라는 단어를 함부로 사용할 수 없다. 1993년 애팔루사매니지먼트에 100만 달러를 투자했다면 2013년에는 1억 4,900만 달러가 되었을 테니까. 어느 모로 보아도 '위대함'이라는 말로는 다 표현할 수 없는 성과다.

회의실에 들어서니 테퍼의 고향 풋볼 팀 피츠버그 스틸러스 Pittsburgh Steelers 의 헬멧이 걸려 있었다. 어떤 헤지펀드에서도 이런 걸 본 적이 없었기 때문에, 우리는 NFL 얘기를 한참 나누었다. 테퍼는 이 팀 지분을 얼마간 소유하게 되었다며 신이 나서 얘기했다. (2018년에 테퍼는 23억 달러에 캐롤라이나 팬더스 Carolina Panthers 를 인수했다.)

"이 유명한 로고에 들어간 색은 전부 강철을 만드는 데 사용되는 세 가지 재료를 나타냅니다. 노란색은 석탄이고, 주황색은 철광석, 파란색은 철강이죠." 1960년대에 스틸러스는 팀 로고의 스틸 마크(별 모양의 노란색, 주황색, 파란색 상징이 들어간 원) 안에 있는 '스틸 Steel'이라는 단어를 '스틸러스 Steelers'로 변경하기 위해 미국철강협회 American Iron and Steel Institute 에 청원해야 했다.

테퍼도 미식축구라면 몇 시간이고 얘기할 수 있는 애호가지만 우리는 부실채권도 그 못지않게 떠들 수 있었다. 우리 모두 속으로는 대차대조표 어딘가에 숨어 있는 거짓말이나 시장의 유령, 그러니까 흔히들 말하는 베어트랩을 쉬지 않고 찾는 독수리 트레이더였다. 하지만 테퍼는 인품이 고매했다. 자산운용 업계에서 존경받는 인물로 몇 손가락 안에 꼽는 그는 자신의 청렴성과 타협하라는 요구를 받자 골드만삭스를 떠났다. 골드만삭스의 도덕성은 둘째고, 무엇보다 자신의 도덕성을 시험하는 일이 싫었기 때문이었다. 그는 1990년대 초에 골드만삭스를 나와 애팔루사매니지먼트를 차렸다. 그의 투자자들은 오늘날까지도 그 사실을 고마워한다.

"그 많은 위험을 감수해 가면서 그 많은 돈을 운용하는 회장님의 방식에 저는 늘 감탄합니다. 하지만 살 때와 팔 때를 어떻게 아는 거죠? 어떤 식으로 리스크 관리 시스템을 운용하는 겁니까?" 내가 물었다.

테퍼는 잠시 답을 생각하는 듯했다. "래리, 나는 단순한 게 좋아요. 무엇 때문에 일을 복잡하게 만듭니까?"

나는 그를 바라보았고 가볍게 웃었다. 그의 목소리 톤에 솔직함이 묻어났기 때문이었다.

"그러니까 이런 겁니다." 그가 말을 이었다. "시장에 우려할 만한 요소가 한두 가지 있으면 말이죠, 그러니까 금리 인상이라든가 위험한 실적 부진이라든가 중동에서 발생하는 사소한 분쟁 등 무엇이든 간에, 이 중 한두 가지만 있어도 나는 매수 포지션을 유지합니다. 하지만 그 수가 넷을 넘어가면 미끼를 끊어내기 시작하죠. 그때 나는 롱 포지션을 대부분 버리고 숏 포지션을 늘립니다. 그렇게 해서 문제를 피하는 거죠."

테퍼는 펜을 집어 들어 왼손에 올려놓더니 날렵하게 돌리기 시작했다. "일반적으로는 롱 포지션이 가장 좋은 수예요. 시장은 상승할 때가 그렇지 않을 때보다 훨씬 더 많으니까요. 매수하기 가장 좋은 시기는 시장이 바닥을 칠 때죠. 물론 제일 중요한 건 타이밍이지만 말입니다."

테퍼는 고통과 커피출레이션을 측정하는 데 명수이다. 이럴 때 꽤 믿을 만한 신호가 몇 가지 있다. 그중 하나는 52주 최저가로 거래되는 주식의 수다. 지난 40년을 돌이켜보면 신저가 주가 800개를 넘으면 거의 모든 부문이 바닥을 찍었다고 봐도 된다. 1,000개 이상이면 말할 것도 없다. 중앙은행의 부양책은 실제로 바닥과 관련이 많다. 지난 수년간 극단적인 투매에서 나온 반전은 대부분 연준의 정책 전환과 관련이 있다. 그래서 시장이 하는 말에 귀를 기울여야 한다. 또 다른 확실한 매수 신호는 200일 이동평균보다 높게 마감하는 종목의 수다. 그보다 낮을수록 매수 기회로는 더 좋다. 1990년대 이후 거래하기 좋은 저점은 모두 200일 이동평균을 상회하는 종목이 17퍼센트 미만일 때 나왔다. 2020년 3월에 200일 이동평균을 상회하는 종목이 겨우 4퍼센트였다. 이 지점이 적극적인 매수 구간이다.

2009년에 테퍼가 자신의 커리어에 한 획을 긋는 트레이드를 할 때도 거의 비슷했다.

"2009년에 나는 한 달 넘도록 사무실을 나와 팀원들과 함께 트레이딩 플로어에 있었어요. 연준은 투자자들에게 안전장치에 자금을 지원한다고 말했는데, 대부분 그 말을 믿지 않았죠. 하지만 우리는 믿었고 그 결과 큰 수익을 냈습니다."

"멋지네요." 내가 말했다. "그리고 완벽하게 앞뒤가 맞는군요."

"나는 알고리즘이나 수치에 너무 집착하지 않아요. 많은 포지션에서 직감을 따르죠. 대차대조표에 지금 알고 있는 건 거의 모두가 리퍼블릭스틸Republic Steel에서 일할 때 배운 겁니다. 대학을 졸업하고 처음엔 골드만에 지원했지만 퇴짜맞았고 그래서 리퍼블릭스틸에서 일하게 된 겁니다. 골드만에서 일자리를 얻으려고 몇 년 더 공부해 MBA를 취득했죠."

"대학 시절에도 맥도날드에서 거절당하지 않았나요?" 나는 짓궂게 웃으며 물었다. 안 묻고는 배길 수 없었다.

"뒷조사를 하셨군요! 하지만 받아들여야지 어쩌겠어요. 당신은 안 그랬나요?"

"저요? 전 폭찹을 팔았죠. 그러다 어떻게 메릴린치에서 일하게 됐고, 리먼 브러더스에서 부실 채권 트레이더로 일했죠."

"그럼 나보다는 정석 코스를 걸으신 건가요?" 테퍼가 빈정대듯 물었다.

우리는 같이 웃었다.

나는 포커의 거장 도일 브런슨Doyle Brunson의 말을 인용했다. "데이비드, 행운이 문을 닫으면 창문으로라도 들어가야 한다고요."

살면서 저항의 벽에 부딪혔을 때 뚫고 가게 해주는 것은 우리의 뜨거운 열망이다. 테퍼와 나는 모두 변방에서 월스트리트에 들어가려고 싸웠다. 테퍼는 경험을 중시했다. 대학을 졸업한 사람들에겐 특히 경험이 중요하다고 했다. 그는 배우는 게 가장 중요하며, 처음 시작할 때는 특히 그렇다고 강조했다.

"절대 돈을 쫓지 말아요. 그건 때가 되면 옵니다. 추구해야 할 건 경험과 지식이에요." 그는 말했다.

"그런데 요즘 석유 시장은 어떻게 생각하세요?" 내가 다시 본론으로 화제를 돌렸다. "거의 폭주하다시피 하는데요."

"결국 낭패로 끝날 겁니다. 올해 말에는 말이에요." 이 대화가 이루어진 시점이 2013년이라는 점을 기억할 필요가 있다. "미국의 석유와 가스 굴착 장치는 거의 1,800개로 늘어났습니다. 2009년에 비하면 2배 수준이죠. 몇 년 지나면 1,000개 미만으로 줄어들 겁니다. 텍사스와 뉴멕시코 남동부 퍼미안 지대의 숙박 요금이 지난 몇 년 사이에 75퍼센트 가까이 올랐어요. 석유와 가스 분야의 노동 수요가 폭발적으로 증가했기 때문이죠. 내년도 석유와 가스 산업의 설비 투자 계획은 8,000억 달러까지 올라갑니다. 2010년 수준보다 3,000억 달러가 더 많은 거예요. 안 파는 데 없이 파대고 있습니다. 이건 매도 신호예요. 예전에도 이런 신호를 봤어요. 이럴 때 애팔루사는 퍼스트무버가 되려 하죠. 잔디밭에서 제일 먼저 나와 무리를 이끄는 겁니다. 뒤돌아봐서 따라오는 사람들이 보이면 좋기야 좋죠. 하지만 이 석유 시장은 통제 불능 상태예요. 뒤쫓는 사람들이 너무 많습니다. 그렇게 되면 석유 가격이 떨어지고 도태되는 주자도 많이 나올 겁니다."

"CFO들이 지출에 대한 압박을 많이 받는다고 생각하십니까?"

"그럼요. 그 사람들은 현금을 쌓아두면 안 돼요. 하지만 추가적인 자본 투자는 돈을 태우는 짓입니다."

데이비드 테퍼에 대해 한 가지 알아두어야 할 것이 있다. 그는 거품을 발견하는 전문가이자 동시에 거품을 피하는 전문가다. 그가 석유 시장을 두고 말한 내용은 나중에 정확한 분석으로 판명되었다.

테퍼는 이마를 잠깐 만지더니 의아한 표정으로 나를 바라보았다. "미국이

산유량을 줄이면 시장은 결국 OPEC의 손에 넘어가게 됩니다. 그렇다고 너무 공격적으로 증산하면 에너지 가격이 폭락하겠죠. 그러면 시장이 무너져요. 균형 잡기가 그렇게 어려운 겁니다. 두고 봐야죠. 하지만 나도 한 가지는 압니다. 요즘 CFO들이 통제 불능 상태라는 겁니다. 나는 전혀 확신이 없는데 말이에요."

"동감입니다. 제 생각도 그렇습니다. 에너지 쪽의 많은 사람들과 얘기해 봤는데 모두 그렇게 느끼고 있더군요."

"앞으로는 그런 얘기들이 나올 겁니다. 단기적으로 보면 에너지 시장을 가까이하기가 어려워요. 하지만 석유와 천연가스라면 나도 한 가지는 압니다. 화석 연료를 싫어하는 대통령이 나올 수도 있고, 화석 연료를 좋아하는 대통령이 나올 수도 있는 거죠. 하지만 내가 아는 건 이겁니다. 화석 연료는 아무 데도 가지 않는다. 오히려 전 세계 곳곳에서 안정적인 전력망을 필요로 할 테니 화석 연료 수요는 점점 더 늘어날 겁니다."

30분 뒤에 나는 자리에서 일어나 데이비드 테퍼와 악수를 나누었다. 그는 아래층으로 내려와 주차장을 가로질러 나를 배웅해 주었다. 그는 내내 쾌활했다. 그는 살면서 몇 가지 정말로 잘한 일 덕분에 밤에 잠을 아주 잘 잘 수 있었다. 그렇게 할 수 있었던 것은 그의 내면의 나침반 덕분이었다. 그의 도덕성을 이끌어 주는 나침반 말이다. 그는 훌륭한 아버지였고 지역사회에 많은 것을 돌려주었으며 신세를 졌던 많은 곳에 더 많은 것을 베풀었다.

"한 가지만 기억하면 돼요, 래리. 시장에 도사린 위험을 늘 경계해야 합니다. 항상 노이즈에 주의를 기울이세요. 만나서 반가웠습니다. 와주셔서 감사합니다."

나는 그와 다시 악수를 나누고 차에 올랐다. 그는 손을 흔들었다. 도시로 돌아오는 내내 나는 여전히 스타를 만난 흥분에서 벗어나질 못했다. 내가 세계 최고의 헤지펀드 매니저를 만났다니.

투자자 착안 사항: 52주 고가/저가의 중요성

52주 저가에서 거래되는 주식 수가 많고 200일 이동평균(지난 200일 동안 데이터 시리즈의 평균 변화를 포착하는 통계)보다 높게 마감하는 주식 수가 적으면 투자자들이 장세를 매우 낙관적으로 본다는 뜻으로, 대량 투매 즉 커피출레이션으로 인한 대폭락이 멀지 않았다는 신호로 받아들여야 한다. 뉴욕증권거래소에는 2,800개의 주식이 상장되어 있다. 173페이지의 차트를 보면 2008년 10월과 2020년 3월, 2016년 1월, 1998년 8월, 2015년 8월처럼 52주 신저가 주식 수가 극단적으로 많은 날은 거의 모든 주식을 매수하기 좋은 타이밍이었다는 것을 알 수 있다.

뉴욕증권거래소 주식이 200일 이동 평균보다 높게 마감되는 경우에도 같은 신호를 찾아낼 수 있다. 이런 핵심 벤치마크보다 높게 마감한 주식의 비율이 가장 낮았던 것은 2009년 3월의 1.1퍼센트였다. 그다음은 2020년 3월의 3.8퍼센트, 2011년 8월의 6.7퍼센트, 2018년 12월의 7.9퍼센트, 2016년 1월의 12.1퍼센트, 1998년 8월의 15.2퍼센트 순이었다. 1,200개 이상의 종목이 52주 최저가에서 거래될 때만 매수했다면 시장 수익률의 2배가 넘는 수익을 쉽게 거두었을 것이다. 마찬가지로 200일 이동 평균보다 높게 거래되는 주식 수가 5퍼센트 미만일 때만 투자했더라도 상당한 수익을 챙겼을 것이다.

하지만 말처럼 쉬운 일은 아니다. 데이비드 테퍼는 인내심을 가지고 기다리는 데 남다른 재능이 있다. 참을성 있게 기다렸다가 한순간에 덮치는 사자처럼, 테퍼는 2009년 1분기에 큰 베팅을 했다. 52주 최저점을 만드는 주식이 기록적인 수를 보였을 때, 테퍼와 그의 팀은 가장 한심해 보이는 분야에 자본을 대거 투입했다. 바로 미국 은행주였다.

〈 그림 5.10 〉 **뉴욕증권거래소 52주 저점**

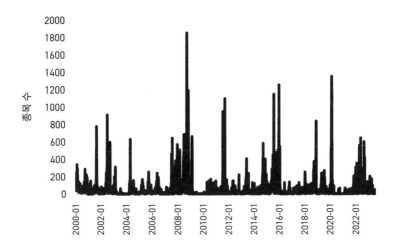

패시브 투자의 그림자

제 6 장

우리가 저지르는 잘못뿐 아니라 본의 아니게 당하는
불운도 우리의 도덕성을 타락시킨다.

— 헨리 제임스 Henry James

시장이 폭락하는 것은 강제 매도 때문이다. 긴 말이 필요 없다. 경제가 허약하다고 사람들이 패닉에 빠져 출구로 몰리지는 않는다. 허약한 경제가 시장을 움직이는 속도는 생각보다 아주 느리다. 마치 샌프란시스코 필모어스트리트 언덕 위에 주차 브레이크를 느슨하게 채운 버스가 금문교를 바라보며 서서히 내려가다 마리나그린 잔디밭 한복판에서 쾅, 하고 멈추는 것과 같다. 강제 매도는 케이블이 끊어진 엘리베이터가 시속 300킬로미터로 자유 낙하 하는 것에 비유할 수 있다. 리먼브러더스의 위탁매매 부서가 매일 오후 강제로 주식을 매도해야 했을 때와 2018년 2월 볼마게돈 사태 때 바로 그런 일이 벌어졌다.

1929년 블랙 프라이데이 때도 그랬다. 당시 시장은 바닥을 쳤고 10년 동안 그 자리에 주저앉아 일어날 줄 몰랐다. 1987년 10월 19일 블랙 먼데이는 훨씬 나빠 월스트리트 역사상 최악의 대량 매도일로 기록된다. 운명의 그날 나는 현장에 있었다. 아버지의 증권사에서 일했기 때문이었다. 정오 무렵 나는 트레이더에게 전화를 걸었다.

"IBM 100주를 팔게요." 내가 말했다.

"98달러에 매도 주문 내세요." 그가 잘라 말했다.

"그런데, 그게, 그러니까… 내 단말기로는 119달러인데요." 내가 항의
했다.

"그럼 당신 단말기에 파세요." 한 치의 틈도 주지 않고 그가 대꾸했다.

그런 식이었다. 시장이 너무 빠르게 하락하며 아수라장이 되었기 때문
에 매수 호가와 매도 호가가 크게 벌어지고 말았다.

그런 강제 매도의 배후엔 용의자들이 있었다. 마진. 레버리지. 그리고
트레이딩의 기술적 진보에 대한 잘못된 오해가 그들이다. 오늘날 컴퓨터를
기반으로 한 트레이딩도 401(k)와 IRA에 비슷한 위협을 준다. 지난 10년 동
안 패시브 투자자들이 월스트리트를 지배해 왔는데, 2025년이면 그들이
운용하는 자산^{AuM}은 36조 6,000억 달러에 이를 것으로 예상된다. 이 거대
한 자본 풀은 액티브 매니저 없이 운용된다. 가장 잘 알려진 사례는 ETF
로, 시장의 지수나 부문에 기계적으로 투자하는 방식이다. 다른 패시브 투
자자 집단은 방대한 데이터와 알고리듬을 기반으로 정교한 컴퓨터 모델을
사용하여 자본을 배분한다. 이런 패시브 투자자들이 시장을 지배하면 한심
할 정도로 위험에 둔감하게 되어, 언젠가는 코로나19나 리먼이나 볼마게돈
사태 같은 재앙을 부르게 된다. 하지만 이런 사실을 눈치채는 사람은 극히
드물다.

소문에 휘둘리는 메인스트리트 투자자들은 안전지대를 선호한다. 시장
이 폭락하면 이들 투자자는 지붕이 무너질까 침대 밑으로 숨고, 시장이 상
승세로 돌아서면 뻔뻔스러울 정도로 열심히 추격에 나선다. 리먼에서 우리

데스크의 트레이더가 그런 식으로 행동했다면 당장 해고당했을 것이다. 우리는 메인스트리트 포트폴리오가 불길(공포)에 휩싸일 때만 매수하고, 과도한 열기(탐욕)가 배를 끌고 갈 때만 매도했다. 우리 애널리스트들은 끊임없이 시장을 뒤져 발견되지 않은 가치와 제대로 평가받지 못한 우량주를 찾으며 다음 블랙 스완의 순간을 살폈다.

2008년 부동산 시장에도 블랙 스완이 숨어 있었다. 이 때문에 금융 시스템 전체가 붕괴될 뻔했다. 하지만 정작 그것은 우리의 관심사가 아니다. 이 모든 악성 레버리지의 여파로 투자자들은 금융시장에 겁을 먹었고, 또다시 주식을 매수할 생각에 정신이 아뜩했다. 그들의 401(k)와 IRA는 이미 파탄 났지만, 가해자 중 누구도 감옥에 가는 것 같지는 않았다. 그들은 위험이 낮은 전략을 찾아 패시브 투자와 최근 몇 년 동안 위험성이 높아진 금융상품인 ETF로 몰려들었다.

ETF는 현대 투자의 전설적 인물이 1970년대에 만든 것을 계승한 것이다. 그의 이름은 존 "잭" 보글John "Jack" Bogle로, 1929년 뉴저지주 몽클레어에서 대공황으로 몰락한 부모 사이에서 태어났다.

잭 보글은 뱅가드그룹Vanguard Group을 설립한 지 2년 뒤인 1976년에 분석에 탁월한 지능을 가진 인물과 함께 최초의 인덱스 펀드를 만들었다. 멋진 발명품이 대부분 그렇듯, 인덱스 펀드는 단순했다. 뱅가드 퍼스트 인덱스 투자신탁The Vanguard First Index Investment Trust은 단순히 S&P 500 지수의 성과를 추적하는 펀드였다. 이 펀드는 매우 낮은 수수료로 일반투자자가 이용할 수 있도록 한 최초의 미국 인덱스 펀드였다. 그전까지 인덱스 펀드는 큰손들의 전유물이었다. 타이밍도 완벽했다. 1976년은 베이비부머들 중 가장 나이가 많은 세대가 31살이 되던 해로, 이들은 얼마 안 가 상당한 재산을 축적하게 된다.

믿기 어려울 정도로 획기적인 아이디어였다. 비로소 평범한 미국인들도 시장을 산 다음, 해변의 해먹으로 돌아가 스릴러 소설의 책장을 넘기며 돈을 불릴 수 있게 되었다. 이런 투자 방식은 20년 가까이 지속되었다. 보글이 꾸준히 성장하는 인덱스 펀드로 수백만 명의 투자자를 끌어들이면서 뱅가드의 자산은 폭발적으로 증가했다.

뮤추얼 펀드의 비즈니스 모델은 간단했다. 전문 펀드매니저, 즉 종목을 선정하는 컨설턴트 팀을 찾아 그들에게 돈을 맡겨 표준 수익, 즉 S&P 500 또는 특정 국가나 부문별 지수보다 더 나은 성과를 내려고 하는 것이다. 투자자가 낸 수수료는 그들의 자산을 불리려 애쓰는 펀드매니저와 마케팅 팀의 급여로 지급된다. 얼마나 깔끔하고 간단한가.

펀드는 주식이나 상품을 콕 찍어 배분하는 것이 아니라 투자 방식에 초점을 맞추었다. 예를 들어 블루칩 뮤추얼 펀드라면 ZZ 카펫ZZ Carpets, Inc.을 매입하지 않겠지만, 그렇다고 특정 블루칩 주식 그룹을 고수할 필요는 없다. 예를 들어 매니저는 보잉Boeing이 크게 오른 후에 이를 매도하고 애플이 더 오를 것 같으면 수익금을 애플로 옮길 수 있다. 또 뮤추얼 펀드는 배당이 높은 대형 에너지 기업이나 위험도가 더 높은 생명공학 분야의 소형주나 미국의 가치주 등에 투자할 수 있다. 하지만 투자자는 분기가 끝나 분기별 명세서를 우편으로 받기 전까지는 펀드 매니저가 정확히 어디에 투자했는지 알 수 없었다. 뮤추얼 펀드의 또 다른 중요한 특징은 투자자들의 주식 매매 방식이었다. 투자자들은 브로커에게 전화해서 보유 주식 전부를 당장 팔라고 말할 수 없다. 미리 통지해야 했다. 보편적으로 펀드는 하루 동안 매도자의 포지션을 풀고 거래가 마감될 때 가격을 알려주기로 합의했다. 자금은 전문가들이 관리했고 그들의 재량에 따라 펀드 안에서 배분되었다.

하지만 1993년에 ETF가 등장했다. ETF는 1985년 카리브해에 모습을 드러낸 쏠배감펭을 많이 닮았다. 쏠배감펭은 꽃지느러미를 가진 아름다운 줄무늬 물고기다. 그러나 알고 보니 쏠배감펭은 생태계의 중요한 토종 물고기를 잡아먹는 침입성 어종이었다. 오늘날 쏠배감펭은 산호초 시스템 전반의 건강을 위협한다. ETF는 뮤추얼 펀드와 똑같은 역할을 한다고 주장하지만, 실제로는 다르며 어쩌면 매우 해로운 것일지 모른다.✦

뮤추얼 펀드와 ETF가 크게 다른 첫 번째 특징은 투자자가 펀드를 사고파는 방식이다. ETF는 주식처럼 거래소에서 거래되며, 누구나 온라인 증권계좌를 통해 나노초 단위로 사고팔 수 있다. 수수료 부담도 없을 뿐 아니라 쉽게 가입하고 탈퇴할 수 있다는 점이 ETF의 매력이다. 하지만 내부에 쌓이는 부의 양이 많아지면 ETF는 코브라릴리 같은 모습을 띠기 시작한다. 코브라릴리는 식충식물로 중독성 있는 향기를 분비해 먹이를 유인한 다음 치명적인 덫으로 잡는다.

두 번째로 다른 점은 전 세계 ETF의 95퍼센트가 적극적인 관리를 받지 못한다는 점이다. 이 펀드는 공개적으로 보고된 지수나 포트폴리오를 정확하게 추적한다. 메인스트리트 투자자는 증권계좌를 개설하여 하나 또는 여러 개의 ETF를 매수한 뒤, 자신의 돈이 어디에 투자되는지 단돈 한 냥까지 정확히 알 수 있다. 언뜻 보면 이건 대단한 장점 **같지만**, 한편으로는 위험의 원인이 되기도 한다. 잠시 후 이 장에서 이 문제를 살펴볼 것이다.

뉴욕증권거래소NYSE는 1903년에 지어진 건물로 흰색 조지아 대리석

✦ 이 장 마지막에 있는 데이비드 아인혼과의 인터뷰에서 ETF의 잘못된 가격 책정과 자본의 잘못된 배분에 대해 자세히 설명해 놓았다.

과 코린트식 기둥이 장대한 정면을 장식한 미국 최고의 금융 유적이자 지나간 시대의 기념비이다. 나는 2013년부터 2020년까지 뉴욕증권거래소에서 지낸 시절을 좋은 추억으로 가지고 있다. 오후에 나는 마리아 바티로모 Maria Bartiromo, 새라 아이젠Sara Eisen, 켈리 에반스Kelly Evans와 함께 CNBC 뉴스 프로그램 〈클로징 벨Closing Bell〉의 패널로 참여하곤 했다. 하지만 최근 몇 년 사이에 이곳은 갈수록 조용해지더니 이젠 아예 박물관처럼 변하고 말았다.

남아 있는 몇 안 되는 전문가들도 비상시에만 그곳에 머문다. 심지어 종일 영화만 보는 경우도 많다! 시장 조성Market Making은 성격이 전혀 다른 무엇으로 바뀌어 플로어의 호랑이(수완가)들이 하던 일은 전혀 다른 핵물리학과 비슷해졌다. 시장 조성이라는 세계는 1,000분의 1초나 10억분의 1초의 엄청난 속도를 용납하는 초단타매매 트레이딩 알고리듬이 지배한다. 이처럼 번개 같은 보이지 않는 속도의 세계에서는 경쟁자를 물리치기 위한 끝없는 경쟁이 쉬지 않고 펼쳐지며, 기업들은 따로 7,000분의 1초를 위해 수십억 달러를 투자하기도 한다. 무자비한 경쟁자들이 우글거리는 콜로세움에서는 남보다 한발 앞서기 위해 못할 것이 없다.

하지만 실제로 시장 조성은 신세대 트레이더가 하는 일의 작은 일부일 뿐이다. 새로운 마켓 메이커는 미세한 가격 차이를 이용해 쉴 새 없이 거래하는 초단타매매 트레이더다. LTCM이 하던 방식과 비슷하지만, 이들 트레이더는 무엇이든 1초 이상 지속되는 것에는 별 관심을 두지 않는다.

이런 일이 믿기는가? 어떻게 거래가 1초 사이에 이루어지는가? 아니, 때로는 그보다 훨씬 짧아 0.5초나 0.1초에 거래되기도 한다. 시장을 만드는 것은 더는 사람이 아니다. 거래는 미리 프로그래밍해 놓은 시스템에 의해 이

ETF의 작동 원리

ETF가 매력적인 것은 매니저가 매도할 수 있는 주식의 수에 제한이 없기 때문이다. ETF가 기업이 아니라서 가능한 얘기다. ETF의 주식시세표는 그저 펀드로 들어가는 문에 지나지 않는다. ETF에 얼마나 많은 사람이 유입되든 상관없다. 그렇다고 희석 효과가 나는 건 아니니까. 애플이 갑자기 신주 1조 주를 발행하면, 회사의 가치는 여전히 같아도 주식이 너무 희석되어 이전 가격의 몇 분의 1로 줄어든다. 딸과 딸의 친구가 사탕 가게에 가는데 10달러를 주면 두 아이는 각각 5달러를 갖게 된다. 하지만 딸아이가 친구를 99명을 데려가면 각각 10센트씩밖에 못 산다.

갑작스럽게 주식이 대규모로 희석되면 주주들이 반발하기 때문에 기업은 그렇게 할 수도 없고 그렇게 하지도 않는다. 하지만 ETF 영역에서는 거의 매일 새로운 주식이 발행된다. ETF의 가격은 지수의 기초 가치를 따를 뿐 펀드의 수요와 공급에 의해 결정되는 것이 아니기 때문이다. 예를 들어 SPY라는 티커로 통용되며 흔히 스파이더^{Spider}란 별명을 가진 S&P ETF는 S&P 500 지수를 추종한다. S&P 500 지수가 4,000에 거래되면 스파이더는 지수 가격의 정확히 1/10인 400달러에 거래된다. 지수가 3,000으로 급락하면 스파이더는 지수를 따라 300달러에 거래된다. 펀드에서 1,000억 달러를 매수한다 해도 가격은 변하지 않고 S&P 500 지수의 가격에만 영향을 받는다. 말할 필요도 없이 그 반대도 마찬가지다. 사람들이 ETF를 아무리 팔아도 ETF 가격에는 직접적인 영향을 미치지 않는다. 하지만 펀드의 몫은 줄어든다.

루어진다. 매일 아침, 옛 시절을 되살려 주는 오프닝 벨이 울리면 수백만 건의 거래가 이들 알고리듬을 통해 이루어진다.

이제 현대의 투자 수단인 ETF를 살펴보자. 주식이 됐든 채권이나 옵션 같은 파생상품이나 신용부도스왑이 됐든 ETF에 있는 모든 지분은 가치를 지닌다. 여기서는 주식에만 집중하자. 이 복잡한 주제를 가장 쉽게 이해할 수 있는 분야가 주식이니까. 가장 큰 종목부터 가장 작은 종목까지 가중치가 부여된 20개 종목의 바스켓을 보유한 ETF가 있다고 하자. 계산기를 두드리면 이들의 정확한 가치를 쉽게 파악할 수 있다. 월스트리트에서 쓰는 말로 이를 순자산가치net asset value, NAV 라고 한다.

방금 말한 ETF의 가격은 NAV에 맞춰 거래된다. 하지만 실제로 그 거래가 **정확히** 동조되어 이루어질까? 매 1,000분의 1초 단위까지 정확히 종일 일치할까? 차이가 전혀 없을까? 알고 보면 차이가 있다. 대부분의 경우 그 차이는 극히 짧은 시간 동안에만 발생한다. 보통 사람들은 눈치채지 못할 정도의 차이일 때가 있다. 하지만 초단타매매를 하는 트레이더는 몇 분의 1초만 지속되는 이런 찰나의 가격 차이를 포착할 뿐 아니라 이를 통해 수십억 달러를 벌 방법을 찾아냈다.

이를 좀 더 잘 파악하기 위해 1킬로미터 길이의 철로 2개를 나란히 놓았다고 가정하자. 하나는 ETF의 가격을 나타내는 철로이고 다른 하나는 NAV 철로다. 이제 헬리콥터를 타고 1,500미터 상공에서 철로 주변을 맴돈다. 이제 철로 한쪽 끝에서 침목 5개를 빼냈다가 몇 분의 1초 뒤에 다시 제자리에 놓는다. 헬기에서 이게 보일까? 침목 5개가 사라졌다가 0.5초 뒤에 다시 나타나는 것이 보이는가? 당연히 보이지 않는다. 하지만 이와 유사한 과정이 ETF와 NAV의 가격에서 끊임없이 일어난다. 아주 미세한 불일치, 그러나 눈치채기 힘든, 단 1,000분의 1초 사이에 나타나는 극히 작은 불일치다.

이 책의 글들이 맨눈으로는 단정하게 보이지만 전자 현미경으로 보면 소용돌이 같은 원자 활동이 보이는 것처럼, 정량적 방법(퀀트)을 사용하는 트레이더는 거래를 확대하여 ETF 가격과 NAV의 차이를 본다. 그들은 이런 차이가 반드시 같아지리라는 것을 알고 그 차이에 베팅을 한다. 그것은 마치 바다의 조수와 같다. 지금 썰물이다. 물이 다시 들어온다는 데 10억 달러를 베팅을 하겠는가? 당연히 할 것이다. 이 알고리듬, 이 정교한 일련의 코드들은 종일 가능성 있는 차익을 찾아내 베팅한다. 이들은 절대 틀릴 리 없는 한 가지 확실한 사실에 베팅한다. 바로 ETF를 NAV 가격으로 ETF 스폰서에 팔거나 받을 수 있다는 사실이다.

이들 새로운 마켓 메이커들은 패시브 투자자들이 시장을 지배하도록 돕기 위해 어떤 역할을 한다. 무슨 역할일까? 하지만 이때 유독한 칵테일이 만들어지고 있으므로 포트폴리오 구성에 주의가 필요하다.

이들이 ETF의 기초가 되는 NAV와 ETF 가격 사이에서 수백만 건의 거래를 체결하면 거래량이 급증한다. 그렇게 되면 시장에 엄청난 양의 유동성[1]이 유입되리라 생각할지 모른다. 그러나 거래량은 대부분 대형주에 집중된다. S&P 500에서 상위 20개 종목이 지수에서 차지하는 비율이 일일 평균 거래량의 40퍼센트 이상이기 때문이다. 하위 400개 종목을 합쳐도 30퍼센트가 될까 말까인데 말이다. 다시 말해 거래량은 대부분 애플과 마이크로소프트, 아마존, 구글, 메타(페이스북), 엔비디아 그리고 특히 테슬라 같은 대형주에 집중되어 있다.

왜 마켓 메이커들은 이들 종목에만 몰릴까? 한 가지 이유는 상당수의 ETF에서 이들 종목이 차지하는 비중이 지나칠 정도로 크기 때문이다. 이들 종목은 QQQ 같은 나스닥 ETF의 약 50퍼센트, SPY와 뱅가드^{Vanguard}

S&P ETF(VOO) 같은 S&P ETF의 30퍼센트를 차지한다. 아마존과 테슬라는 둘이 합해 자유소비재 ETF(XLY)의 40퍼센트를, 메타와 구글은 통신서비스 ETF(XLC)의 50퍼센트 이상을 차지한다. 이 밖에도 많은 예가 있지만 이 정도면 대충 감이 잡힐 것이다. 마찬가지로 중요한 것은 마켓 메이커가 아이셰어스 iShares 나 스테이트 스트리트 State Street 같은 ETF 스폰서를 찾아가던가 아니면 뱅크오브뉴욕 같은 은행에 가서 ETF의 주식을 만들거나 상환할 수 있다는 것이다. 예를 들어 마켓 메이커는 은행 데스크의 요구에 따라 대형주 몇 가지를 매수하고 소형주 몇 가지로 바스켓을 채운 다음 해당 바스켓을 NAV 가격으로 내놓아 ETF 주식으로 교환할 수 있다. 또는 그 반대로 ETF를 내놓고 ETF에 있는 주식 몇 가지를 바꿔올 수도 있다. 이런 상시 교환 가능성은 ETF 기능의 핵심적 요소다. 왜냐하면 ETF는 가격을 NAV와 어느 정도 맞춰 유지하기 때문이다. 주식 바스켓을 ETF로 전환할 수 없으면 그 펀드는 NAV보다 큰 폭으로 할인된 가격으로 장기간 거래될 수 있다. 이것이 ETF가 뮤추얼 펀드 같은 개방형 펀드와 차별화되는 점이다. ETF는 대폭 할인된 가격으로 장기간 거래되는 경우가 많다.

마켓 메이커가 이기려면 누구보다 빨라야 한다. 그들의 알고리듬이 남들보다 먼저 가격 데이터를 받아야 먼저 거래를 체결하고 먼저 매도할 수 있다. 하지만 정보라는 게 모두 동시에 도착하는 것 아닌가? 그렇다. 기본적으로는 동시에 도착하지만 이 게임에서 시간은 우리가 아는 시, 분, 초로 나뉘는 그런 시간이 아니다. 여기서 말하는 시간은 미시적 시간이다. 그런 맥락에서 보면 정보는 전혀 다른 시간에 도착한다. 0.9초 걸려 도착하는 정보가 있는가 하면 어떤 정보는 0.5초 만에 온다. 심지어 단 몇천분의 1초 차이로도 차익거래를 할 수 있다.

초단타매매 트레이더는 경쟁자보다 1,000분의 1초 또는 몇십억분의 1초의 우위를 점하기 위해 돈을 아끼지 않는다. 댄 스피비^{Dan Spivey}의 경우를 보자. 그는 시카고옵션거래소^{Chicago Board Options Exchange}에서 남다른 능력을 발휘해 유명해진 트레이더다. 미시시피 출신인 스피비는 평생 강에서 어망을 던지며 사는 어부처럼 딱 벌어진 어깨와 짙은 갈색 머리에 슈가 레이 레너드^{Sugar Ray Leonard}의 펀치에도 끄떡하지 않을 것 같은 턱선을 가졌다. 2009년에 그는 선물 계약에서 주식을 차익거래하겠다는 절묘한 계획을 세워, ETF와 NAV 간에 나타나는 것과 같은 불일치로 자그마한 수익을 냈다. 문제는 선물 계약은 시카고에서 거래되고 스파이더 ETF^{Spider ETF}는 뉴욕에서 거래된다는 점이었다. 두 도시는 광섬유 케이블로 연결되어 있었지만 그 케이블은 구불구불한 경로를 만들며 앨러게이니산맥을 통과했다. 스피비는 바로 이런 점이 비효율성을 낳는다고 생각했다. 그는 시카고상품거래소^{Chicago Mercantile Exchange}와 뉴저지 카터렛의 나스닥 데이터 센터를 직선으로 연결하는 케이블을 구축하여 1,000분의 3초를 단축했다. 퀀트 세계에서 이는 약 5시간에 해당한다. 그는 1,323킬로미터의 광섬유 케이블을 여러 차익거래 회사에 임대하여 수억 달러의 수익을 올렸다.

이것이 월스트리트 트레이딩 회사들의 새로운 사고 패턴이며, 그 때문에 분기마다 CEO와 CFO가 실적에 대한 난감한 질문에 답해야 하는 실적 발표장은 빈 대기실처럼 썰렁해져 간다. 트레이더들은 더는 손익이나 2년 전망 같은 기초 조건을 찾지 않는다. 회사가 파산하든 말든 그들은 관심이 없다. 요즘 그들의 관심은 온통 나노초 차이에서 쥐어짜낼 수 있는 차익거래의 기회다. 그들의 관심은 회사의 소득이 아니다. 그게 무엇이든 차익거래를 할 수 있을 만큼의 가격 차이가 거의 없기 때문이다. 그리고 거래의 유효

기간이 무한히 짧다면 수익은 무한대로 커질 수 있다. 펀더멘털? 그런 건 쓰레기통에 버려라. 이건 나를 위한 게임이다!

앞서 설명했듯이 리먼 사태가 시작된 이후부터 2021년 말까지 연준은 9조 달러의 자본을 시장에 투입하여 주식부터 부동산까지 모든 것의 자산 가치를 부풀렸다. 탁월한 예지력으로 '개혁 브로커Reformed Broker'라는 별명을 얻은 조시 브라운Josh Brown은 2012년 획기적인 블로그에서 '끝도 없는 매수endless bid'라는 현상을 설명했다. 그는 기관이 끊임없이 주식을 사들이고 보유하는 과정을 설명했다. 연준이 시장에 유동성을 과도하게 공급한 탓에 시장이 물에 잠기자, 이들 기관은 결국 금융 자산에 대해 '끝도 없는 매수 주문'을 냈다. 401(k)에서 흘러나온 자금은 ETF와 그 밖의 패시브 투자 상품으로 몰려들었다. 연준이 계속 시장을 키우고 있다면 굳이 종목을 따질 필요가 없다는 게 개인 투자자들의 생각이었다. 어차피 주식 컨설턴트는 대부분의 경우 S&P보다 좋은 실적을 낼 수 없으니, 패시브 투자는 가능한 한 가장 저렴한 비용으로 시장을 소유하는 방법이다.

밀려드는 돈의 물결이 패시브 투자 상품으로 쏟아져 들어왔다. 패시브 투자는 그런 식으로 투자 세계를 지배하게 되었다. 하지만 거리의 선남선녀들은 자신의 401(k)가 S&P의 상위 15개 주식에 의해 납치되고 있다는 사실을 모른다. 패시브가 소유한 주식은 전부 그런 주식이다.

어떤 시기에 어느 정도의 비율이 되었을 때 패시브 투자의 시장 점유율이 위험해질까? 현재 패시브 투자자는 미국 전체 펀드 자산의 최소 50퍼센트를 통제한다. 2012년에 그들의 점유율은 25퍼센트가 고작이었고 21세기 초에는 한 자릿수에 불과했었다. 그리고 투자자들은 잘 모르지만 이런 지배력은 그들을 매우 심각한 위험에 빠뜨린다. 데이비드 아인혼 같은 사람들의 경고에 귀를 기울이는 사람은 거의 없다. 운전대를 잡은 채 잠든 투자자가 너무 많다.

패시브 투자자의 핵심 그룹은 S&P이든 나스닥이든 지수를 사기만 하는 편인데, 하루 동안 거래량가중평균가격^{VWAP}으로 매수한다. 대부분의 거래량은 거래가 시작됐을 때와 마지막 몇 시간에 이루어지기 때문에 패시브 주식의 흐름도 이 시간에 집중된다. 이들 매머드 투자자에겐 무엇보다 유동성이 중요하다. 유동성이 있어야 거래 비용과 리스크 프로파일을 모두 낮출 수 있기 때문이다. 테슬라 주식은 하루에 약 280억 달러가 거래되고 애플은 약 100억 달러 거래된다. 2억 6,800만 달러가 고작인 라스베이거스 샌즈$^{Las\ Vegas\ Sands}$와는 대조적이다. 심지어 월마트 주식 거래량도 매일 10억 달러밖에 되지 않는다. 독일의 소프트웨어 선두주자인 SAP나 프랑스의 에너지 대기업 토탈에너지^{TotalEnergies} 같은 유럽에서 가장 큰 주식의 일일 거래액도 3억 달러에 불과하다. 이를 보면 이들 메가캡 주식의 유동성이 어느 정도인지 알 수 있다. 패시브 투자자들이 갈망하는 것이 바로 이런 유동성이다. 매도해야 할 경우 애플이나 마이크로소프트에서는 몇 분 만에 빠져나올 수 있지만, 가령 라스베이거스샌즈를 대량 매수했다 빠져나오려면 며칠을 기다려야 한다.

대부분의 경우 흐름은 순매수가 되어 변동성을 억제하는 편이다. 장 막판에 어떤 펀드가 들어와 시장을 매수하면 VIX라는 변동성 지수가 하락한다. 이런 일이 매일 반복되면 실현 변동성$^{realized\ volatility}$이 낮아진다. 이는 또 다른 패시브 투자자 집단을 끌어들인다. 소위 변동성 타깃팅과 리스크 패리티$^{Risk-Parity}$ 전략을 구사하는 펀드들이다(이들은 몇 가지 주식을 섞어 매입하는데 보통은 지수와 국채를 함께 매입한다). 그렇게 되면 실현 변동성 수위가 낮

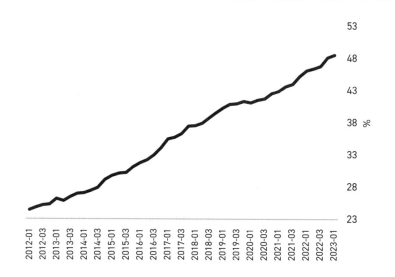

아지면서 기계적으로 자신들의 노출이 늘어난다. 중앙은행이 수천억 달러의 자산을 매입하고 금리를 여러 해 동안 제로 수준으로 유지하면 변동성은 완전히 무너진다. 그러면 이들 지수를 좇는 패시브 투자자들이 들어와 기계적으로 사들인다.

이는 상품 트레이딩 어드바이저CTA와 추세 추종 전략을 구사하는 또 다른 패시브 투자자들을 끌어들인다. CTA는 주로 기술적 지표에 따라 거래하며 시장이 변동성 크기나 이동평균 같은 특정 임계치를 돌파할 때 매수에 나선다. 예를 들어 S&P가 200일 이동평균을 돌파하면 CTA는 기계적으로 노출을 늘린다. VIX가 특정 임계치, 예를 들어 15 이하로 떨어지면 CTA는 레버리지를 늘려 주식을 더 많이 사들인다. 그 반대의 경우도 마찬가지다. 예를 들어 S&P가 50일 이동평균 아래로 떨어지면 CTA 알고리듬은 노출을 줄인다. 그러나 시장에 '무한 매수세'가 형성되는 기간에 CTA와 추세 추종자들은 매수하는 경우가 압도적으로 많다.

이런 자기 강화 과정이 장기간 지속되면 프리미엄을 받으려는 옵션 매도자가 몰려든다. 이들은 행사가격과 시가가 크게 다른 콜이나 풋, 즉 행사가격이 주식 또는 지수의 현재 가격과 큰 차이가 나는 옵션을 팔면서 그것들이 행사되지 않기를 바란다. 이들이 원하는 것은 오로지 프리미엄(옵션이 거래되는 가격)을 챙긴 다음 옵션이 만료되어 가치가 없어질 때까지 기다려 수익금을 챙기는 것이다. 이런 옵션 활동은 딜러들이 헤지를 위해 기초 종목이나 지수의 변동성을 결국 매도하기 때문에 변동성에 대한 압력을 더욱 높인다.

이는 비틀린 자기 강화 과정으로, 궁극적으로는 위험을 완전히 곡해하게 만든다. 이때 개인 투자자는 물론 포트폴리오 매니저나 액티브 투자자들도 낮은 변동성 지표와 시장 랠리를 보며 놓칠까 안절부절못하는 두려움 fear of missing out, FOMO에 사로잡힌다. FOMO는 21세기 금융계의 가장 치명적인 질병이다. 이들은 위험을 감당할 여유가 있다는 확신에서 시장에 뛰어들어 주식을 더 많이 사들인다. 그러나 패시브 투자자들은 시장 리스크 범위 전체를 제대로 측정하지 않은 채 정량적 모델에 따라 기계적으로 매수한다.

이렇게 되면 시간이 가면서 여러 계층의 패시브 투자자 외에 수많은 액티브 투자자의 매수가 더해지면서 대규모 투기 자본이 축적된다. 이어 주식이나 그 밖의 자산에 온갖 투기 거품이 낀다. 투자자들이 밈 주식을 사거나 기술주를 쫓아 배수를 천정부지로 밀어 올리는 것도 그 때문이다. 게임스탑 GameStop이 2021년 초 한 달 동안 2,400퍼센트 급등한 사례나 아직 자동차를 한 대도 생산하지 않은 리비안Rivian이 기업공개 당시 860억 달러의 시장 가치를 기록한 것도 이런 이유 때문이다. 사람들이 도지코인이나 원숭이 그림에 불과한 7만 달러짜리 보어드 에이프^{Bored Ape} 같은 대체불가토큰 NFT에 투자하는 것도 같은 맥락에서 봐야 한다.

시간이 가면서 이들 투기 자본은 몸집을 불리고 사정없이 변동성을 억누르는 이 비뚤어진 고리를 먹이로 삼는다. 만사가 그렇게 잘 굴러가는가 싶을 때 결국 뭔가 터지고 만다. 2018년에는 투기적 포지션 탓에 VIX가 급격히 치솟으면서 매도 프로그램 쓰나미가 몰려왔다. 몇 달 동안 꾸준히 주식을 매수하던 바로 그 패시브 투자자들이 한순간에 무차별 매도자로 돌변한 것이다. 문제는 뚜렷했던 유동성도 모두 함께 증발한다는 것이다. 변동성이 이렇게 급변하면 NAV와의 아주 미세한 ETF 편차에도 차익거래에 미친 듯이 달려들던 마켓 메이커들까지 사라진다. 시장이 자유낙하를 시작하면 소위 탑오브더북^{top of the book}(최우선 호가) 아래의 유동성은 칠레의 아타카마 사막(연간 강수량이 0.8밀리미터에 불과하다)처럼 말라버린다. 이때 투자자들은 시장 내부에서 모습을 드러내는 뱀의 정체를 똑똑히 봐야 한다.

이런 위험성을 무엇보다 잘 보여주는 사례는 2020년 3월의 코로나19 매도 광풍이다. 막강한 S&P 선물의 본거지인 시카고의 CME 그룹^{CME Group}에 따르면, 그달 오더북 규모(오더북에서 특정 시점에 거래 가능한 가격 수준의 수)가 90퍼센트 폭락했다. S&P E-mini 선물 시장은 2,000억 달러 규모지만 투자자들이 가장 필요로 하는 순간에 유동성이 증발해 버렸다. 눈을 씻고 봐도 사겠다는 사람이 없었다. VIX는 한 달도 안 되어 12에서 85로 600퍼센트 이상 급등했다. 거꾸로 S&P 지수는 불과 30일 만에 35퍼센트나 하락했다. 3월에만 검은 월요일이 2번, 검은 목요일이 한 번 있었다. 리먼 사태 때도 시장이 이런 폭으로 하락하는 데는 3개월이 걸렸다.

평소에는 바다처럼 유동성이 풍부한 미국 국채 시장도 요동을 쳤다. 엄청난 액수의 레버리지를 동원하여 국채 시장에서 수익률 차이를 거래하는 업계 최대 규모의 상대가치 헤지펀드 중 몇몇이 무너지기 일보 직전이라는 얘기가 돌았다. 이들은 아마 제롬 파월 연준 의장을 직접 압박하여 LTCM 같은 사태를 몇 번 더 보고 싶지 않으면 빨리 손을 쓰라고 다그친 것으로 보인다. 매수-매도 호가 스프레드로 측정했을 때, 국채 유동성 악화[2]가 독일이나 영국, 일본 국채보다 미국 국채에서 훨씬 더 두드러진 데에는 이런 이유도 중요하게 작용했다. 이들 나라는 상대가치 헤지펀드가 차지하는 비율이 미국에 비해 훨씬 작다. 급락을 막기 위해 연준은 금리를 제로로 인하했지만, 빠져나가는 물길을 막는 데는 별다른 효력을 발휘하지 못했다. 얼어붙은 금융시장을 녹이기 위해 무기한 양적완화와 알다가도 모를 약어로 된 1조 달러 규모의 신용 서비스를 발표하고 나서야 시장은 바닥을 쳤다.

코로나19 위기는 패시브 투자자들이 한꺼번에 출구로 달려갈 때 어떤 일이 벌어지는지 보여주지만, 이런 문제는 언제든 더 나빠질 수 있다. 2022년 봄에 시카고옵션거래소는 제로-데이 옵션[0DTE] (계약한 바로 그날 만기가 되는 옵션)을 주식시장 지수에 도입했다. 이 때문에 옵션 거래량이 폭발적으로 증가했다. 증권계에서 '데일리즈[dailies]'로 부르는 0DTE가 전체 거래량의 거의 50퍼센트를 차지하는 날이 많다.

장난감 자동차를 생각해 보자. 장난감이니 아무 데나 놓고 싶은 곳에 주차할 수 있다. 하지만 언덕에 주차하면 브레이크가 없기 때문에 자동차는 굴러 내린다. 언덕이 가파를수록 자동차는 더 빨리 구른다. 옵션의 감마는 언덕의 경사도와 비슷하다. 감마가 높을수록 옵션 가격은 기초자산 가격 변화에 더 민감하게 반응한다. 딜러는 감마를 이용하여 옵션북, 즉 옵션 포트폴리오의 리스크를 관리한다. 딜러의 감마가 양수이면 기초자산이 상승할 때 그들의 델타값도 증가한다.

명심할 것 한 가지. 옵션 델타는 기초자산 가격이 1달러 변할 때 옵션 가격이 얼마나 변동할지 그 예상치를 나타내는 척도다. 예를 들어 델타가 0.7인 옵션이 있는데 주가가 1달러 상승하면 옵션 가격은 0.70달러 올라간다. 시장의 주요 감마 헤저는 대형 기관과 일반 트레이더들이 거래하는 모든 옵션에 대해 거래상대방 역할을 하는 옵션 딜러. 딜러가 델타 헤지를 할 때 그들의 목표는 롱이나 숏 포지션을 상쇄하여 방향성을 중립으로 유지하는 것이다.

따라서 S&P 지수가 상승하면 딜러의 오더북의 델타가 증가하고 헤지 전략에 따라 기초자산, 그러니까 이 경우에는 S&P 선물 또는 S&P ETF(SPY)를 더 많이 매도해야 한다. 그러나 S&P가 하락하면 음수의 델타가 커지므로 델타를 중립으로 유지하기 위해 지수를 더 많이 매수한다. 이처럼 딜러의 주문 흐름은 반대 방향으로 작용하여 초기 가격 움직임의 크기를 제한한다. 감마가 음수이면 딜러는 정반대로 행동한다. 시장이 하락하면 매도하고 시장이 상승하면 매수한다. 이는 변동성을 키울 수 있는 강화 추세를 만든다.

늘 그런 것은 아니지만 대부분의 경우 옵션 감마는 양수이며, 종종 그 액수가 수십억 달러에 이를 때도 있다. 데일리즈를 도입한 덕에 옵션 거래량이 폭발적으로 증가하면서 감마 크기도 극적으로 커졌다. 감마의 크기는 상승장에서 딜러가 얼마나 매도해야 하는지, 하락장에서 얼마나 매수해야 하는지를 알려준다. 이런 행동은 그동안 실현 변동성에 막대한 영향을 끼쳐왔다. 시장이 상승할 때마다 딜러는 수십억 달러의 주식을 팔고, 시장이 하락할 때 주식을 사들인다. 이처럼 딜러와 반대로 움직이는 헤징의 힘 때문에 변동성은 뜨거운 여름날의 얼음조각처럼 녹아내렸다. 앞서 살펴본 대로 이 때문에 온갖 패시브 투자자들이 몰렸다. 이들은 실현 변동성이 어디에 있는 지에 따라 기계적으로 노출을 늘린다.

하지만 이들이 깨닫지 못하는 부분이 있다. 변동성이 낮은 것은 거시적 리스크가 사라졌기 때문이 아니라 옵션 투자자들이 자잘한 프리미엄을 챙기기 위해 데일리즈를 매도하기 때문이다. 시간이 갈수록 규모가 크고 일방적인 투기 자산 거품이 형성된다. 여러 집단의 패시브 투자자가 서로 겹겹이 롱 포지션을 쌓고 액티브 투자자도 섞이기 때문이다. 그러나 크든 작든 안 좋은 타이밍에 어떤 사건이 터지면 느닷없이 통제 불가능한 대량 매각 사태를 촉발할 수 있다. 금융시장이 미국 경제를 추진하는 핵심 동력이 되었기 때문에, 연준과 공공 정책 입안자들은 또 한 번의 경기 침체를 막기 위해 거의 즉시 개입해 '시장 구출'에 나설 수밖에 없다. 벤 버냉키 의장 자신도 리먼 사태 이후 의회 청문회에서 그렇게 말했다.

하지만 우리는 정책 입안자들이 점점 더 큰 규모의 구제책을 내놓을 수밖에 없는 현실을 익히 보아왔다. 인플레이션이 너무 높아 연준이 무기한 양적완화를 시행할 수 없다면 그때는 어떻게 될까? 부채가 이미 감당할 수 없는 수준이고 외국인이 더는 미국 국채를 매수하지 않아 의회가 또 다른 수조 달러 규모의 재정 부양책을 승인할 수 없게 된다면?

금융시장의 엄청난 자본 왜곡

2021년 말에 20조 달러가 나스닥 100 종목에 묶여 있었다. 이 종목을 추종하는 대규모 QQQ ETF를 통해서였다. 나스닥 100은 상위 8개 종목에 48퍼센트가 집중되어 있다. 미국은 패시브 투자를 통해 채권과 성장주 등 금융 자산에 지나치게 많은 돈을 투자해 왔다. 하지만 그런 것들은 그래봐야 대부분 실현되지 않은 미래 수익성을 전제로 한 기업의 약속어음에 지나지 않는다. 그런가 하면 XLE 에너지 ETF의 주식은 시가총액이 1조 6,000억 달러밖에 되지 않는다. 글로벌 금속 및 광산업 ETF의 구성 종목의 시가총액은 총 1조 8,000억 달러다. 경질 자산에 투입된 돈은 3조 달러를 겨우 넘겼는데 성장주에 20조 달러가 넘는 돈이 투자된 것이다. 문제는 1968~1980년 같은 고인플레이션 체제에 접어들면, 시장이 성장주에서 빠져나와 경질 자산이나 가치주로 의미 있게 순환하는 패턴을 보인다는 점이다. 평균적인 미국인의 포트폴리오가 성장주 위주로 구성되었기 때문에 인플레이션 시기에 비슷한 순환이 일어나면 엄청난 금융 대학살이 빚어질지 모른다.

인구학적 시한폭탄

투자에는 유명한 격언이 있다. "당신 나이를 보라. 그것이 곧 채권에 투자해야 할 백분율이다." 다시 말해 나이가 들수록 주식의 보유량을 줄여야 한다.

그래서 이제 패시브 투자라는 주제의 결론을 내릴 때가 됐다. 그러려면 미국의 인구 변화를 집중적으로 살펴봐야 한다. 베이비붐 세대에서 가장 나이가 많은 사람은 2022년에 78세가 되었는데, 이들 중에는 현대 의학과 신

기술과 영양학의 발전으로 90대의 삶을 누리는 사람들이 많아질 것이다. 하지만 재정적인 측면에서 보면 이들은 전장의 상흔을 안고 사는 세대다. 리먼브러더스 사태에 이어 코로나19 락다운과 2022년 기술 부문의 폭락까지 이들은 때마다 부상을 입고 비틀거렸다. 지금은 어떤가? 인플레이션이 기승을 부리고 우크라이나에서는 전쟁이 벌어지고 있으며 중국은 대만에 대한 압박 수위를 높이고 유럽연합은 재앙에 가까운 에너지 위기와 싸우고 있다. 세계는 불안하고 주식시장은 위험한 투자라는 것을 스스로 입증해 보였다. 적어도 단기적 관점으로는 그렇다. 시장에 대형 폭락 사태가 또 한 번 닥치면 부머 세대들 대부분은 더는 재기하지 못할 것이다.

지난 20~30년 동안 매년 엄청난 돈이 주식시장으로 유입되었다. 베이비붐 세대의 소득이 최고조에 달했던 시기였다. 베이비붐 세대가 보유한 자산은 78조 달러에 달하지만, 밀레니얼 세대의 자산은 7조 달러밖에 되지 않는다. 하지만 이제 베이비붐 세대는 주식에서 손을 떼고 채권 펀드에 투자한다. 그들은 넌더리가 났다. 그들은 마틴 츠바이크Martin Zweig의 조언처럼 위험이 적고 꾸준한 수입원을 원한다. 우리도 그렇게 조언하곤 했다. 따라서 패시브 투자 수단을 통해 시장에 유입되는 엄청난 양의 자금은 끝을 향해 가거나 적어도 거짓말처럼 사라질 것이다.

예상이지만 앞으로 10년에 걸쳐 10조 달러가 주식에서 빠져나와 채권과 경질 자산(원자재)으로 옮겨 갈 것으로 보인다. 지금부터 10년 뒤면 가장 나이가 많은 부머 세대는 88세가 될 것이고 가장 젊은 부머 세대도 은퇴하게 된다. 연준이 부양책을 쓰지 않고 대신 인플레이션과 맞서 싸우면 자산을 채권으로 옮겨야 하는 압박이 더 거세질 것이다. 내가 이런 생각에 오싹해져 잠을 편히 잘 수 없는 이유는 금융계 언론인 중에 저금리와 양적완화가 없는 세상에서의 주식시장 수익률을 눈여겨보는 이가 아무도 없기 때문이다.

요즘 우리는 츠바이크가 인정하는 주식시장을 다루지 않는다. 패시브 투자로 갈아타는 규모가 커지면서 자신의 포트폴리오를 직접 관리하는 보통 사람들이 점점 더 늘어난다. 그리고 ETF에 유입될 수 있는 자본의 양에는 한계가 없다. 하지만 또 다른 큰 충격이 시장을 강타한다면? 25조 달러가 무모한 공황 상태에서 포지션을 해제할 때, 그 아수라장을 헤쳐 나갈 전문 포트폴리오 매니저가 없다면? 그렇게 되면 한 번도 본 적이 없는 걷잡을 수 없는 대량 매도 사태가 연쇄적으로 발생할지 모른다.

그래서 이제 우리는 이 책에서 투자자들이 알아야 할 가장 중요한 통계자료를 하나 소개하지 않을 수 없다. 미국의 가계 자산과 투자자들의 자본 배분을 생각해 보자. 골드만삭스에 따르면 최근 10년 동안 주식은 가계 금융 자산의 거의 40퍼센트까지 급증했다. 2010년대에 28퍼센트였고, 2000년대에 18퍼센트, 1990년대에 33퍼센트, 1980년대에 17퍼센트, 인플레이션이 심했던 1970년대에 11퍼센트였던 점을 생각하면 얼마나 큰 폭의 증가인지 알 수 있다. 집단 순응 사고가 시장을 지배한 것이다.

연준은 시장이 급락할 때마다 궁지를 모면하고 부양책을 내놓겠다고 사실상 약속함으로써 주식에 자금이 계속 유입되도록 했다. LTCM 구제 금융과 닷컴 붕괴부터 리먼 사태와 코로나19 사태에 이르기까지 지난 30년 동안의 연준의 대응이 어땠는지 보라. 하지만 한 가지 문제가 있다. 부양책은 인플레이션이 낮고 연준이 다른 경제에 당장 피해를 주지 않으면서 수문을 열 수 있을 때만 효과를 발휘한다. 인플레이션이 발생하거나 발생할 위험이 있다면, 연준도 무너지는 시장을 구제할 생각은 꿈도 못 꿀 것이다. 그렇게 되면 인플레이션이 20퍼센트까지 치솟아 미국 국민으로서는 감당할 수 없는 부담을 떠안게 된다. 미국 경제는 신용이 그 기반이고 국가의 총부채액은 101조 달러에 달하며 그 대부분이 단기변제부채이기 때문에 인플레이션이 상승하면 이자율이 올라간다. 그 결과는 상상할 수 없을 정도로 심각하다.

이전에 있었던 여러 차례의 위기에서는 인플레이션이 0~2퍼센트대에 머물렀고 물가 급등의 위험도 낮았다. 인플레이션이 고착되어 5퍼센트나 그보다 높은 어딘가에서 유지되면 그것이 곧 위험이다. 연준도 그 사실을 안다.

이런 비우호적인 다극 세계에서 베이비붐 세대가 80세에 가까워지고 국채 금리가 지난 10년보다 훨씬 더 높아지는 상황이 계속되면 조시 브라운의 '끝없는 매수'는 얼마 안 가 '끝없는 매도'로 돌변할 것이다.

자본의 극심한 거품은 인구 역전으로 이어질 가능성이 높다.

고수들이 말하는 투자 이야기
데이비드 아인혼과의 인터뷰

"24번가로 갑시다… 24번가로 가야 돼요." 내가 택시 기사에게 말했다.

"24번가요? 24번가로 갔으면 좋겠어요?" 룸미러를 통해 그는 나를 보며 찡그렸다.

"네, 24번을 타세요. 여긴 너무 막혀요."

2022년 2월 초, 나는 그린라이트캐피털 Greenlight Capital 의 데이비드 아인혼을 만나는 2시 30분 약속에 맞추기 위해 가던 중이었다. 아인혼은 아마 누구보다 예리한 판단력을 가진 트레이더일 것이다. 아인혼을 처음 만난 것은 2008년이었다. 그는 블룸버그 뉴스에 출연해 리먼브러더스의 대차대조표에 정차하고 있는 부채의 화물열차와 그걸 공매도해야 하는 이유를 설명하고 있었다. 그 장면은 앞으로도 절대 잊지 못할 것이다. 그는 뛰어난 예지력 덕분에 리먼이 무너졌을 때 큰돈을 벌었다. 그의 저서 《공매도 X파일 Fooling Some of the People All of the Time》은 투자의 고전이자 베어트랩스리포트에서 가장 인기 있는 책이다.

아인혼의 하루는 분 단위로 스케줄이 짜인다. 그는 악명 높을 정도로 민첩하다. 어쨌든 뉴욕증권거래소에서 그랜드센트럴까지 3.5킬로미터를 오는 데 1시간이 걸리고 말았다. 다른 곳이었다면 7분밖에 안 걸렸을 거리였다.

신호등이 녹색으로 바뀌자 택시 기사는 갑자기 속도를 높이더니 버스와 택시와 택배용 승합차들이 몰려 있는 3개 차선을 가로질렀다. 모든 차들이 경적을 울려댔다. 지옥 같은 도로에서도 그는 마치 시골길을 어슬렁거리는 듯 무심한 말투로 페르시아어로 휴대폰에 대고 계속 뭐라 말했다. 몇 분 후 그는 그랜드 센트럴타워 앞에 나를 내려주었다.

2시 25분에 나는 엘리베이터를 나와 미국에서 가장 인상적인 헤지펀드의 사무실에 들어섰다. 리셉션 구역은 먼지 하나 없이 깨끗했고 고졸한 카펫과 싱싱한 꽃다발이 꽃병에 한 아름 담겨 있었다. 랄리크 Lalique 꽃병인 것 같았다. 안내를 받아 회의실로 들어가자 차 한 잔이 나왔다. 책장에는 여러 기업들의 IPO와 자본시장 거래(주식과 채권 발행) 때 받은 갖가지 트로피가 놓여 있었다. 그린라이트가 그들 발행의 전 과정을 도왔을 뿐 아니라 높은 실적을 안겨주었다는 사실의 증거물이었다. 사실 그런 능력은 그가 행정학을 전공한 코넬 대학교 시절부터 시작되었다. 그는 나중에 모교에 5,000만 달러를 기부하여 인게이지드코넬이니셔티브 Engaged Cornell Initiative 를 발족했다.

아인혼은 사업을 시작한 1996년 이후로 수많은 역경을 이겨냈다. 캡코 Capco 의 보고에 따르면 신규 헤지펀드는 50퍼센트가 실패하고, 살아남은 헤지펀드도 지뢰밭 같은 장애물을 만난다고 한다. 중요한 것은 언제나 실적이다. 예외가 없다. 실적이 부진하거나 손실이 발생하면 얼마 안 가 문을 닫아야 한다. 그린라이트는 모범적인 실적과 나무랄 데 없는 윤리의식을 바탕으로, 설립 첫 10년 동안 연간 20~30퍼센트의 수익을 올렸다. 언젠가 워런 버핏이 이런 질문을 던진 적이 있다. "투자 결정을 내렸는데, 그 결정이 〈뉴욕타임스〉 1면에 실린다면 기분이 좋을까?" 아인혼이라면 "그렇다"고 대답할 수 있을 것이다.

하지만 나는 투자 얘기를 하러 간 것이 아니었다. 그보다는 훨씬 더 시급한 얘기가 있었고 그건 지난 몇 년 동안 그와 토론을 계속해 온 의제였다. 바로 전체 시장 구조에 지각변동을 일으키고 있는 패시브 투자와 ETF 얘기였다. 메인스트 리트 투자자들에게는 이런 변화가 눈에 보이지 않겠지만, 사실 여기에 함축된 의미는 절대 가볍게 볼 문제가 아니었다.

정확히 오후 2시 30분, 데이비드 아인혼이 회의실로 들어왔다. 그는 검은 머리를 단정하게 다듬고 평소처럼 깔끔하게 다림질된 슬랙스와 단추가 달린 빳 빳한 셔츠를 입고 있었다. 2020년 락다운 이후로는 본 적이 없었지만, 그것은 내가 전부터 익히 알던 그의 모습이었다.

우리는 악수를 나누고 자리에 앉았다. "래리, 90퍼센트 하락한 주식을 뭐 라고 부르죠?" 그는 잠시 뜸을 두더니 말했다. "80퍼센트 하락했다가 거기서 반 토막 난 주식이라고 해야 해요."

처음에는 웃었지만 농담이 아니라는 것을 깨달았다. 아인혼의 표정은 포커 의 고수들처럼 좀처럼 읽히지 않을 때가 있다. 아인혼이 주로 하는 포커 게임은 노리밋홀덤No-Limit Hold'em으로 한때 그는 거기서 세계 랭킹 18위까지 올랐었다.

"가격이 2배가 못 됐다고 해서 한심하다고 할 수는 없지만, 가격이 내려갈 때는 아무도 그 가치를 알지 못합니다. 미실현된 가치에서 떨어진 건 맞지만, 그 게 여전히 실현되지 않은 것일까요? 주가수익비율이 낮을 만큼 낮아진 걸까요, 아니면 더 낮아질까요? 이 질문에 대한 답을 아는 사람은 아무도 없어요. 가치 투자자들이 사들이기 시작한다 해도 얼마를 더 기다려야 시장이 이런 이탈을 알 아차릴 것 같습니까?"

리먼 사태 이후 투자 세계가 끊임없이 변화하고 ETF가 엄청나게 확장되 는 과정을 말하는 것이었다. 2002년에 102개였던 ETF가 리먼 사태 직후에는 1,000개를 넘겼고 2022년에는 7,100개로 늘어났다. SPY ETF에 담긴 자산은 3,280억 달러로 미국 해군을 운영하고도 남을 규모다. 사실 요즘은 주식보다 ETF가 더 많다. 대형주, 소형주, 기술주, 산업주, 운송, 신흥시장, 대형 은행, 리스 크온, 리스크오프 등, 메뉴는 끝이 없으며 이들은 25조 달러에 달하는 현금 더 미로 이 시장을 지배한다.

"패시브 투자 그 자체는 잘못된 것이 없지만, 10년 사이에 4~5조 달러가 들어오면 블랙록과 뱅가드 같은 회사들은 결국 테이블에서 훨씬 더 큰 자리를 차지하게 됩니다." 그는 계속했다. "기업 실사를 통해 주가를 끌어올리려고 회사를 추적하는 행동주의 펀드 매니저의 입지는 크게 좁아졌어요. 이제 실적 발표 화상회의에서도 매수하는 측이 질문하는 경우는 매우 드뭅니다." 그는 잠시 말을 멈췄다. "기업도 대부분 최대 주주는 패시브 투자자예요. 시장 전체를 소유하면서 특정 주식의 움직임에 별반 신경 쓰지 않는다면 다른 의제로 넘어갈 수 있죠. ESG나 다양성이나 그 밖에 체크박스 유형의 의제 말입니다. 이런 건 기업이 자본을 제대로 배분하는 결정과는 무관한 의제예요.

내가 끼어들었다. "그러면 이게 주식과 시장이 움직이는 방식에 어떤 영향을 미쳤습니까?"

아인혼은 껄껄 웃었다. "패시브 펀드의 가장 큰 문제는 더는 자신의 논리를 따르지 않는다는 겁니다. 그런 건 '시장은 나보다 더 똑똑하기 때문에, 나는 끊임없이 생각하는 저 모든 사람들보다 더 빠르고 더 깊이 생각하려 애쓰지 않는다'는 철학이 있을 때만 의미가 있는 겁니다. 다시 말해 내가 어떤 주식 지수를 매수하고 그 지수가 시가총액에 따라 가중치가 부여됐다면, 나는 가격 수용자가 될 수 있기 때문에 가격을 결정하지 않고도 시장에 참여할 수 있는 거예요. 그러나 거래와 투자 흐름에서 패시브 비율이 아주 높아지면, 패시브 펀드는 가격 수용자에서 가격 결정자로 바뀝니다. 가격을 결정하는 주체가 되면, 시장이 효율적이고 다른 사람들도 이미 그걸 알고 있다는 주장은 더는 할 수 없습니다. 왜냐면 방금 그 모든 분석을 어쩔 수 없이 훑어봤으니까요. 그러면 결과적으로 상당한 규모로 가격이 잘못 책정되고 자본도 잘못 배분되어 결국 패시브 펀드의 투자자가 그 부담을 고스란히 떠안게 됩니다."

"세상에." 누구에게 하는지도 모를 탄식이 나왔다. 그 모든 잠재적 거품과 그게 터질 경우 일어날 재앙이 머릿속을 맴돌았다. ETF 중 얼마나 많은 금액이 자기 충족 사이클의 작용일까? 그 사이클에서 어떤 자산이 어쩌다 특정 ETF에 들어있다는 이유만으로 가격이 상승할까? "롱텀캐피털이 구제금융을 받은 이후 우리가 여기까지 왔다는 걸 믿을 수 없어요." 내가 말했다. "그냥 파산하게 놔뒀어야 했는데 말이에요."

아인혼은 자리에서 일어나더니 창문으로 걸어가 도시를 내다보았다. 이중 유리창이고 24층인데도 자동차 경적이 들렸다.

"믿기 힘들죠." 그가 말했다. "투자자들이 돈을 투자하고 싶어 하는 그런 분기점이 있어요. 인덱스 펀드에 들어가지 않은 돈은 죄다 대형 기술주나 대형 성장주나 파괴적 혁신 기업에 투자되고 있습니다. 전통 산업은 투자도 잘 안되고 관심도 거의 못 받아요. 그 말은 그런 전통적인 기업들은 차입 비용이 아주 낮아도 결국 자기자본 비용(자본 조달을 위해 신주를 발행하는 데 드는 비용)이 매우 높다는 뜻이에요. 결과적으로 주주들은 기본적으로 이렇게 말하죠. '자기자본 비용이 너무 높으니 잉여현금흐름이 있으면 얼마를 벌든 더 많이 벌 생각하지 말고 우리에게 줘야 한다'고 말입니다. 그렇게 실물 경제에 대한 투자는 계속 부족했어요. 시장에서 그 부분이 자본을 끌어들이지 못했기 때문이죠."

나는 깜짝 놀랐다. 아인혼은 캘거리에서 라피 타마지안이 말하는 투자 심리를 되풀이하고 있었지만, 그는 그런 경향이 금융 부문에서도 경질 자산에 대한 과소 투자를 유발하는 것을 목격했다. 나는 그 얘기를 좀 더 하도록 몰아세웠다. "제가 보기엔 석유 산업이 특히 그런 것 같은데요. 그렇지 않나요?"

"맞아요, 래리. 지금 유가가 상당히 높지만 그런 상황이 보여요. 과거 같으면 이럴 경우 설비 투자와 탐사를 더욱 부추겼을 텐데, 지금은 그런 모습이 별로 보이지 않습니다. 주주들은 '그렇게 하지 말고 배당금을 높이고 환매도 크게 하라'고 말해요. 주주들은 심지어 석유를 더 많이 찾아내는 것조차 바라지 않아요. 정치적 압력 때문이죠. 빅 오일이 스몰 오일이 되려고 기를 쓰는 판국이라고요! 하지만 시장에 공급을 늘리는 데 필요한 자본 투자가 이루어지지 않기 때문에, 결국 오랫동안 훨씬 더 높은 가격을 유지할 수 있습니다. 그리고 이것도 인플레이션 때문에 일어나는 일이죠." 아인혼은 시멘트에서 수송에 이르기까지 지루하지만 중요한 비즈니스가 기술 부문에 몰리는 투자에 비해 자본 부족으로 어려움을 겪는다고 강조했다.

아인혼의 메시지에서 한 가지는 분명히 얻을 수 있다. 무역과 공급망 효율성이 완벽한 단극 세계에서는 자본의 방향이 잘못되어 미국처럼 자국 내 생산이 점점 줄어든다 해도 그것이 꼭 인플레이션을 유발하는 것은 아니다. 반면에 다극 세계에서는 이런 역학 관계가 장기적인 인플레이션 추세를 가속할 수 있다. 가장 중요한 자원이 대부분 지구상에서 정치적으로 매력적이지 않은 지역에 있는 경우에는 특히 그렇다.

나는 다 마신 찻잔을 내려놓고 잠시 그가 한 말을 되새겨 보았다. "제가 배웅해 드리죠." 그가 말했다. "3시 30분에 회의가 있어 일어나야 하거든요."

내가 자리에서 일어나자 아인혼이 문을 열어주었다. 우리는 다시 로비로 나갔다. 이곳은 완전히 분리된 사무실의 일부로, 헤지펀드의 모든 비밀이 철저히 보호되는 트레이딩 플로어와는 동떨어진 곳이었다. 그들의 사무실은 모양이 모두 같았다. 고객과 손님이 트레이딩 플로어로 잘못 들어서 펀드가 관리하는 수십억 달러의 일상적 움직임을 훔쳐볼 방법은 없었다. 그곳에는 신비로운 분위기가 감돌았고, 그 장소에 대한 확실한 존경심이 있었다. 나는 그린라이트의 대단한 인재들, 즉 데이비드 아인혼과 그의 팀이 미래에 대해 어떤 포지셔닝을 취하는지 꼭 알아내고 싶었다. 그래서 그가 엘리베이터 버튼을 눌렀을 때 다시 물었다. "에너지 부문에 노출을 늘리는 것 외에 요즘 이곳 애널리스트들이 내세우는 게 또 있나요? 패시브 투자의 특정 트렌드에서 이익을 얻으면서도 전체가 폭락할 경우 보호받을 수 있는 자산은 무엇입니까?"

"구리와 은이 괜찮을 것 같아요." 그가 말했다. "돈은 친환경 쪽으로 가겠죠. 그런데 전기자동차 쪽으로 가려면 자동차 엔진이나 자동차 충전기, 전력망에 가중되는 부담을 처리할 구리가 많이 필요할 겁니다. 그리고 채굴을 꺼리기 때문에 앞으로 10년간 작업이 예정되어 있는 구리 광산의 수는 10년 또는 15년 전의 절반도 안 되는 2~3개에 불과할 겁니다. 그리고 새로운 구리 광산을 시장으로 가져오는 데 10년이 걸릴 수도 있어요. 조만간 그럴 계획이 없다면 시간이 어느 정도 지나야 상황이 바뀔 겁니다."

엘리베이터 도착을 알리는 벨이 울리고 문이 열렸다. 아무도 없었기 때문에 아인혼은 로비로 내려가는 동안 말을 이어갈 수 있었다.

"이 모든 것이 구리 가격을 높은 상태로 유지하는 데 도움이 될 겁니다. 은도 마찬가지예요. 태양광 패널 설치로 수요가 급증하면서 산업용 금속으로 사용량이 점점 더 늘어나는 추세니까요. 중기적으로 본다면 이미 주자가 너무 많아진 전기자동차 분야에서 누가 이길지 알아내려 하기보다 구리 회사나 구리를 채굴하는 회사에 투자하는 편이 훨씬 더 합리적이에요."

"하긴 '골드러시 때 부자가 되고 싶으면 삽을 팔아라'는 옛말도 있으니까요." 내가 말을 받았다.

"옛날이나 지금이나 다를 게 없지요."

엘리베이터 문이 열렸고 우리는 넓은 홀을 지나 보도로 걸어 나갔다.

"정말 많이 배웠습니다." 악수를 나누며 내가 말했다. "덕분에 우리 제조업을 해외로 옮기고 한 줌의 승자에게만 집중하는 근시안적 금융시장을 다시 한번 생각할 수 있었습니다."

"그런데 ETF는 이런 추세를 더욱 악화시키기만 하죠." 그는 동의했다. "이런 시장에서는 승자가 모든 걸 가져갑니다. 조심히 가세요, 래리."

택시를 잡으려 손을 들다 뒤돌아보니 아인혼은 이미 자신의 왕국으로 돌아가고 없었다. 그와 이야기를 나눌 때마다 느끼는 생각이지만 그는 내가 만난 사람 중 가장 똑똑한 사람인 것 같다. 2022년 남은 기간에도 그 느낌은 계속될 것이다. 겨울이 봄으로 그리고 다시 여름으로 바뀌면서 인플레이션이 급증했다. 초긴축 석유 공급으로 인해 에너지 비용이 높아졌기 때문이었다. 인플레이션의 상승을 막기 위해 연준은 순식간에 강성 매파로 돌아서 금리를 인상하겠다고 위협했고, 그 바람에 주식이 휘청거렸다. 특히 금리 인상에 가장 취약한 주식은 폭락을 면치 못했다. 전체적으로 S&P 500 지수는 19.6퍼센트 떨어졌다. 2008년 리먼 파산 이후 최악의 시장 실적이었다. 하지만 데이비드 아인혼의 그린라이트 캐피털은 정반대였다. 그린라이트는 대세인 기술, 금융, 성장 부문을 따라가지 않고 자신만의 길을 걸었다. 그들의 포지셔닝은 단순히 인플레이션에 강한 정도가 아니라 새로운 패러다임에서도 성공할 수 있다는 것을 입증해 보였다. 2022년 이 펀드의 전체 수익률은 36.6퍼센트로, S&P 대비 56.2퍼센트의 알파(주식이나 펀드의 수익률이 시장 수익률을 능가하는 비율)라는 믿어지지 않는 기록을 세웠다.

자신만의 길을 가야 한다. 그래야 좋은 성과를 낼 수 있다. 하지만 그 많은 펀드 매니저와 시장 참여자들이 같은 거래에 몰리는 데에는 그럴 만한 이유가 있다. 아마도 어떤 시점에 그것이 돈을 벌고 있기 때문일 것이다. 하지만 미래의 어느 시점, 가령 2개월 뒤나, 1년 뒤, 5년 뒤에는 그렇지 않을 것이다. 내가 금융업에 종사하면서 배운 가장 큰 교훈 중 하나가 바로 그 점에 관한 것이었다. 정말로 존경할 만하고 투자 철학이 뚜렷한 어떤 투자자가 어떤 종목에서 강세 포지션을 취하는 걸 봤다고 하자. 아마 2배로 늘리는 것을 볼 수도 있을 것이다. 그런데 그 종목이 힘이 빠져 당분간 횡보하거나 심지어 하락세를 보이는 경우도 있을 것이다. 이런 경우는 알고 보면 거의 예외 없는 훌륭한 투자다. 보통 그런 투자자에겐 아직 완전히 실현되지 않은 훌륭한 통찰력이나 아이디어가 있다. 나는 내가 아는 최고의 펀드 매니저들이 그렇게 하는 것을 수도 없이 보아왔다.

내가 가장 좋아하는 사례는 데이비드 아인혼이 미국 주택건설회사인 그린브릭파트너스^{Green Brick Partners}의 주식 GRBK에 대해 여러 해 변함없는 믿음을 보여준 경우다. 아인혼은 미국의 주택 공급이 장기적으로 부족하기 때문에 2014년 내내 그 문제로 시달릴 것이라고 판단했다. 정확한 근거가 있었기 때문이었다. 그것은 2008년 주택 경기 붕괴 이후 건설 업계를 괴롭힌 경제적 유린, 주택 융자금 조달의 어려움, 지방 정부의 건축 과잉 규제 등이 주요 원인이었다. 이 때문에 가격은 상승하고 이 분야의 기업들은 도움을 받게 된다. 그는 2014년 가을 내내 GRBK의 주식 2,400만 주를 매입했다. 그 결과 그것은 그의 펀드에서 두 번째로 큰 비중을 차지하게 되었다. 이 주식은 2015년 말에는 900퍼센트, 2021년까지 2,450퍼센트 상승하는 등 큰 폭으로 올랐다. 아인혼은 이 주식을 끝까지 보유한 덕에 그린라이트캐피털에 큰 수익을 안길 수 있었다. 갖가지 변수가 많은 와중에서도 그는 GRBK을 자신의 최고 포지션 중 하나로 유지했다. 2021년의 최고가에서 2022년 최저가를 기록할 때까지 GRBK 주가는 40퍼센트 가까이 하락했다. 이때라고 판단한 우리는 고객에게 거래 알림^{trade alert}을 보내 GRBK 주식을 추천했다. 결론적으로 아인혼이나 버핏 같은 명예의 전당에 오른 사람의 포지션이 매물로 나오면 그때가 진입하기에 매력적인 시점일 것이다.

제 7 장

거품의 심리학 그리고
암호화폐 광풍

거품을 처음 발견하면 나는 서둘러 매수한다.

— 조지 소로스^{George Soros}

—————— 맨해튼에는 제인스트리트그룹^{Jane Street Group}이라는 다소 이례적인 거래소가 있다. 이 회사는 6장에서 소개한, 정체를 파악하기 어려운 ETF 마켓 메이커 중 하나다. 컴퓨터 과학자 2,000명을 고용하고 있는 이 회사는 퀀트 트레이딩 세계에서 상당한 역할을 담당한다. 실제로 2022년에 이 회사는 시가총액과 수익이 시타델증권^{Citadel Securities}과 어깨를 견줄 정도로 성장했으며 연간 거래량도 17조 달러에 육박한다. 제인스트리트의 입사 초년생의 연봉이 42만 5,000달러라는 사실도 그렇게 새삼스러운 얘기는 아니다. 그런 의미에서 이례적이지만 이사회가 없다는 점도 특이하다. 경영진도 없고 30명으로 구성된 일종의 리더십 팀만 있는 이 회사는 월스트리트의 전통과 닮은 점이 거의 없는, 권한의 한계가 뚜렷하지 않은 조직이다.

회사 내 모든 직원들을 상대로 이루어지는 강의는 주로 컴퓨터 프로그래밍 그리고 서로 다른 언어와 패러다임의 상이점에 관한 것이다. 강의실을 가득 메운 사람들은 배경이 다양한 컴퓨터 과학자들로서, 이들은 펄Perl, 하스켈Haskell, 자바스크립트JavaScript 같은 고전적인 스크립트 언어와 C++ 같은 고속 컴파일 언어에서 전문성을 갖추고 있다. 하지만 제인스트리트에서 거의 독점적으로 사용하는 언어는 오캐멀OCaml로, 표현력과 안전성을 강조한 고성능 언어다. 이 수준에서 차익거래를 실행하려면 가능하면 많은 우위를 확보해야 한다.

맨해튼 다운타운에 위치한 이 상아색 건물에는 대단히 비밀스러운 문화가 존재한다. 여기엔 최신식 짐, 카페, 낮잠 자는 방, 탁구대와 체스 테이블, 상영관, 강의실 등이 완비되어 있다. 하지만 이건 문화가 아니다. 컬트다. 그리고 2014년 어느 날 해변에서 놀다 온 듯한 옷을 입은 짙은 곱슬머리의 22살 청년이 베시스트리트에 있는 제인스트리트 사무실로 들어와 경력을 시작했다. 매사추세츠 공과대학을 방금 졸업한 그는 알베르트 아인슈타인Albert Einstein에 견줄 만한 아이큐를 가지고 있었다. 그는 스탠퍼드 대학교 캠퍼스에서 태어났다. 부모 모두 이 대학의 법학 교수였다. 이 새내기는 뉴욕에 오래 머물 생각이 없었다. 그의 머릿속에는 온통 돈뿐이었고 야망이 너무 커 다른 사람 밑에서 오래 일하려 하지 않았다. 사실 야망이 너무 큰 나머지 8년 후 그는 세계 최대 규모의 암호화폐 폭락으로 400억 달러의 손실을 낸 사태의 책임을 지게 된다. 그의 이름은 샘 뱅크먼-프리드Sam Bankman-Fried였다.

거품의 심리학

　지크문트 프로이트Sigmund Freud 교수는 그가 즐겨 찾는 카페에 말없이 앉아 있었다. 칸막이 안에 몸을 숨긴 그의 공책에 오후의 햇살이 내려앉았고 창문 안쪽으로는 역광을 받은 하얀 연기가 피어올랐다. 그는 다시 시가를 한 모금 들이켰다 뱉었고, 연기는 밝고 햇볕이 든 안개처럼 그의 머리 전체를 감쌌다. 그는 골똘한 상념에 잠혀 공책에 뭔가를 써나갔다. 탁자에는 커피잔과 재떨이가 놓여 있었다. 웨이터가 다가오자 프로이트는 계산을 치른 후 외투를 입고 상아색 손잡이가 달린 지팡이를 왼손에 들고 카페를 나섰다. 입구 위쪽엔 검은 글씨로 '카페 란트만Café Landtmann'이란 상호가 적혀 있었다. 프로이트는 오후 시간 대부분을 그곳에서 조용히 생각하거나 체스를 두며 보냈지만, 1920년 12월의 그날은 새 책을 쓰느라 여념이 없었다. 《집단심리학과 자아의 분석Group Psychology and the Analysis of the Ego》이었다.

　연구실로 돌아온 프로이트는 책상에 앉아 만년필을 집어 검정 잉크에 살짝 담갔다가 두텁고 어지러운 필체로 계속 뭔가를 쓰기 시작했다. "이것은 그의 본성에 크게 반하는 습성이다." 글은 그렇게 시작했다. "남자는 집단의 일원이 될 때를 제외하고는 그 습성을 좀처럼 발휘하지 못한다." 그의 눈은 그가 써놓은 글을 훑었고 책장을 넘겨 중간쯤에서 멈췄다. 프로이트는 다시 만년필을 잉크에 담갔다가 한 문장을 덧붙였다. "의식적인 인격은 완전히 자취를 감추고 의지와 분별력도 잃는다. 모든 감정과 생각은 최면술사가 정한 쪽으로 방향을 튼다."

　그는 책장을 내려다봤다. 잉크가 마르기 시작했다. 프로이트는 그 구절을 다시 한번 읽은 다음 만년필을 책상 위에 놓고 시가를 집기 위해 손을 뻗었다. 그는 창문으로 걸어가 아래쪽의 조용한 거리를 바라보았다. 나무들이 바람에 흔들렸다. 그는 시가에 불을 붙였다. 또 다른 연기구름이 그의 몸을 감싸는 순간, 겨울의 첫눈이 빈에 내리기 시작했다. 그는 명석하고 끝없는 탐구 정신을 가졌지만 그 순간만큼은 책상 위에 아무렇게 쌓여 있던 자신의 원고 뭉치가 먼 훗날 1980년대 일본의 거대한 부동산 거품을 설명해 주리라는 사실은 알지 못했을 것이다. 그 책은 또한 2000년 닷컴 거품의 이면에 숨은 광풍도 밝혀주게 된다. 그리고 그 책은 2022년에 블록체인 기술로 탄생한 은밀한 디지털 화폐가 왜 2조 달러가 넘는 자산 거품을 일으켰는지 설명해 준다. 그건 유례가 없는 사상 최대의 뜨거운 거품이었다.

요즘엔 좀 진부한 표현이 됐지만 월스트리트에 회자되는 오래된 격언이 하나 있다. "시장은 당신의 호주머니가 빈 뒤에도 그 터무니없는 짓을 더 오래 계속할 수 있다." 너무 자주 인용되긴 했어도 이보다 더 진실을 확실하게 드러내는 말도 없을 것이다. 인간은 두 가지 본성을 가진 피조물이다. 하나는 합리적 자아이고 또 하나는 비합리적 이드^{id}다. 이성적 자아는 의식적 사고를 지배하고, 그 밑에 숨어 있는 전^前이성적이거나 심지어 비이성적이기까지 한 소위 이드는 잠재의식을 지배한다. 주식, 채권, 원자재, 통화 등 모든 자산 가격 거품은 이 후자의 현상에 의존한다. 어느 순간 시장 참여자들은 순수한 탐욕과 황홀감과 최면 상태가 자신의 재정 활동을 지배하도록 내버려둔다. 그들은 자신이 욕망하는 대상을 소유하기 위해서라면 어떤 대가도 치를 각오가 되어 있고, 그 결과 시장 가격은 절정에서 폭발하는, 즉 주이상스^{jouissance}를 맞은 후 절정만큼이나 극적인 나락으로 떨어진다.

경제사의 연대기는 자산 가격 거품의 역사라고 해도 과언이 아니다. 가장 유명한 것은 17세기의 네덜란드 튤립 거품, 1720년 영국의 남해회사 South Sea Company 거품, 1980년대 후반의 일본 부동산과 주식시장 거품이다. 후자는 2장에서 다룬 바 있다. 그리고 지난 30년 동안 미국에서도 앞 장에서 언급했던 몇 가지 큰 거품이 발생했다. 닷컴 거품, 대침체로 이어진 주택 거품, 2000년대 원자재 거품 그리고 닷컴 거품과 코로나19 직후의 암 호화폐 거품이 바로 그것이다.

처음에는 이들 거품도 터무니없는 가격 상승을 그럴듯하게 보이게 해 주는 나름대로 흥미로운 사연이 있었다. 원자재 거품은 늘 해오던 석유 생 산이 정점에 달하고 중국이 산업화에 몰두하던 시기였기에 발생했다. 암호 화폐는 디지털 금이었고, 명목화폐fiat currency(금 같은 상품을 기반으로 하지는 않지만 법정화폐로 사용되는 통화로 달러, 유로, 엔화 등이 있다)와 정부의 거래 체 제에 대한 대안으로 제시되며 거품을 일으켰다. 2000년을 앞둔 시점에서 인터넷이 전 세계를 장악하자 사람들은 저마다 새 PC를 가지려 했고 그 때 문에 닷컴 거품이 일어났다. 그러나 이들 거품은 어느 순간 투자자들을 투 기꾼으로 변모시켰고, 특정 자산에 부여된 가격은 경제 현실과 크게 벌어지 게 되었다. 거품이 절정에 가까워졌을 때 시장 참여자들은 몽상의 세계로 빠져든다. 수치상 부자가 됐다는 사실에 눈이 멀어 인간에 내재하는 비합리 성이 몰아간 일시적 일탈을 새로운 패러다임으로 착각한다. 그리고 모든 것 이 무너진다.

자산 가격 거품은 잠재의식의 비합리성에 의해서만 만들어지는 것이 아니라, 그 잠재의식이 가는 방향으로 동원되는 자본에 의해서도 형성된다. 18세기 영국인들에게 돈이 없었다면 남해회사의 가격도 그렇게 천정부지 로 치솟지는 않았을 것이다. 인간의 탐욕은 타고난 것이어서 기본적으로 변 하지 않는다. 그것은 하나의 힘으로 우리 생물학의 일부다. 그것은 항상 우 리와 함께해 왔고 앞으로도 그럴 것이다. 바꿀 수 있는 것은 자본이 향할 곳을 정하고, 금융시장 주변을 서성이는 자본이 얼마나 많은지 판별하게 해주는 조건이다. 공급되는 자본의 물량이 갑자기 늘어나면 거품이 더 쉽게 낀다. 실제로 경제의 생산성이 증가하는 것이 아니라 중앙은행의 과도한 양적 완화나 재정 부양책 등 정부의 결정으로 공급량이 늘어날 때 더욱 그렇다. 이는 마치 거칠고 포악한 범죄자들이 우글거리는 감옥에 칼 한 상자를 던져 넣는 것과 같다. 이제 죄수들은 주먹 대신 칼을 들고 서로를 불구로 만들거나 죽일 수 있게 된다. 이런 '부양책'은 실질적 효과와 심리적 효과를 동시에 가져온다. 그래서 죄수들의 폭력 성향만 커지는 것이 아니라 실제 폭력 사태의 심각성도 높아진다. 칼이 많을수록 이런 효과는 더욱 커진다.

연준이 수조 달러를 시장에 쏟아붓거나 의회가 대규모 재정 부양책을 승인할 때마다 이런 일이 벌어진다. 정부가 금융 붕괴를 막겠다고 인위적으로 값싼 자본과 이지 머니를 들고 와 소방 호스를 들이대면, 사람들의 비이성적 본성이 시장 경제에 영향을 미치고 간섭하는 범위가 더욱 커진다. 4장에서 언급한 케이프코드 연안의 백상아리를 폭발적으로 증가시킨 공공 정책의 사례에서 보았듯이, 큰 정부가 시장이나 자연에 간섭하기 시작하면 있던 문제가 더 나빠지거나 새로운 문제가 발생한다. 그렇게 해서 문제가 해결되는 경우는 거의 없다. 이런 일엔 항상 의도하지 않은 결과가 발생하기 마련이다. 인플레이션은 다양한 성격을 띠고 나타난다는 사실을 잊지 말아야 한다. 지난 30년 동안 정부는 정책으로 디스인플레이션을 해결하려 했지만 대부분 인플레이션을 키우고 말았다. 기업과 소비자의 실물 경제에서는 아무런 효과가 없었다. 오히려 그런 정책은 금융 자산에 상상을 초월하는 인플레이션만 반복해서 만들어냈다.

연준이 LTCM을 구제하던 때와 거의 동시에 닷컴 거품이 나타났다.

9/11 이후 금리 인하 조치는 투기성 주택 거품을 부추겨 결국 리먼브러더스를 주저앉히고 대침체를 초래했다. 2010년대에 연준이 금리를 제로 수준으로 유지하고 양적완화를 시작하자, 패시브 투자를 통한 기술주와 성장주의 거래 규모가 어마어마하게 커졌다. 코로나19 팬데믹 기간의 전례 없는 재정 부양책과 금리 인하는 이 모든 정책 중에서도 수위로나 방식으로나 단연 으뜸이었다. 이 때문에 암호화폐, 밈 주식, 수익성 없는 기술 기업에 전례 없는 거품이 발생했다.

사상 최대의 거품

비트코인이 처음 등장한 것은 2009년이었다. 비트코인은 은행 시스템에 대한 사람들의 불신과, 중앙정부와 공적 자금 운용 방식에 대해 그 어느 때보다 회의적이었던 분위기를 배경으로 등장했다. 리먼 사태를 시작으로 전 세계적으로 엄청난 부의 손실이 발생하자, 사람들은 기존의 규제를 받는 화폐가 아닌 다른 방식, 다른 형태의 결제 수단, 다른 가치 저장 수단(미래에도 구매력을 유지할 수 있는 자산)을 원했다. 비트코인의 기원은 지금까지도 여전히 수수께끼다. 그것을 만든 사람은 베일에 싸인 '사토시 나카모토Satoshi Nakamoto'인데 이는 어떤 인물일 수도 있고 아니면 컴퓨터 과학자 집단일 수도 있다. 어쨌든 사토시 나카모토는 '블록체인'으로 알려진 거대한 컴퓨터 네트워크에서 암호화된 화폐를 채굴했다. 블록체인을 간단히 설명하려면 난감해질 수밖에 없다. 작동 방식에 간단한 것이 하나도 없기 때문이다. 여기에는 수많은 코드, 여러 컴퓨터 시스템, 공개 키public keys, 비밀 키private keys 그리고 꽤 많은 알고리듬이 포함된다. 여기에 양자 물리학까지 살짝 더

하면 비트코인Bitcoin이라는 말을 얻을 수 있다. '비트코인은 컴퓨터에서 가장 기본이 되는 정보 단위인 '2진수binary digit'를 나타내는 '비트bit'와 '코인coin'의 합성어다. 그리고 비트코인은 해킹이 불가능하다. '키'가 26자리 알파벳과 숫자로 이루어져 지구상의 모래알보다 더 많은 조합을 생성할 수 있기 때문이다. 이런 상상할 수 없는 수준의 암호화 체계를 가지고 블록체인 기술은 전 세계 여러 비즈니스의 수직 구조에 도입되기 시작했으며, 그것의 핵심 기능은 거래의 탈중앙화였다.

사기꾼들의 대형 온상

리먼 사태 이후 비즈니스와 돈의 세계는 매우 첨예하게 나뉘었다. 독일을 반으로 갈라놓았던 베를린 장벽을 다시 한번 생각해 보라. 이제 사이버 공간과 거래의 세계 전체를 똑바로 가로지르는 선이 그어져 있다고 하자. 이 새로운 세계의 한쪽은 중앙 집중식이고 또 한쪽은 탈중앙화다. 2009년에 서구는 중앙집권화의 정점에 도달했다. 큰 정부, 큰 규제, 납세자의 돈에 대한 큰 통제를 말하는 것이다. 그리고 중앙 집중화의 결과로 입증된 일련의 문제, 즉 외부성externalities이 있다. 사회는 금융업에서 신뢰를 잃었다. 블록체인의 등장은 마치 성 게오르기우스Saint Georgius가 칼을 뽑아 포악한 용을 죽인 사건과 같았다. 이제 거래는 뱅킹시스템이나 기존 온라인 소매업체, 심지어 두 당사자 간의 거래를 결제해 온 오랜 역사를 가진 기관에 의존하지 않고 그 외부에서도 이루어질 수 있게 되었다. 고도로 암호화되고 복제가 불가능한 블록체인 기술은 완전히 새로운 세상을 창조할 수 있고 어쩌면 새로운 화폐를 만들어낼 수도 있다. 하지만 과연 블록체인이 중앙집권화된 정

비트코인은 왜 그렇게 특별하며
투자자는 어떻게 수익을 얻는가

자동차 가격이 올라가면 자동차 제조업체는 점점 더 많은 자동차를 만들어 높아진 가격을 최대한 유리하게 활용한다. 전 세계에는 수많은 자동차 제조업체가 있는데, 저마다 자동차를 더 많이 생산하면 공급이 증가해 결국 가격이 하락한다. 백금 같은 귀금속 가격이 하락하면 광산업체는 채굴량을 줄이게 되고 그러다 시간이 지나면 가격이 다시 올라간다.

비트코인은 그런 식으로 작동하지 않는다. 비트코인은 네트워크에서 채굴된다. 네트워크는 비트코인 블록을 '장부 ledger'에 공개한다. 장부는 대략 10분마다 암호화로 보호되는 블록을 사용하여 비트코인과 관련된 모든 거래를 예외 없이 기록한다. 네트워크에서 채굴하는 사람이 1명이든 70억 명이든 10분 간격 공개는 고정되어 있다.

비트코인 채굴은 특정 기준에 부합하는 하나의 암호화 솔루션을 생성함으로써 블록체인의 블록에 담긴 정보의 타당성을 검증하는 과정이다. 그에 대한 보상으로 채굴자는 비트코인을 받는다. 따라서 채굴의 난이도는 블록 공개와 다음 블록 공개 사이의 평균 시간을 10분으로 어느 정도 일정하게 유지하기 위해 끊임없이 조정된다. 즉, 비트코인을 채굴하기 위해 투입되는 연산 능력이 높아질수록 다음 블록을 채굴할 때는 더 높은 연산 능력이 필요하다.

생성할 수 있는 비트코인의 총 개수에는 엄격한 제한이 있다. 비트코인 프로토콜은 블록 추가에 대한 보상이 21만 블록마다(약 4년마다) 절반으로 줄어든다고 명시하고 있다. 처음에는 모든 블록에 50개의 코인이 포함되었지만 보상은 계속 줄어들어 한계인 2,100만 비트코인에 도달하게 되면 결국 0개가 된다. 2023년 중반 현재 채굴된 비트코인은 1,900만 개로, 보상 비율은 블록 1개당 6.25코인으로 떨어졌다. 프로토콜에 따라 2년마다 보상이 절반으로 줄어드니까 비트코인 채굴은 다음 세기나 가야 2,100만 코인 한도에 도달하겠지만, 필요한 에너지가 많이 소비되기 때문에 채굴 비용은 그보다 훨씬 일찍 엄청나게 비싸질 것이다.

여기에 문제의 핵심이 있다. 비트코인 가격이 올라가면 네트워크에 뛰어들어 코인을 채굴하는 사람이 더 많아지게 된다. 생성 간격 10분을 지키기 위해 알고리듬은 코인을 채굴하기가 더 어려워지도록 조정한다. '더 어려워진다'는 것은 에너지가 더 많이 소모된다는 의미이며, 이는 코인 채굴 비용이 올라간다는 것을 의미한다. 비용이 올라가면 비트코인의 손익분기점 가격이 올라간다. 다시 말해 비트코인의 채산성을 유지하려면 비트코인의 가치가 올라가야 한다. 그리고 가격이 올라가면 채굴자가 더 많이 몰려들어 채굴 비용이 더 높아진다. 이 때문에 가격에서 자기 강화적 상승효과가 발생하는데 이는 수개월 동안 지속될 수 있다.

부의 과도한 영향력으로부터 세상을 구하고 **P2P 방식의 탈중앙화된** 완전한 네트워크를 탄생시킬 수 있을까?

간단히 답부터 하면 '그렇다.' 그러나 탈중앙화된 금융의 미래라는 약속의 저변에는 실리콘밸리의 젊고 난폭한 기업가들의 손에 의해 좌우되는 취약한 생태계가 자리 잡고 있었다. 암호화폐는 1900년 이후 미국 달러의 가치가 93퍼센트 하락한 사실을 들먹이며 법정화폐의 종말과 서방 정부의 엄청난 부채를 둘러싼 투자 논리를 내세워 눈길을 끌었다. 그리고 이런 논리로 인해 디지털 화폐는 세계에서 가장 인기 있는 투자처가 되었고, 비트코인 거품은 2017년까지 멈출 줄 모르고 끓어올랐다. 하지만 모든 거품에는 영악하고 부도덕한 군상들이 꼬이게 마련이다. 이들은 호황으로 치닫는 기술에 대해 아는 바가 없는 투자자들을 악용한다. 1990년대에는 엔론, 월드컴, 아델피아 같은 기업이 이익을 부풀리기 위해 회계 부정을 저질렀고,

2000년대에는 버니 메이도프, 앨런 스탠퍼드Allan Stanford 같은 사람이나 컨트리와이드, 리먼 같은 기업이 투자자들을 현혹했다. 암호화폐 거품에도 악의적인 인물들이 있었다.

샘 뱅크먼-프리드는 샌프란시스코만 해안 근처의 섬 이름을 딴 신생 암호화폐 차익거래 펀드 알라미다리서치Alameda Research의 CEO였다. 펀드는 암호화폐의 가격 하락에 거의 영향을 받지 않는 투자 전략을 가지고 있었다. 시타델과 제인스트리트의 퀀트 트레이더들처럼 알라미다리서치의 트레이더들도 가격 변동성, 즉 큰 차익거래 기회로 큰돈을 노렸다. 그들은 무엇이든 한두 시간 이상 보유하려 하지 않았다. 그리고 미국의 암호화폐 거래소들과 아시아 거래소 간의 가격 차이는 뱅크먼-프리드가 지금까지 본 것 중 가장 흥미로운 것이었다. 그들은 회사 문을 열기 무섭게 2,000만 달러에 가까운 수익을 올렸다.

샘은 알라미다리서치를 통한 차익거래를 통해 시작부터 성공을 거두었지만, 비트코인의 가격 변동은 하나의 화폐로서의 지위를 손상했다. 원래 비트코인이 다른 암호화폐와 구별되는 것은 공급량이 제한되어 있다는 점이었다. 생성되는 비트코인은 모두 해야 2,100만 개밖에 되지 않는다. 그 이상은 없다. 이것이 비트코인의 가치 저장 수단이자 투자자를 위한 가치 제안value proposition이었다. 하지만 2018년 중반에 이르러 심한 가격 변동폭에 취약하다는 사실이 드러나면서 '가치 저장 수단'이라는 이론은 휴지 조각이 되고 말았다. 그리고 무엇보다도 이런 취약점이 게임의 판도를 바꾸었다. 이후 비트코인은 투기적 성격을 띠게 되어 이런 범주의 투자에 따르는 모든 위험을 안게 되었다. 이 때문에 비트코인은 화폐가 아닌 교환 수단이 되었다. 교환 수단에 대한 평가를 좌우하는 것은 다른 요인이다. 흰머리수리가 한쪽 발톱으로 올리브 가지를, 다른 발톱으로 화살을 움켜쥔 미국 국장國章은 전쟁과 평화를 상징하며, 미국에서 발행되는 모든 지폐에 찍혀 있다. 이것이 미국 달러에 숨겨진 힘이다. 미국은 12개의 항공모함 전단과 5,000개의 핵탄두 등 그 어떤 나라도 꿈꿀 수 없는 막강한 힘을 보유한다. 그리고 그것이 바로 **실질적인** 화폐를 뒷받침하는 힘이다. 막강한 화력은 없어도 화폐는 정부가 지정하고, 정부가 규제하며, 정부가 시행하는 법정화폐여야 한다. 이런 요인에 의하면 암호화폐는 처음부터 운명이 정해진 것이었다. 하지만 탈중앙화 금융이라는 꿈은 2018년에도 사라지지 않았다. 사라질 생각도 하지 않았다.

2019년 봄에 샘 뱅크먼-프리드는 FTX를 창업했다. FTX는 비트코인과 그 밖의 암호화폐, 대체 불가능한 토큰NFT을 거래하며 세계에서 가장 빠르게 성장하는 디지털 자산 거래소가 되었다. 암호화폐 트레이더를 위한 시장인 FTX는 다른 모든 거래소처럼 거래 수수료를 부과하여 수익을 창출했지만 그들을 모두 눌렀고 그 과정에서 수백만 달러의 광고비도 챙겼다. 마이애미에서 열린 포뮬러 원 경주를 비롯해 곳곳에 로고를 내걸고 광고 캠페인을 공격적으로 벌였으며, FTX 티셔츠와 특유의 덥수룩한 머리를 한 창립자의 대형 사진도 함께 내걸었다. 그는 곧 암호화폐의 상징이 되었고, 기관들도 그런 분위기를 반겼다. 이 거래소는 캘리포니아 멘로파크에 있는 벤처 캐피털 펀드인 세쿼이아캐피털Sequoia Capital에서 자본을 끌어왔다. 세쿼이아는 기술 부문 전반에서 시드 단계부터 초기 단계와 성장 단계에 이르기까지 투자를 전문으로 하는 업체로, 이 분야 최고로 인정받는 벤처 캐피털이다. 세쿼이아가 FTX에 모험을 해보기로 하자 FTX는 즉각 신뢰성을 획득했다.

FTX의 홍보물에 세쿼이아 브랜드가 뜨자[1] 얼마 안 가 거물급 투자자들이 시장에서 가장 뜨거운 분야에 새로 등장한 이 재간 좋은 기업으로 몰려들었다. 샘 뱅크먼-프리드조차도 자신이 곧 벌어들이게 될 돈이 그 정도일지는 짐작도 못했을 것이다. 하긴 누구라고 그걸 예측했겠는가? 얼마 안 가 구약성서에나 나올 법한 일이 벌어졌으니 말이다. 이 사람에서 저 사람으로 옮겨 가던 코로나19가 지구상의 모든 도시를 장악하면서 전 세계는 락다운을 향해 가고 있었다. 그리고 갑자기 전자상거래 회사, 화상회의 회사, 소프트웨어와 하드웨어 제조업체 모두가 상거래의 새로운 지배자로 떠올랐다. 미국 정부가 10조 달러가 넘는 통화와 재정 부양책을 동원해 바이러스를 퇴치하려 들면서, 미국에 있는 모든 사람들의 주머니로 갑자기 현금이 들어가기 시작했다. 암호화폐는 2018년부터 2020년까지 2년 동안의 하락장을 떨치고 높이 치솟았다. 암호화폐는 단순히 인기몰이에 나선 새로운 분야가 아니었다. 암호화폐는 하나의 종교가 되었고, 프로이트가 수십 년 전 담배연기 자욱한 빈 연구실에서 썼던 집단 심리학 이론을 다시 한번 보여주는 소재가 되었다. 이번에 암호화폐는 최면에 걸려 새로운 화폐 시대의 여명이 열렸다고 믿는 굶주린 군중을 낚아채 17세기 튤립 광풍 이후 최대의 자산 거품 속으로 끌고 갔다. 어떤 사람들 눈에는 시장 전체를 예측해 온 것처럼 보이는 뱅크먼-프리드가 새로운 워런 버핏이 될 수 있을 것 같았다. 그리고 그 후 18개월에 걸쳐 그의 개인 자산이 거의 300억 달러로 증가하자 사람들은 자신의 믿음을 굳혔다.

하지만 그의 말이라면 한마디도 믿지 않은 사람이 있었다.

"이 또라이는 뭐야?"[2] 그는 컴퓨터 화면에 뜬 링크드인 프로필 사진에서 샘 뱅크먼-프리드의 두 눈을 뚫어져라 보며 중얼거렸다.

매서운 눈매의 저격수

마크 코호디스Marc Cohodes는 월스트리트에서 재기가 남다른 회의론자다. 앞뒤가 맞지 않거나 말이 안 되는 것, 즉 '글쎄'라고 말하게 만드는 것들을 볼 때면 특히 그렇다. 무엇보다 투자자의 포트폴리오를 지켜주겠다는 사람들이 문제였다.

암호화폐의 거물 FTX가 쓰러지기 1년 전, 마크는 그 자리에서 자신의 냄새 테스트에 실패한 사람들 모두에게 혼자 외롭게 소리치고 있었다. 마크가 경고하는 것은 어떤 종류인가? 수십 가지가 있지만 대부분의 사람들이 눈치채지 못하는 사소한 것들이 많다. 우리가 가장 좋아하는 것들 중 하나는 코호디스 '가발' 지표다. "가발에 반대로 베팅하니까 성공률이 아주 좋더군요, 래리" 마크는 내게 그렇게 말했다. 웃기는 얘기지만 최고 경영진의 가발은 냄새가 지독하다. CEO들이 자신 없는 헤어스타일에도 솔직하지 못하면 그 밖에 또 무엇을 숨기지 않는다고 어떻게 장담하겠는가? 리먼이 파산하기 몇 년 전, 마크 같은 사람들은 워싱턴의 규제 당국에 제출해야 하는 SEC 보고서와 10-K, 10-Q 같은 서류에 달린 모든 주석註釋의 개수를 셌다. "래리, 분기를 넘기면서 주석이 계속 급증할 때를 조심해야 해요. 난독화 징조의 가능성이 높으니까요." 마크는 언젠가 내게 그렇게 말했다.

난독화ob·fus·ca·tion(명사): 모호하거나 명백하지 않거나
이해할 수 없게 만드는 행위.
예) 예리한 질문을 받으면 사람들은 난독화에 의존한다.

마크는 마르시카불곰만큼이나 희귀한 혈통이다. 현재 수십 마리밖에 남지 않은 마르시카불곰은 이탈리아 아펜니노산맥 깊은 곳에서 주로 사과,

배, 자두, 버섯, 베리 등을 따먹으며 살아간다. 하지만 마크는 채식주의자가 아니다. 그가 주식으로 삼는 것은 도둑, 악당, 사기꾼들이다. 물론 말 그대로는 아니지만. 그는 그들의 회사를 공매도하는데, 일단 시야에 누군가 들어오면 핏불테리어처럼 달려들어 시장이 그들을 씹어 뱉어낼 때까지 놔주질 않는다. 그때가 바로 마크가 포지션을 청산하고 현금화할 때다. 도중에 가벼운 실랑이를 벌일 때도 있지만, 대부분은 치열한 맨주먹 싸움이다. 르네상스 시대 베니스의 푸니 다리에서 두 남자가 90라운드 넘도록 맨손으로 치고받고 하던 것과 다를 바 없다.

코호디스는 보스턴 외곽에 있는 밥슨 대학을 졸업했다. 대학에서 금융학을 전공했지만 공매도의 매력에 푹 빠져든 건 1980년대 중반이 되어서였다. 첫 번째 거래가 끝났을 때 그는 자신이 이 분야에 소질을 타고났다는 것을 깨달았다. 그는 금융시장의 현상금 사냥꾼이 되어 장부를 조작하거나 메인스트리트 투자자의 눈을 속이는 사람은 누구든 찾아내 쏘아 쓰러뜨렸다. 그의 임무는 교묘한 수법으로 대차대조표를 조작하는 자들을 찾아내는 것이었고, 그들을 사냥하는 일이라면 그는 어떤 일도 서슴지 않았다. 그의 조준경에 걸린 크레이지에디Crazy Eddie는 결국 감옥으로 갔다. 그는 밸리언트제약Valeant Pharmaceuticals과 엄청난 부동산 착시 현상을 조장했던 노바스타NovaStar도 고발했다. 밸리언트는 수십억 달러 규모의 스캔들로 파산했고 노바스타는 리먼브러더스 사태 직전에 쓰러졌다.

그리고 첫 번째 공매도에 성공한 뒤 35년 만인 2022년 1월, 마크는 자신의 무시무시한 소총의 총신을 점검했다. 지금까지 봐왔던 것 중 가장 큰 규모의 현상금이 눈에 들어온 것이다. 헝클어진 검은 머리카락 아래에는 스탠퍼드 출신의 희한하고 기이한 녀석, 샘 뱅크먼-프리드가 서 있었다. 그가 있을 장소가 아니었다. 날카로운 눈빛의 이 저격수는 목표물을 사방으로 날려버리는 고속 자동 폭발 탄환만 사용했다. 마크 코호디스는 조심스럽게 망원조준경을 조정했고, 마침내 십자선 중앙에 운명의 FTX 설립자의 모습이 또렷하게 잡혔다.

마크는 순간 머리가 혼란스러워졌다. 어떻게 이 젊은 친구가 난데없이 낙하산을 타고 월스트리트에 내려와 억만장자가 되고 세계에서 두 번째로 큰 암호화폐 거래소를 설립할 수 있었을까? 그가 당황했던 것은 비슷한 경우를 어디서도 본 적이 없기 때문이었다.

마크는 언젠가 나와의 전화 통화에서 이렇게 말했다. "래리, 생각해 보세요. 월스트리트에 그런 식으로 갑자기 등장한 사람이 누가 있습니까? 없다는 건 우리 둘 다 잘 알잖아요. 금융계에서 일하는 사람은 모두 어디든 출신이 있다고요. 하지만 샘 뱅크먼-프리드는 아니에요. 마치 화성에서 튀어나온 사람 같아요. 누가 그를 가르쳤을까요? FTX 이전에는 누구 밑에서 일했나요? 누구한테 얘기해야 그를 조사할 수 있죠? 작년 말에도 여기저기 전화를 걸어 필요한 질문을 해댔지만 전화기 반대편에서는 아무 반응이 없더군요. 마치 양파 껍질을 벗기고 벗기는데 속에서 불쑥 해적 깃발이 튀어나온 기분이었어요."

그것은 금융 저격수를 당황시키기에 충분했다. 그는 컴퓨터 화면을 다시 한번 들여다보며 샘 뱅크먼-프리드의 링크드인 프로필을 확인했다. 학력 외에 그가 찾을 수 있는 것은 3년 동안 제인스트리트에서 신흥시장 주식을 거래했다는 얘기가 전부였다. 마크는 남다른 그 무엇, 즉 '잇 팩터it factor'가 없이는 누구도 이런 실적을 낼 수 없다고 직감했다. 사이먼 코웰 Simon Cowell은 '잇 팩터'를 'X 팩터X factor'라고 한다. 야구의 떠오르는 루키들, 즉 팀에서 누구보다 잘 달리고 잘 던지고 잘 치는 선수들에게 이런 특질이 뚜렷이 드러난다. 이런 선수들의 경우 빅리그로 가는 것은 시간문제다. 하지만 마크에게도 이 뱅크먼-프리드는 불가해한 대상이었다. 그는 배경도 경험도 비법도 아무것도 없었다. 마크가 보기에 그렇다면 한 가지밖에 없었다. 사기꾼이다!

그는 FTX와 그 팀의 다른 사람들을 좀 더 깊이 파헤쳤다. 가장 재능 있다는 사람을 찾아봤지만 어떤 부동산 회사의 인턴으로 꽤 높은 직급까지 올랐다는 정도가 전부였다. 그 외에는 믿을 구석이 전혀 없는 불모지였다. 그가 보기엔 알라미다리서치에 처음으로 큰돈을 안겨준 소위 '김치 트레이드'도 물리적으로는 불가능한 일이었다. 김치 트레이드는 비트코인 가격의 구조적 프리미엄을 이용한 차익거래로, 주로 한국에서 이루어졌기 때문에 '김치'라는 별명이 붙었다. 하지만 아시아 거래소는 암호화폐의 차익을 거래를 할 때 당사자가 직접 현금을 들고 거래소로 올 것을 요구한다. 뱅크먼-프리드가 마법학교 호그와트를 졸업하지 않은 이상 이런 일을 해낼 수는 없다. 그의 링크드인에 따르면 그는 그렇게 하지 않았다.

대형 FTX 로고가 사방에서 급증하기 시작했다. 톰 브래디$^{Tom\ Brady}$가 브랜드 홍보대사가 되고, 테니스 스타들이 로고가 찍힌 셔츠를 입고, 미 프로농구팀 마이애미 히트$^{Miami\ Heat}$ 전용 구장 지붕에 커다란 글씨로 FTX 로고가 새겨졌다. 패러다임^{Paradigm}은 FTX에 2억 3,800만 달러를 내놓았고 소프트뱅크^{SoftBank}가 1억 달러를, 사이노글로벌캐피털$^{Sino\ Global\ Capital}$이 5,000만 달러를 건넸다. 주류 언론은 샘과 FTX가 재림주라도 된 것처럼 띄웠지만, 마크는 점점 그 광고들이 메스꺼워지기 시작했다.

어떤 식으로든 FTX가 주류 미디어를 통째로 속인 것이 분명했다. 뱅크면-프리드는 투자자들을 속였다. 규제 당국도 속였다. 마크가 보기에 그 회사는 400억 달러 규모의 사기 집단에 불과했다. 그는 2022년에 시장의 상승세가 너무 길어지자 사람들의 생각이 마비되기 시작한 것이라 믿게 되었다. 진짜 거품의 특징이었다. 다들 비판적인 사고와 투자에 대해 올바른 질문을 할 능력을 상실했다. 유명 인사나 스포츠 스타가 무언가에 뛰어들면 따로 조사할 필요가 없다고 그들은 생각했다. 더는 아무도 실상을 확인하지 않았다. 전체 투자 환경이 '남들이 하니까 나도 한다'는 식이 되어버렸다. FTX를 현미경으로 들여다보는 사람은 아무도 없었다. 마크는 샘 뱅크먼-프리드가 전 세계를 상대로 사기를 칠 때부터 사람들의 그런 속성을 잘 알고 있었다고 생각했다. 그는 사람들이 투자에 대한 정보 조사를 음식점을 찾을 때만큼도 하지 않는다는 사실을 알고 있었다.

"서글픈 일 아닙니까?" 마크는 혼잣말처럼 중얼거렸다. "그렇게 열심히 번 돈을 생각지도 못한 곳에서 망할 사기를 당해 모두 잃다니."

거품이 꺼질 때

코로나19 봉쇄가 시작된 직후인 2020년에 비트코인은 기념비적인 랠리를 시작했다. 사흘 전인 2020년 3월 12일, 비트코인은 2017년의 랠리 이후로 바닥을 쳤다. 4,826달러였다. 그 후 1년 반이 지난 2021년 11월 8일에 비트코인은 6만 8,789.63달러라는 놀라운 최고가를 기록했다. 그중 상당 부분은 연방 정부에서 나온 공짜 돈, 즉 미국의 모든 가정에 우편으로 발송된 끝도 없는 경기 부양 수표 덕분이었다. 봉쇄 기간의 광란은 그렇게 시작되었다. 정말 새로운 세상, 새로운 디지털 시대가 온 것인가 아니면 프로이트의 집단 심리 현상이 다시 한번 발동한 것인가? 암호화폐는 수십억 달러를 끌어모았고, 거품은 팬데믹으로 인해 세상이 밑바닥부터 바뀌고 있다고 생각한 사람들을 거의 모두 빨아들였다.

하지만 디지털 통화와 함께 급등하는 시장은 또 있었다. 바로 성장주였다. 그것은 새로운 열반, 새로운 지구, 새로운 차원, 그걸 뭐라 부르든 그곳으로 데려갈 시장이었다. 나라의 절반이 일종의 최면에 걸렸고 따라서 돈을 쌓아갔다. 디지털 세계가 우리의 미래가 되리라는 새로운 믿음이 그 뒤에 있었다. 이견의 여지가 없었다.

이런 움직임에서 가장 두드러진 인물이자 이후의 히로인은 로스앤젤레스 출신인 월스트리트 투자자, 검은 머리의 캐시 우드^{Cathie Wood}였다. 서던 캘리포니아 대학교에서 경제학 학사학위를 받은 후 우드는 제니슨^{Jennison}에서 투펠로캐피탈매니지먼트^{Tupelo Capital Management}를 거쳐 얼라이언스번스틴^{AllianceBernstein}으로 옮겨 가는 전형적인 경로를 밟았다. 2007년까지 14년 동안 8,000억 달러에 가까운 자산을 운용하는 펀드에서 일했는데, 그 중 50억 달러는 캐시가 책임졌다. 2014년에 그녀는 파괴적 혁신에 초점을 맞춘 액티브 ETF를 시작하고 싶었지만 얼라이언스번스틴은 너무 위험하다고 판단하여 이를 승인해 주지 않았다. 그러자 캐시 우드는 그곳을 나와 바로 자신의 펀드를 차렸다. 그녀는 이 펀드를 아크인베스트^{ARK Invest}라고 불렀다. ARK의 첫 4개 ETF는 보기 드문 종류의 액티브 ETF로, 2021년 3월에 파산한 헤지펀드 아키고스캐피탈매니지먼트^{Archegos Capital Management}의 빌 황^{Bill Hwang}이 투자자였다. 빌은 사기 및 공갈 혐의로 연방 검찰에 체포되었다. 현재는 보석금 1억 달러를 내고 풀려난 상태다.

승승장구하던 캐시는 팬데믹 봉쇄 기간에 그랜드슬램을 쳤다. 코로나 이후 넘치는 경기 부양책으로 성장주가 계속 상승하는 가운데 그녀는 2020년 내내 '이 달의 주인공'으로 부각되었다. 그녀 회사의 주력 ETF인 ARKK는 모든 기록을 경신할 것이 분명해 보이는 랠리를 경험하고 있었다. 2020년에 ARKK는 150퍼센트 급등했고 2021년 2월 중순까지 24퍼센트 추가 상승했다. 총 운용 자산은 270억 달러에 육박했다. 실제로 블룸버그는 캐시 우드를 2020년 '올해의 종목 선정가Stock Picker of the Year'로 뽑았으며, 2021년 3월에는 그녀의 펀드 중 2개가 '총 순자산 기준, 여성이 운영하는 10대 펀드'[3] 목록에 올랐다. 회의적인 시각을 버리지 않는 투자 전문지 〈배런스Barron's〉조차 그녀를 치켜세우며[4] 헤드라인을 뽑았다. '달아오른 ARK ETF, 2021년에 신규 자금 125억 달러 추가.'

ARKK는 기본적으로 가장 투기성이 높은 기술 또는 '혁신' 기업의 주식을 단 하나의 투자 상품에 모두 투입했다. 테슬라, 코인베이스Coinbase, 크리스퍼 테라퓨틱스CRISPR Therapeutics, 로빈후드Robinhood, 로블록스Roblox 등이었다. 가장 희한한 사례는 TDOC라는 약어로 거래되는 텔라닥헬스Teladoc Health였다. 화상 채팅을 통해 의사와 환자를 연결해 주는 이 회사는 한 번도 수익을 낸 적이 없었고 앞으로도 없을 것이다. 왜냐하면 순전히 미래에 대한 기대만 가지고 벌이는 게임으로, 빚 때문에 수익을 내기 전에 문을 닫는 일이 없기를 바라는 희망이 그들이 가진 전부이기 때문이다. 하지만 그 어떤 것도 이 회사의 주가 급등을 막지 못했다. 2020년과 2021년에 시행된 연준의 각종 부양 조치 덕이었다. 시가총액 30억 달러였던 텔라닥헬스는 1년 만에 420억 달러 규모로 성장했다. 심지어 대규모 ARKK ETF에서 세 번째로 큰 보유 종목이 되기까지 했다.

물론 그것은 대부분 6장에서 설명한 ETF 투자의 위험성으로 귀결된다. ARKK로 들어오는 자금이 많아질수록 그들은 텔라닥과 그 밖의 보유 주식을 더 많이 매입하여 가격을 올렸고, 자기 강화 피드백 루프로 더 많은 구매자를 ETF로 끌어들였다. 어쨌든 그 후로 주가는 2021년 최고점에서 90퍼센트 주저앉았다. ARKK ETF의 평균 주가도 2021년 2월 고점 대비 60퍼센트 하락했다. 이 모든 고공비행의 화려한 추락 이후에도, 로쿠Roku 등 ARK 인베트스가 가장 많이 보유하고 있는 주식 중 일부는 지금도 여전히 80퍼센트 폭락한 상태다. 여기서 잊지 말아야 할 것은 너무 많은 유동성이 시장에 유입되면 엄청난 거품이 형성되어 다양한 종류의 자산이 암호화폐처럼 움직이기 시작한다는 사실이다. 시장이 부여한 가치는 현실과 동떨어져 주식 뒤에 아무것도 남지 않는다. 남는 것은 순진한 희망과 꿈뿐이다.

그 당시는 기술주 중심의 나스닥에 부는 강세장 광풍이 최고조에 이르렀을 때였다. 그리고 이런 절정의 분위기에서는 투자자들의 심리 경향이 바뀐다. 너도나도 부자가 될 때는 특히 그렇다. 100여 년 전에 J. P. 모건J. P. Morgan이 말했듯이 "이웃이 부자가 되는 것을 볼 때만큼 재무적 판단력이 흐려지는 순간은 없다". 이성적 추론은 뒷전으로 밀려나고, 적절하고 신중한 투자 결정 대신 단순한 지표의 논리가 시장을 지배한다. 최악의 채권 거래가 이루어지는 것이 바로 이때이고, 계약이 도중에 무산되며, 재정적으로 여유가 있는 기업들이 전환사채를 발행하기 시작하는 것도 이때다. 월스트리트에서 말하는 '라스트 챈스 설룬last-chance saloon'이다. 최고의 위기관리 전략은 전환사채의 '연쇄 발행자'를 경계하는 것이다. 자금을 조달하겠다며 습관적으로 전환사채 시장을 기웃거리는 기업은 오래가지 못한다.

이런 현상들은 모두 진짜 문제가 터지기 직전의 특징이다. 금세기의 대표적인 예로 선에디슨SunEdison, 체서피크에너지, 몰리코프Molycorp, 리먼브러더스가 있고, 1990년대에는 엔론, 타이코, 아델피아, 월드컴 등이 그런 사례였다. 이들은 대부분 파산했다. 하지만 그게 전부가 아니다. 거품에 참여해야 한다는 엄청난 압박감이 금융 전문가와 메인스트리트 투자자들의 어깨를 짓눌렀다. 암호화폐 거래소는 유명인들이 브랜드 홍보대사로 나섰다는 사실 때문에 뛰어들 만한 충분한 이유가 마련되었던 것 같다. 사기꾼 엘리자베스 홈즈Elizabeth Holmes가 운영하던 테라노스Theranos가 2014년부터 2017년 사이에 그렇게 많은 자본을 모은 것도 이런 수법 덕이었다. 그들 이사회 명단에는 헨리 키신저Henry Kissinger와 조지 슐츠George Schultz 등 전임 국무장관, 4성 장군 짐 매티스Jim Mattis 같은 확실한 명사들의 이름이 즐비했다. 웰스파고Wells Fargo의 전 CEO였던 리처드 코바체비치Richard Kovacevich와 클린턴 대통령 밑에서 국방부 장관을 지낸 윌리엄 페리William Perry도 있었다. 그러나 그 회사는 통째로 망상 덩어리였고 거짓말 그 자체였다. 투자자는 항상 장부를 철저히 조사해야 하고 어떤 것도 액면 그대로 받아들여서는 안 된다. 시장은 교활한 사기꾼들이 사방에 깔린 지뢰밭이다. 밝고 반짝이는 물건, 말이 번지르르한 CEO, 매우 복잡한 실적 발표, 유명인의 보증 등은 모두 적신호라 여겨도 좋다. 상승장에서는 특히 그렇다. 바로 그 순간이 방심하기 쉬운 때이기 때문이다.

조금 역설적이지만 2021년 2월은 ARKK ETF가 시장에서 최고점을 찍은 시기였다. 왜 고점이나 저점이 2월과 3월에 발생하는지는 아무도 모르지만 실제로 그렇다. 큰 전환점은 항상 일 년 중 두 번째와 세 번째 달에 찾아오는 것 같다. 2000년 닷컴 거품의 종말은 3월에 시작되었고, 2009년과 2020년에도 시장이 바닥을 찍은 것은 3월이었다. 참으로 이상한 달이다. 2021년에 ARKK ETF에서 갑작스레 자본이 빠져나가고, 위험한 전기자동차 주식과 또 지나치게 주식이 과평가되었던 줌^{Zoom}과 로쿠에서 자금이 이탈한 것도 3월의 일이었다. 투자자들은 견고한 성장 종목, 즉 10년 동안 성과가 좋았던 주식으로 눈을 돌렸다. 투자자들은 FAANG, 즉 페이스북^{Facebook}, 아마존^{Amazon}, 애플^{Apple}, 넷플릭스^{Netflix}, 구글^{Google}을 향해 더 깊이 뛰어들었다. 모두가 거대한 현금 흐름과 탄탄한 실적을 올리는 실속 있는 회사였다. 세상의 문이 다시 열리는 중이며 모든 것이 디지털로 바뀌는 미래라는 원대한 꿈은 갈수록 시들해지는 것처럼 보였다. 하지만 그것 때문만은 아니었다. 인플레이션이 심해지고 있었다. 인플레이션이 고개를 들면 이를 진정시키기 위해 금리를 올려야 한다. 그리고 그때는 미래의 모든 현금 흐름의 순현재가치$^{net\ present\ value,\ NPV}$가 무너진다. 줌이나 로쿠 같은 주식의 주가수익비율$^{price\text{-}to\text{-}earnings\ multiple}$이 500배였을 때, 현명한 투자자들은 미래 가치에 대해 겁을 먹고 달아날 생각부터 했다. 그때 그들은 이 세상의 ARKK를 버리고 안전한 피난처라고 생각되는 FAANG으로 더 깊이 뛰어들었다. 2021년 12월에 한때 발군으로 인정받았던 캐시 우드의 펀드는 자본을 망가뜨리는 최고 10가지 방법 중 하나로 전락했다.

대량 매각은 잔인했지만, 건실한 기술주들은 꾸준히 좋은 실적을 올렸다. 암호화폐 쪽에서 도지코인과 라이트코인^{Litecoin}, XRP, 트론^{Tron}이 헛간으로 밀려났어도, 비트코인은 어떤 제지도 받지 않고 앞으로 나아갔다. 비트코인은 2021년 11월에 사상 최고치를 기록했다. 그때 바이든 대통령은 제롬 파월을 연준 의장으로 재임명했다. 워싱턴과 시장은 즉각 반응을 보였다. 사람들은 이 겁 없는 프린스턴 대학 출신이 다시 한번 시장을 지배하게 된 이상, 그가 입장을 완전히 바꿔 인플레이션에 대해 강경 조치를 취하는 것 아닌가 겁을 먹었다. 다시 말해 금리를 인상하겠다고 위협하지 않을까

다들 두려워했다. 그러자 비트코인은 길고 지루한 매도세에 들어갔다. 2022년 1월엔 기술 부문이 일제히 그 뒤를 따랐고, 연말에는 성장주 대부분이 50퍼센트 이상 하락하고 일부는 75퍼센트 넘게 떨어졌다. 2022년 암호화폐 거품과 성장주 시장에서만 총 9조 달러의 재산 손실이 발생했다.

세일즈 피치는 너무나 매혹적이었고, 그들의 설명은 마음을 혹하게 만드는 자랑으로 가득했다. 결국 ARK 이노베이션ARK Innovation, 암호화폐, 대체 불가능한 토큰에 투자한 사람들은 모두 내내 중앙은행의 기나긴 부양 기조의 혜택을 누렸다. 이들은 모두 2020년을 필두로 연준이 시장에 쏟아부은 돈의 벽으로 번영을 누렸다. 실패한 암호화폐 코인의 방향은 대부분 연방 정부가 미국 가계에 지급한 경기 부양 보조금의 액수와 높은 상관관계를 보였다. 저인플레이션 세상에서는 금리가 매우 싸고 거대한 자산 거품이 형성되기 때문에 이런 유형의 투기성 거래가 아주 잘 이루어진다. 위대한 로버트 실러Robert Shiller 의 말을 빌리면 "우리는 터무니없을 정도로 열광적인 존재다". 2011년 탈리 샤롯Tali Sharot 의 저서 《설계된 망각The Optimism Bias》 에서 아주 잘 설명한 것처럼 낙관적인 것이 인간의 본성이다. 세기가 바뀌면서 주택 시장이 열광의 도가니가 된 것도 바로 그 때문이다. 낮은 금리와 고삐 풀린 낙관주의가 시장을 폭발적으로 밀어 올려, 저리 자금을 기반으로 또 한 번의 커다란 거품을 만들어냈다.

"시간이 돈"이라고들 한다. 투자자이든 사업주이든 직장인이든 누구나 10년 후에 100만 달러가 생긴다는 확실한 약속보다 지금 당장 100만 달러를 손에 쥐는 것이 낫다는 걸 안다. 하지만 그게 얼마나 더 많은 가치를 가질까? 오늘 50만 달러를 갖는 것과 10년 후에 100만 달러가 생기는 것은 어떨까? 이 질문에 답하기 위해 애널리스트와 투자자들은 현금흐름할인법

discounted cash flow, DCF을 사용한다. 이는 시간과 위험, 기회비용, 인플레이션 등을 고려하여 할인된 미래현금흐름future cash flow의 순현재가치를 추정하는 공식이다. 기대인플레이션Inflation expectation은 계산에 사용되는 할인율에 직접적인 영향을 미치기 때문에 이 모델에서 중요한 역할을 한다. 할인율은 기본적으로 국채 수익률('무위험' 수익률)에 위험 프리미엄을 더한 수치를 기준으로 정해진다. 기대인플레이션율이 올라가면 무위험 금리도 상승한다. 따라서 인플레이션율이 높다는 것은 할인율도 높다는 뜻이다. 즉, 기대인플레이션이 상승하면 미래현금흐름의 NPV가 감소하기 때문에 주가가 하락하고 배수는 줄어든다.

기업의 주가를 수익으로 나눈 주가수익비율P/E을 예로 들어보자. P/E는 특정 시점에 시장이 주식을 어떻게 평가하고 있는지 들여다볼 수 있는 간단한 창이다. P/E가 높다는 것은 일반적으로 투자자들이 미래에 훨씬 더 큰 수익을 기대하고, 따라서 주식을 소유하기 위해 당장 돈을 낼 의향이 있다는 말이다. 물론 모든 주식이 같은 배수로 거래되는 것은 아니다. 대체로 '가치'주는 미래 수익에 대한 기대가 더 큰 영향을 미치는 '성장'주에 비해 현재 주가수익비율이 낮은 편이다. '실물' 경제에 속한 기업들은 투기성 성장주에 대한 과잉 투자 때문에 자기자본 비용이 상승했다. 즉, 그들의 주가가 하락했다. 이것은 전체 방정식의 일부다. 지난 30년 동안 비교적 일정한 디플레이션 압력이 가해졌고, 이 때문에 주식, 특히 성장주 버킷의 주식이 높은 배수를 누릴 수 있었다. 그러나 디플레이션 국면이 인플레이션 국면으로 바뀌면 전반적으로 배수는 위축된다. 그러나 가치주는 이미 낮은 배수로 거래되고 있었기 때문에 평가의 기준이 미래 수익에 더 많이 치우치고, 하락 폭이 큰 성장주보다 영향을 훨씬 덜 받는다. 인플레이션 체제에서 원

DCF 모델의 원리를 이해하여 수익을 창출하기

이 책의 핵심 임무는 시장과 애널리스트가 보내는 갖가지 소음을 듣고 평가하여 수익을 낼 수 있도록 돕는 것이다. 시장은 항상 말을 하지만 그중 투자자의 포트폴리오에 가장 중요한 신호는 무엇일까?

세월이 흐르면서 월스트리트 주식 리서치는 대부분 공정하지 못한 집단으로 변했다. 애널리스트들은 자신의 목을 드러내지 않기 위해 무리 속으로 숨는다. 어쨌든 막대한 주택부금을 내고 자식을 코네티컷의 사립학교를 보내려면 꾸준하고 확실한 고소득이 있어야 한다. 여기에 이혼이라도 하게 되면 애널리스트는 기적이나 바라는 수밖에 없다. 이런 서글픈 사실은 너무 분명해 숨길 수가 없다. 집단적 사고가 지배하기 때문에 애널리스트들은 고점 부근에 있는 주식은 계속 끌어올리고 저점에 있는 주식은 끌어내린다. 2021~2023년의 주식시장 리서치 환경은 이런 속임수로 가득 차 있었다.

베어트랩스리포트에서 우리가 가장 즐기는 야바위 놀음 중에 'DCF 신기루'라는 것이 있다. 디플레이션이 확실시되는 세상에서 주식 애널리스트는 어떤 성장주의 가치를 매우 넓은 범위에서 평가할 수 있는 사치를 누린다. 금리가 끝도 없이 제로에 가까이 갈 것 같았던 2020~2021년 체제에서 애널리스트들은 소프트웨어 기업의 수익을 30배 끌어올리면서 40배를 내겠다는 더 큰 바보가 나타나기를 바랐다. 디플레이션이 확실시되는 세계에서는 모든 미래현금흐름의 순현재가치가 극대화된다. 그러나 인플레이션 기대가 높아지는 세상에서는 모든 미래현금흐름의 순현재가치가 훨씬 낮아질 수 있으며, 이렇게 되면 성장주보다 가치주가 더 유리해진다.

좀 더 자세히 얘기해 보자. DCF 모델은 포트폴리오 관리자가 기업, 특히 잉여현금흐름이 많이 발생하는 기업의 가치를 평가할 때 가장 많이 사용하는 모델이다. 이 공식은 각 기간의 미래현금흐름의 합계를 계산한다. DCF 분석은 10년 후나 5년 후의 1달러가 지금의 1달러만큼의 가치를 갖지 못한다는 사실을 전제로 한다. 예를 들어 5년 후 1달러에 10퍼센트의 할인율을 적용하면 그 가치가

62센트로 떨어진다. 그리고 10년 후엔 40센트의 가치밖에 갖지 못한다.

그 이유는 인플레이션으로 인해 화폐의 가치가 꾸준히 하락하기 때문이다. 소위 말하는 '화폐의 시간 가치 time value of money'라는 원리다. 따라서 미래현금흐름은 현재 가치로 할인해야 한다. 그래서 이 모델은 할인율을 적용해 미래현금흐름을 할인한다. 할인율을 구성하는 주요 요소는 미국 국채 수익률 같은 무위험 이자율이지만 회사의 위험도 같은 다른 요소도 있다. 따라서 DCF 기법을 통해 기업의 가치를 평가할 때는 가중평균자본비용 WACC 이라는 할인율을 사용한다. WACC 할인율에는 무위험 이자율 외에 기업이 부채를 발행하든 주식을 발행하든 자본을 조달하기 위해 지불하는 추가 이자율이 포함된다. 예를 들어 애플이나 마이크로소프트 같은 상위 기업은 로쿠나 게임스탑보다 가중자본비용이 훨씬 낮다.

애널리스트는 미래에 할인된 각 연도의 현금 흐름을 모두 더함으로써 할인된 현금 흐름의 총합을 얻는다. 그런 다음 그들은 이 총합에 그 기업의 종료가치 terminal value 를 더한다. 종료가치는 미래현금흐름의 추정 기간을 넘어선 기간의 기업가치다. 이 종료가치 역시 몇 년 후의 미래 가치이기 때문에 현재 가치로 계산하기 위해선 할인해야 한다. 이런 가치의 총합을 회사의 공정 가치, 즉 DCF 가치라고 한다. 이 가치가 회사의 현재 가치보다 높으면 애널리스트와 투자자는 저평가된 것으로 간주한다.

자본 비용의 핵심 요소는 미국 재무부 채권의 수익률인 무위험 이자율이다. 할인율이 낮을수록 미래의 1달러의 순현재가치는 높아진다. 예를 들어 할인율이 5퍼센트라면, 첫 번째 예에서 5년 후 1달러의 가치는 78센트이고, 10년 후의 가치는 61센트가 된다. 할인율이 15퍼센트인 경우 이 미래 달러의 가치는 각각 50센트와 25센트밖에 되지 않는다. 따라서 할인율은 현금 흐름의 순현재가치에 큰 영향을 미친다. 무위험 이자율이 증가하면 인플레이션이 높아지기 때문에 미래현금흐름과 종료가치가 줄어든다. 앞의 예에서 이자율이 5퍼센트인 경우 이 현금흐름의 합계는 8.7달러이지만 10퍼센트인 경우에는 7.1달러로 18퍼센트나 줄어든다. 다시 말해 인플레이션 기대치가 상승하면 미래현금흐름의 가치가 낮아지고 기업의 가치도 하락한다.

자재 영역의 가치주는 꽤 장기적인 자산(석유, 가스, 우라늄, 석탄, 알루미늄, 구리 등)이고 이런 자산은 가치가 올라가는 편이라는 점을 잊지 말아야 한다. 이런 자산은 인플레이션에 대한 자연스러운 방지책이 될 수 있다.

지금까지 연준의 부양정책이 어떤 식으로 돈을 투기성 투자로 몰아가는지 설명했다. 디플레이션 국면에서 연준은 금리를 제로 수준으로 낮추고 채권을 끝없이 사들일 수 있다. 이렇게 되면 투자자들은 뭐가 크게 잘못되더라도 자신들의 투기성 투자는 구제받을 수 있다고 자신한다. 일단 궤적이 인플레이션이 심해지는 미래로 바뀌기 시작하면 연준은 친구가 아니라 적이 되기 때문에 투기성 자산은 광채를 잃고 만다. 인플레이션이 기승을 부리면 연준은 금리를 인상하여 신용 조건을 강화할 것이다. 고성장 주식을 발행하는 기업은 대부분 수익성에 도달할 때까지 비교적 저비용 부채에 의존해 자금을 조달한다. 그러다 이 부채가 더 비싸거나 구하기조차 어려워지게 되면 파산하는 기업이 속출한다.

여기서 잠시 거래 가능한 자산을 절대적 가치부터 순수한 성장까지 이어지는 스펙트럼이라고 생각해 보자. 절대적 가치는 금괴, 수송되는 목재, 항공사의 비행기처럼 실체가 있는 것을 말한다. 반면 순수한 성장은 알트코인(대체 암호화폐, 즉 비트코인을 제외한 모든 암호화폐) 또는 대체 불가능 토큰 NFT처럼 완전히 순간적인 것을 말한다. 자산은 대부분 이 둘 사이 중간 어딘가에 속하지만 어느 한쪽으로 기우는 경우도 있다. 예를 들어 기존의 제철회사의 주식은 신생 소프트웨어 회사의 주식보다 가치 쪽에 더 가깝다. 또는 페이서 US 캐시카우 100 $^{\text{Pacer US Cash Cows 100}}$ (COWZ) 같은 ETF는 가치 쪽으로 치우친 패시브 상품인 반면, ARKK는 성장 쪽에 가까운 상품이다.

유형	1968~1970	1972~1976	1983~1986	1988~1990	2000~2001	2004~2006	2007~2008	2011	2021~2022
가치주	-15.5%	10.8%	39.5%	47%	-4%	11%	-33%	-2%	-2%
성장주	-15.5%	8.1%	38.7%	42%	-12%	18%	-37%	-6%	-8%
가치주/성장주	0%	3%	1%	5%	8%	-7%	4%	4%	6%

지금까지 발행된 미국 달러 전체의 44퍼센트가 2020년과 2021년에 발행되었다는 점을 잊지 말아야 한다. 연준은 대차대조표를 5조 달러 늘리고 금리를 제로 수준으로 떨어뜨렸다. 그 결과 투기성이 높은 자산에 엄청난 거품이 형성되었다. 사실상 파산한 게임스탑 같은 회사의 주식이 그런 경우다. 이 주식은 2021년에 3,000퍼센트 급등했다. 같은 해에 도지코인처럼 이름 없는 암호화폐는 거의 2만 3,000퍼센트나 상승했고, 지루한 원숭이 사진 수집품인 보어드에이프 NFT는 개당 100만 달러에 가까운 가격에 팔렸다. 이들 사례는 가장 극단적인 경우로, 성장과 관계없는, 분명 마법의 영역에 속하는 것들이다.

하지만 이더리움Ethereum이든 고블린타운Goblintown NFT든, 연준의 부양정책은 탈중앙화 금융DeFi 공간 전반의 시장 가치를 심하게 부풀려 사람들을 광기의 거품 속으로 몰아넣었다. 그러자 온갖 종류의 화폐, 토큰 그리고 노골적인 사기가 우글거리는 판도라의 상자가 열렸다. 모두가 이지 머니와 값싼 신용이 불을 지른 결과였다. 2022년 3월에 모든 암호화폐의 시가총액은 2조 달러를 넘어섰다. 아마 장기적으로는 암호화폐광들이 옳았다는 것이 입증될 확률이 높다. 그들은 디지털 금의 가치가 중앙집권적인 국가

> ### 인플레이션이 3퍼센트 이상일 때는
> ### 가치주의 실적이 성장주보다 더 좋다
>
> 역사적으로 인플레이션 시기에는 '가치주'의 성적이 '성장주'보다 좋았다. CPI 인플레이션이 전년 대비 3퍼센트 이상 상승한 기간에는 거의 변함없이 가치주가 성장주를 능가했다. 이런 실적은 주로 CPI 인플레이션이 가속화되는 국면에서 발생했다는 점에 주목할 필요가 있다. 인플레이션이 정점에 도달했다가 둔화하기 시작하면 3퍼센트를 상회하는 비율이 유지되더라도 성장주가 가치주에 비해 먼저 회복하기 시작했다.

가 통제하는 금융 시스템에서 벗어나는 데 도움이 된다고 생각한다. 하지만 지금의 상황에서 역설적인 것은 이들이 주장하는 금융 자유의 핵심은 정부의 통 큰 정책과 통화정책에서의 비둘기파와 벌이는 또 하나의 도박에 불과하다는 사실이다. 암호화폐가 경질 자산과 분리되어 있다는 점을 고려하면, 그것은 주식이나 채권보다 연준의 조치에 훨씬 더 민감하게 반응할지도 모른다.

여기서 한 가지 중요한 교훈. 투자자 쪽에서 볼 때 대량 매각이 더는 매수 기회가 아니라는 사실만 알면, 거품은 돈을 벌 수 있는 절호의 기회다. 물론 이를 알아차리기는 보통 어려운 일이 아니지만, 이때 연준은 훌륭한 지표가 된다. 지난 30년 동안 거품을 키운 책임이 연준에 있기 때문에, 투자자는 연준의 신호에 반응하는 시장에 귀를 기울여야 한다. 연준은 파티가 한창이던 2000년에 칵테일 그릇을 치웠고, 이것이 닷컴 거품의 운명을 결정지었다. 연준은 2004년부터 2006년까지 금리를 계속 올려 주택 거품을 꺼뜨렸고 이는 결국 리먼 사태로 이어졌다.

2021년 11월, 파월이 재임명된 후 연준은 쉬운 연준 자금의 시대가 끝나간다는 점을 분명히 했다. 주식시장은 한 달 뒤 약세장으로 돌아섰다. 하지만 거품을 두려워하지 말라. 조지 소로스는 거품이 보이면 바로 달려간다고 했다(물론 거품이 터지기 전에 반드시 빠져나온다). 말할 필요도 없지만 소로스 같은 사람들은 일반 투자자보다 훨씬 먼저 거품을 발견한다. 모델 S^{Model} S가 선보이고 나서 7년이 지난 2019년에 테슬라를 매수한 투자자라면 최고 2,600퍼센트의 수익을 냈을 것이다. 2020년에 매수했더라도 수익률은 여전히 놀라운 수치인 180퍼센트에 달했을 것이다. 비트코인을 2017년의 최고점에서 매수했더라도 2021년 말까지 보유하고 있었다면 255퍼센트의 수익을 올렸을 것이다. 물론 이는 83퍼센트 하락한 뒤의 일이고, 그 정도의 변동성을 견딜 수 있는 사람은 거의 없다. 2020년 말이 되기 전에 매수했다면 최고 630퍼센트의 수익을 올렸을 것이다. 투자자에게 가장 중요한 것은 시장에 귀를 기울이는 일이다. 좋은 뉴스가 나왔는데도 자산이 상승세를 멈추는 때는 언제일까? 거품의 견인차(연준)는 무엇이며, 그들은 조만간 입장을 바꿀까?

거품이 도움이 되지 않는 한 가지는 경제의 장기적 건전성이다. 기본적으로 거품은 지나치게 부풀려진 부문에서 일시적이나마 일자리를 창출하고, 금융시장은 인수합병과 자본 조달로 부산스러워지며, 어떤 주식은 자신의 분야로 모든 자금이 몰리기 때문에 한동안 아주 좋은 실적을 낸다. 하지만 거품은 자본을 과도하게 왜곡하기 때문에 다른 부문들이 자본 부족으로 곤란을 겪게 만든다. 그렇게 되면 결국 사람들의 구매력이 감소하고, 거품이 터지면서 대량 해고 사태가 나고, 경쟁적 지위를 잃게 된다. 돈은 규모가 큰 경제에 별 도움이 되지 않는 금융 자산을 좇아갈 때가 많다. 부동산만 해도 그렇다. 부동산 가치가 치솟으면 집주인과 부동산 투자자에게는 좋지만, 다들 집을 소유하거나 임대할 때 프리미엄을 내야 하고 거품이 꺼지면 고금리 융자금을 떠안게 되며 주책 가치도 구매 가격 아래로 내려간다. 실물 경제에 별다른 혜택을 주지 않는 암호화폐에 몰렸던 자본 때문에 다른 사업은 쪼들리는 자본으로 버텨야 했다. 자본은 희소성 있는 재화이기 때문에, 경제의 한 부문이 과도하게 자본을 가져가면 다른 부문은 자본 부족으로 어려움을 겪을 수밖에 없다. 2000년대 미국에서 발생한 석유와 가스 부문의 거품은 결국 여러 해에 걸친 과잉 생산과 파산과 일자리 감소로 이어졌다.

⟨ 그림 7.1 ⟩ 나스닥 vs 비트코인

네 번째 전환

이 책의 '들어가는 말'에서도 소개했지만 윌리엄 스트라우스와 닐 하우는 역사의 주기가 네 단계, 즉 '전환Turnings'으로 이루어진다고 썼다. 우리는 현재 네 번째 전환, 즉 위기에 처해 있다. 스트라우스와 하우는 앞선 주기에서의 위기 단계를 1929년 공황부터 제2차 세계대전이 끝나는 시점으로 본다. 위기는 종종 흐트러지는 시민 질서를 새로운 체제로 대체하는 극단적인 사건으로 절정에 이른다. 1901년과 1924년 사이에 태어난 미국의 '위대한 세대The Greatest Generation'는 배짱과 자신감과 집단적 꿈을 가지고 전후 미국을 다시 일으켰다. 이들은 집단행동에서의 자신감과 타인에 대한 감수성 등 여러 면에서 오늘날의 밀레니얼 세대와 닮았다. 이들 밀레니얼 세대는 새로운 세계 질서를 만들어낼 수 있는 그런 유형의 세대다.

우리가 현재 처한 주기에서 암호화폐는 반란의 첫 신호탄이었다. 암호화폐는 밀레니얼 세대가 규제를 받는 금융에 맞서 벌인 금융 반란이었다. 베이비붐 세대가 사라지고 나면 이 밀레니얼 세대는 33조 달러에 달하는 국가 부채와 200조 달러에 달하는 미지급 연금에 대한 청구서를 넘겨받게 된다. 그리고 본질적으로 암호화폐는 새로운 반란군의 구체화다. 우리는 암호화폐가 왜 그렇게 매력적이었는지 이제 겨우 조금씩 알아가는 단계다. 이제 국가의 대차대조표에 던져진 이 부채의 차용증은 지구를 뒤덮고도 남을 만큼 산더미처럼 쌓였다. 길게 보아 이 혼란에서 벗어날 수 있는 유일한 방법은 달러 가치가 대폭 하락하는 것뿐이다. 하지만 우리는 밀레니얼 세대가 새로운 분야나 혁신적인 기술에 뛰어들었다고, 금 같은 가치 저장 수단을 약속한 정부나 은행이나 외환에 의존할 필요가 없는 화폐에 뛰어들었다고 비난할 수 있을까?

앞서 언급했듯이 모든 달러의 40퍼센트 이상이 2020년과 2021년 사이에 코로나19에 대응하기 위한 방책으로 발행되었다. 이런 재정 인프라를 신뢰할 사람이 누가 있겠는가? 밀레니얼 세대는 이런 상황을 물려받게 될까 두려워하고 있다. 그들은 나쁜 패를 받았다. 리먼브러더스와 대침체부터 최근의 성장주과 암호화폐 폭발에 이르기까지, 다루기 쉽지 않은 이들 집단은 여전히 국회의 손아귀에서 벗어나기 위해 모든 것을 걸 각오가 되어 있다. 실패로 끝난 탈규제 금융 거품은 그 꿈을 정부 통제의 첫 단계로 밀어넣었을지 모르지만, 이들의 싸움은 아직 끝나지 않았다. 이제 막 시작됐을 뿐이다.

미국 달러의 하락세

제 8 장

공공 재정을 소중히 여겨야 합니다… 가능하면 아껴 사용하세요…
마찬가지로 부채가 쌓이지 않게 하려면 지출 기회를 줄일 뿐 아니라
평화 시에 채무를 덜어내기 위한 노력을 아끼지 말아야 합니다.

— 1796년 9월 17일 조지 워싱턴George Washington 고별사

———— 이것은 쇠퇴하는 제국의 이야기다. 18세기 스코틀랜드의 역사가 알렉산더 프레이저 티틀러Alexander Fraser Tytler가 했다는 말을 인용하면 "민주주의는 원래 예전부터 일시적인 것이어서 영구적인 정부 형태로는 결코 존재할 수 없다. 민주주의가 존재할 수 있는 것은 유권자가 국고로부터 베푸는 후한 선물을 자신의 표로 결정할 수 있다는 사실을 발견할 때까지만이다. 일단 그 사실을 알고 나면 국민들 대다수는 국고를 통해 주는 혜택을 가장 많이 약속하는 후보에게만 투표하게 되고, 그 결과 모든 민주주의는 결국 후한 재정정책으로 인해 무너지게 된다. 그 뒤를 따르는 것은 예외 없는 독재 정권이다". 이 말을 실제로 티틀러가 했다는 증거도 없고 실제로 누가 언제 말하거나 썼는지에 대해 일치된 의견도 없지만 분명 한마디도 틀린 데가 없어 보인다.

티틀러는 국가와 제국의 수명이 갖는 순환 주기에 관한 이론의 창시자로 알려져 있다. 미국은 분명히 이 주기의 말기, 즉 카드로 만든 집이 통째

로 무너지기 직전의 단계에 있다. 상승 경로의 시작은 복종(복속)이다. 1770년 영국 왕의 지배를 받던 아메리카 식민지가 그때다. 다음은 자유를 향한 정신적 믿음과 담대한 용기가 이어지고 이어서 풍요가 뒤를 잇는다. 그 상태로 머물 수만 있다면 제국은 영원히 지속될 것이다. 그러나 다음 세대들은 갈수록 더 안락한 시대에 태어나면서 나약해진다. 이렇게 되면 결국 안일함과 무관심 그리고 연방 정부에 의존하는 나라로 바뀐다. 이것이 바로 미국이 지금 가고 있는 방향이다. 마지막 단계에서는 사회 전체가 다시 종속된다. 결론부터 말하자면 제대로 기능하는 사회는 견고하고 안정적인 중산층을 확보해야 한다. 천년이 넘는 시간을 되돌아봐도, 이들 중산층은 끊임없이 흔들렸다. 오늘날 아르헨티나나 터키나 베네수엘라 같은 나라를 보면 높은 인플레이션율이 국민의 재정적 안정과 구매력에 어떤 영향을 미치는지 쉽게 확인할 수 있다.

2022년 2월 28일 오전 9시가 조금 지난 시각에 일단의 무리가 백악관 집무실에 모였다. 우크라이나를 상대로 벌인 블라디미르 푸틴Vladimir Putin의 전쟁이 나흘째로 접어들었고, 장거리 포격과 탄도 미사일, 러시아의 지상 공격용 순항 미사일 3M-14 칼리버3M-14 Kalibrs 등의 무기가 우크라이나의 수도 키이우를 강타하고 있었다. 러시아군은 우크라이나 동부와 중부 지역 일원을 가로질러 루한시크, 도네츠크, 하르키우 등 여러 도시와 기지를 공습과 포격으로 폭파했다. 푸틴은 빠른 승리를 노렸고, 국제법을 노골적으로 짓밟으면서 온 힘을 모아 우크라이나의 미간에 라이트 훅을 날렸다. 그리고 그 푸근한 늦겨울 아침에 백악관에 모인 고위인사들은 상트페테르부르크 출신의 전직 KGB 깡패에 고개를 절레절레 흔들었다.

한 명씩 방으로 들어왔다. 국가안보보좌관 제이크 설리번Jake Sullivan,

재무장관 재닛 옐런, 국무장관 토니 블링컨Tony Blinken, 버락 오바마 전 대통령 시절 국가안보보좌관을 역임한 국내정책위원장 수전 라이스Susan Rice. 마지막으로 들어온 바이든 대통령이 이들에게 널찍한 크림색 소파를 권했다. 그는 푸틴의 조치와 외교 관례를 무시하는 그의 태도에 신경이 날카로워져 있었다.

이들은 서둘러 미국과 그 동맹국들이 재정적으로 푸틴의 발을 꽁꽁 묶어 피를 말릴 방법을 두고 토론을 이어갔다. 이들은 러시아를 국제 금융 체제로부터 완전히 차단하고 러시아 중앙은행에 대해 제한적 조치를 취해, 러시아의 어떤 은행이든 국제은행간통신협회SWIFT의 금융 메시징 시스템을 이용하지 못하게 막으려 했다. 국제 시장에서 유통되는 러시아의 돈에 자물쇠와 쇠사슬을 채우겠다는 계획이었다. 여기에는 크렘린뿐 아니라 제재 대상에 오른 러시아 기업과 올리가르히의 자산을 동결하기 위한 합동 태스크포스를 만들겠다는 무력화 계획도 포함되어 있었다.

하지만 그게 전부가 아니었다. 그들은 냉전 이후 가장 무자비한 제재 프로그램을 휘둘러 러시아의 전쟁 자원을 완전히 고갈시키려 했다. 이들은 대부분 2014년에 오바마가 비슷한 위기에 처했을 때 그 방에 있던 사람들이었다. 러시아-우크라이나 분쟁이 시작된 것은 사실 그때였다. 그리고 그들은 모두 당시의 실수에서 깨달은 바가 있었다. 즉 너무 온건했고 소극적이었으며 외교적으로 해결하려는 희망에만 매달렸던 것이다. 푸틴이 저지른 두 번째 침략에 대해서는 다른 방법을 써야 했다. 그리고 그들이 내놓은 계획은 러시아 정부와 은행과 올리가르히 등 모스크바를 국제 금융 시스템으로부터 완전히 고립시키는 것이었다.

그 방에 있는 사람들은 모두 국제 문제와 경제 분야에서 쌓은 경험이 풍부했다. 명문 대학을 나오고 지정학적 협상과 해외 외교 분야에서 수완을 발휘하며 평생을 보낸 사람들이었다. 바이든의 국가경제위원회 위원장인 브라이언 디스Brian Deese는 이런 잔인한 제재에 감춰진 위험성을 보지 못했다. 그는 미국을 제외하면 이런 어마어마한 부와 유동성과 경제적 충격을 견딜 수 있는 능력을 갖춘 자본 시장은 지구상 어디에도 존재하지 않는다고 철석같이 믿었다. 정신이 나간 국가가 아니고서야 이런 시장, 즉 이런 수준의 안정적인 외환보유고를 가진 시장에서 빠져나갈 엄두를 낼 수는 없다고 그는 생각했다. 그리고 그날 백악관 집무실에 앉아 있던 사람들도 한 사람 예외 없이 미국 달러를 대신할 수단이 거의 없다는 데 의견을 모았다. 그들의 제재가 시장을 위협하면 중국이나 사우디아라비아, 브라질, 인도처럼 달러를 대량 보유한 나라들은 다른 궁리를 생각하겠지만 누구도 멀리 달아날 수는 없었다. 설사 달아난다 해도 오래가지는 못할 것이다.

하지만 재닛 옐런의 표정에는 의구심이 뚜렷했다. 달러는 거의 80년 동안 세계의 기축 통화로서 외교와 신용, 모범적인 법률 시스템, 인권 보호 차원에서 금본위제를 상징해 왔다. 하지만 이런 징벌적 제재가 가해지면 결국 미국 국채에서 자본이 이탈하지 않을까? 그때도 중국이 외환보유액의 50퍼센트를 여전히 미국 달러로 보유하려 할까? 그리고 러시아가 중국에 생산 기계를 공급하는 점을 생각하면 붉은 용(중국)이 러시아의 석유 시장을 지원하는 일이 발생하지 않는다고 누가 장담할 수 있을까? 그런 제재가 미국의 서방 동맹국들의 지지를 받는 것은 사실이지만 재무부 장관의 입장에서 볼 때 그런 건 조금도 중요하지 않았다. 미국의 외교 정책에 동의하지 않는 경제 대국들은 합금강으로 만든 칼과 유연한 나무 손잡이가 달린 해머커숄레머 벌목 도끼를 들어 달러 보유고를 베어낼지도 모른다.

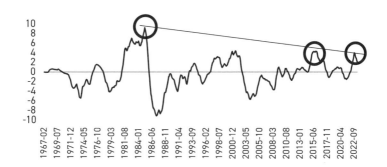

그러나 이들은 옐런의 우려를 묵살했다. 그날 밤 연두교서에서 바이든 대통령은 러시아 경제를 표적으로 삼은 새로운 제재를 발표했다.

바이든과 그의 참모들은 간교한 푸틴이 여러 해에 걸쳐 전쟁 준비를 해왔다는 사실을 몰랐다. 2016년에 바이든은 미국 국채 보유분을 풀기 시작하여 2018년 7월 중순에는 국채를 전부 매각했다. 총 1,200억 달러였다.

블라디미르 푸틴은 언론의 눈에 미치광이, 어디로 튈지 모르는 독재자처럼 보였을지 모르지만 최근의 우크라이나 공격은 치밀한 계획하에 이루어진 것이었다. 그는 달러로 표시된 금융 자산을 매각하고 그 돈을 들고 경질 자산에 달려들었다. 2018년에 그의 금 보유량은 300억 달러가 늘어 800억 달러가 됐다. 60퍼센트 증가한 것이다. 그리고 푸틴은 2014년에 크림반도로 쳐들어가는 한편, 중국과 30년간 4,000억 달러에 달하는 거대한 가스 공급 계약을 맺었다. 이른바 천연가스 파이프라인 '시베리아의 힘Power of Siberia'이었다. 이 계약은 러시아 중부의 여러 가스전을 하나의 파이프라인으로 연결하여 연간 610억 제곱미터의 가스를 상하이와 베이징으로 수송하는 프로젝트였다. 이 파이프라인은 2019년 10월에 개통되었고, 이때부터 러시아 가스는 중화의 나라 중국으로 들어가기 시작했다. 푸틴은 최종적으로 유럽으로 들어가는 러시아 가스를 끊을 계획을 세워 서방이 제재를 가할 강력한 가능성에 대비했다. 그러나 미국의 국채를 떨쳐버리려는 푸틴의 노력에도 불구하고 세계 여러 은행에 흩어져 있는 6,250억 달러의 외화와 귀금속은 제재로 인해 절반이 동결되었다. 하지만 그는 쉽게 KO 되지 않았다. 그리고 피와 폭력이 난무하는 최근 전쟁에서 달러에 달갑지 않은 파급효과가 나타났다. 그것은 모든 투자자가 알아야 할 파급효과였다. 글로벌 통화 생태계에 큰 변화가 일어났고, 역사상 처음으로 미국 달러가 엄청난 곤경에 처할 가능성이 있기 때문이었다.

미국, 친구인가 적인가?

워싱턴 정계에서 달러의 무기화는 총을 쏘지 않고 분쟁에서 승리할 수 있는 효과적인 방법으로 받아들여진다. 하지만 무기화는 극도로 신중하게 결정할 문제이기 때문에, 불가피한 경우가 아니면 사용을 자제해야 한다. 미국 화폐는 튼튼한 갑옷에 둘러싸여 있는, 전 세계 금융을 지배하는 상징물이다. 전체 석유 무역을 포함하여 전 세계 무역의 65퍼센트가 미국 달러로 이루어지는 것은 그 때문이다. 그리고 2차 세계대전이 끝나기 직전인 1944년 6월, 뉴햄프셔 브레튼우즈에 있는 마운트워싱턴호텔Mount Washington Hotel에 연합국 44개국 대표 730명이 모인 것도 바로 그 때문이었다. 미국 달러를 세계 기축 통화로 못 박는 협정이 체결된 곳이 바로 그곳 화이트산맥 기슭이었다. 달러의 무기화는 누구도 가볍게 여겨서는 안 되는 책임이 따르는 조치다. 그리고 그것은 군사적 갈등을 해결할 기개가 부족한 정치인들이 절대 휘둘러서는 안 되는 권력이다.

하지만 그런 권력은 늘 남용되어 왔다. 그것도 심할 정도로. 그리고 이제 그 권력은 티핑 포인트에 도달했다. 미국의 재정은 여러 해에 걸친 분별없는 과잉 지출과 다루기 힘든 세계 무대의 골칫거리 집단과 맞서느라 위태로운 국면으로 접어들었다. 조지 W. 부시는 이라크와 아프가니스탄을 침공했다. 오바마는 리비아와 시리아를 폭격하고 러시아에 제재를 가했다. 트럼프는 중국, 이란, 베네수엘라를 제재했다. 그리고 이제 바이든은 '제3의 로마'에 잔인한 제재를 가했다. 모스크바는 무기화 된 미국 달러의 예봉을 정면으로 받았다. 6년 만에 2번째였다. 그리고 제재는 파란만장한 역사를 갖고 있다. 20세기에만 110번의 제재가 가해졌지만 표적이 된 국가에서 뭔가 바뀐 적은 거의 없었다. 오히려 제재로 인해 도전적인 지도자와 독재자들은 자신의 입지만 더욱 완강하게 굳혀 그들의 국민들만 피해를 입었다. 레이건 대통령은 아르헨티나에 제재를 가했지만 남대서양에서 벌어진 본격적인 전쟁을 중단시키는 데는 아무런 도움이 되지 않았다. 그의 후임자인 빌 클린턴은 인도, 쿠바, 파키스탄, 이란, 리비아를 공격했다. 나중에 클린턴은 미국이 "제재 중독증"에 걸렸다고 한탄하며 다소 위선적인 태도를 보였다. 지정학적 긴장 국면에서, 특히 워싱턴의 이해관계가 걸려 있을 때 그들은 평화를 유지하는 방법으로 경제적 무기를 즐겨 사용한다.

　그러나 우방이든 적국이든 세계 지도자들은 미국이 경제 전쟁을 일으킬 때마다 그런 의도를 알아챈다. 또한 그들은 제재의 효과가 해당 국가의 달러 의존도와 달러의 보유량에 따라 달라진다는 피할 수 없는 사실에 눈을 뜬다. 미국의 의제나 세계관에 정확히 맞지 않는 나라는 2022년에 러시아가 겪었던 것과 비슷한 운명에 처할 수 있다는 두려움이 커진다. 다시 말해 수십억 달러에 달하는 정부와 기업과 국민의 자산이 동결될지 모른다. 그러나 브레튼우즈 회의 당시 미국은 전 세계 GDP의 절반을 차지했지만, 2022년에는 그 수치가 4분의 1로 축소된 터였다. 즉 미국 주도의 경제 체제를 고스란히 받아들이지 않아도 될 방법이 갈수록 많아지고 있다. 달러를 너무 많이 보유하는 것을 망설이는 분위기와 맞물려 달러를 보유할 필요성이 줄어드는 상황은 현재 미국 행정부가 인정하는 것보다 훨씬 더 큰 피해를 줄 것이다. 미국의 재정적 밧줄이 언제까지고 늘어나리라 믿었던 정치인들이 불려놓은 부채는 마침내 지구상에서 가장 큰 베어트랩을 만들었다. 그리고 투자자라면 누구나 이 베어트랩의 정체를 알아야 한다.

　리먼브러더스 파산 이후 오바마 대통령은 2퍼센트의 금리로 돈을 빌릴 수 있는 호사를 누렸다. 사실 앞서 설명했듯이 2002년부터 2021년까지 금

금융 제지라는 수갑

2023년 여름에 우리는 런던에서 고객 컨퍼런스를 개최했다. 내가 무척이나 좋아하는 메이페어에 다시 올 수 있어 정말 좋았다. 맨해튼과 마찬가지로 런던에서도 이 지역 금융 커뮤니티는 지구상에서도 보석 중의 보석 같은 곳이다. 유럽은 기록적인 폭염과 싸우고 있었지만, 내가 걸어간 알버말스트리트는 섭씨 18도로 선선했다. 나는 당연히 우산을 들고 내가 가장 아끼는 투자자 한 명을 만나기 위해 그 거리를 올라갔다.

마크 슈발Marc Cheval은 1980년대 후반에 런던 정경대LSE를 졸업했다. 잘생긴 외모에 품격과 두뇌까지 갖추었지만 그의 트레이드마크는 변하지 않는 겸손이다. 골드만삭스에서 10년을 보낸 슈발은 꿈을 더 크게 키우기 시작했다. 1997년 가을에 루이스 베이컨Louis Bacon의 무어캐피털Moore Capital은 슈발을 영입해 최고위직을 맡겼고, 그때 그가 신흥시장과 에너지 영역에서 매크로 트레이딩으로 거둔 성공은 하나의 전설이 되었다. 나는 운 좋게도 그를 친구로 부를 수 있게 되었고, 자산군 전반을 더 많이 배우고 이해하려는 내 팀의 의욕적 사명감을 위한 멘토로 삼을 수 있었다. 수년 동안 슈발은 독특한 퍼즐 조각을 찾아내 눈이 번쩍 뜨이는 관점을 제시하기도 했다. 하지만 오늘 우리의 첫 의제는 브라운스 호텔의 도노반 바에서 주문한 와인 한 잔이었다.

와인 말고도 우리는 구석 테이블에 앉아 가족의 근황 등 밀린 얘기도 잠깐 나누었지만, 슈발은 늘 그렇듯 곧장 본론으로 들어갔다.

"래리, 지금 우리는 우리 경력에서 일생일대의 중요한 거래를 앞두고 있어. 12월에 12조 달러가 채 안 됐던 나스닥 100이 지금은 19조 달러에 육박하고 있잖아. 월스트리트 애널리스트들은 작년에 달아났던 종목을 업그레이드하기 위해 전력을 기울이는 형편이고. 인플레이션 상황을 보면 앞으로 3~5년 사이에 고인플레이션 변동성 체제가 다가오는 것처럼 보이지만, 주식은 선형적으로 곧장 하락해 2010~2020년 시대로 돌아가는 추세야. 모두가 지난 10년 동안 인기를 누린 종목을 원하지. 하지만 경질 자산은 5년이나 10년 후를 내다보는 위험 설정에 비해 지나치게 저평가되어 있어."

"자네 오늘 기분이 안 좋군." 내가 웃었다.

하지만 슈발은 우리 발아래 지각판이 움직이고 있다는 사실을 감으로 눈치 채고 있었다. 월스트리트에서 확실한 것은 한 가지밖에 없다. 가장 깊숙이 자리 잡은 합의는 틀린 것일 때가 많다는 사실. 전략가와 애널리스트들이 모두 똑같은 노래를 부를 때는 걷지 말고 뛰어야 한다. 다른 쪽으로.

"마크, 큰 그림으로 봤을 때 가장 걱정되는 건 선진국의 인구 고령화야. G7은 미국, 캐나다, 프랑스, 독일, 이탈리아, 일본, 영국에서 나온 정부 관료들의 정치 포럼이지. 미적립채무 unfunded liability 가 뭔가? 유권자가 지지해 줬다는 대가로 유권자에게 약속한 미래 아닌가? 그러니까 사유 재산 몰수 같은 부당한 강탈을 하지 않았어도 지불하기 위해 따로 마련한 자산도 없는 유권자들에게 하는 약속이지. 미국에서만 국채를 포함해 200조 달러에 달할걸." 내가 말했다.

"바로 그거야, 래리." 슈발이 동의했다. "이 수렁에서 빠져나올 수 있는 유일한 방법은 채무불이행 사태가 발생했을 때 대형 부채 탕감 프로그램이 발동되거나 정부가 출구전략으로 인플레이션을 조장하는 방법뿐이지. 디플레이션이란 순풍은 대부분 인플레이션 역풍으로 바뀌고 있는데, 미국은 단연코 가장 많은 부채와 최고의 자산 프로필을 가지고 있는 나라야. 결론은 인플레이션이 탈출구야. 그 첫 번째 단계는 연준이 볼모들을 시켜 보고서를 마구잡이로 발표하는 거지. 앞으로 몇 년 사이에 연준은 3퍼센트라는 인플레이션의 새로운 목표(현재는 연준의 이중책무 dual mandate 의 일환으로 2퍼센트)에 대한 세일즈 피치를 시작할 거야. 천천히 진행되겠지만 내 생각에는 그게 그들의 계획이야."

"마크, 우린 미국 달러가 빨래통에서 제일 깨끗한 셔츠이고 달러 수요는 끝이 없다는 말을 귀가 닳도록 들었잖아. 그 점은 어떻게 생각해?"

"잘 들어. 우리는 돼지우리 쪽으로 가는 중이라고" 슈발이 대답했다. "미국도 그렇지만 더러운 셔츠가 좀 많은 게 아니야. 언젠가는 석유, 구리, 금, 백금, 은 같은 경질 자산이나 비트코인 같은 자산으로 자본이 몰리게 될 거야. 미국의 문제는 부채로 인한 부작용이 나타나기까지 시간이 걸린다는 것이지. 부채는 돌아오는 데 시간이 걸리기 때문에 부채 수준이 높을 때 그 부정적 후속 영향은 아주 거창한 (부채) 잔치가 끝난 뒤에 숙취가 여러 해 가는 것처럼 시차를 두고 나타난다고."

"이봐, 마크. 2011년 원자재 시장이 절정에 달했을 때 어느 순간 MCSI 세계 에너지 지수의 가치가 나스닥 100 지수보다 더 높았던 적이 있었잖아. 현재 NDX의 규모가 15조 달러니까, 적어도 5조 달러 이상이 대형 기술주에서 빠져나와 에너지와 금속으로 다시 이동한 것 같은데."

"래리, 나도 동의하긴 하지만 투자자들에게 가장 큰 문제는 금융 억압이야. 누구라고 이름을 밝히고 싶지는 않지만 난 개인적으로 알고 있는 핵심 인사들이 많다고. 이 친구들은 이자율을 인플레이션보다 낮게 유지해서 부채 부담을 낮추려 하지. 이들이 비책으로 내놓을 다음 속임수가 뭔지 아나? 미국 국채를 소유하는 문제와 관련해 생각하면 미국의 연금 시스템 전체를 더 높은 수준으로 의무화하는 것이지. 영국과 일본이 이미 갔던 길이야."

슈발은 계속했다. "또 한 가지, 그들은 AI(인공 지능)를 크게 두려워하고 있어. AI는 방정식에 수익 생산자보다 더 많은 수급자를 추가하기 때문에 중산층에 대한 실질적인 위협이라고 보는 거지. 미국의 실업률은 3.5퍼센트에 육박하는데 재정적자는 1조 7,000억 달러에 달한다고. 지금 추세라면 미국은 2025년까지 연방 세입의 25퍼센트를 이자로 지출할 것 같은데, 전 세계적으로 AAA 등급의 국채라고 해도 대부분 1~2퍼센트밖에 안 되고, AA 국채는 5퍼센트 미만에 불과해. 그러니 연준은 시장을 지원하기 위해 개입할 수밖에 없을 거야. 2013년 이후 중국의 미국 국채 보유량은 지난 5년 사이에 4,000억 달러 감소했고, 일본의 국채 보유량은 2021년 이후 약 2,000억 달러 감소했거든. 이런 것도 금융 억압을 굳히기 위한 하나의 수법이지."

금융 억압financial repression은 공적 부채를 인위적으로 낮춘 금리로 금융 기관에 맡기는 일련의 정책이다.

"이걸 무리 없이 진행하는 방법이 있어." 슈발은 설명했다. "규제를 통해 민간 부문의 기관들이 부채를 더 많이 보유하도록 의무화하는 거지. 최악의 경우, 서방 정부들은 전쟁을 통해 금융 기관이나 대중에게 정부 부채를 떠넘길 수 있어. 이 시나리오라면 1914년에 금본위제를 포기했던 것과 비슷하게 자본 이동을 중단한 다음, 외국인이 보유한 30조 달러에 달하는 미국 주식과 채권 중 일부를 몰수할 수 있지. 이런 종류의 금융 억압이 위험하기 때문에 원자재와 가치주를 여러 해 운영하는 초기에 좋은 실적을 낼 수 있는 거야. 여기에 금속과 광업 부문의 투자 부족 상태를 지켜봤다고 생각해 보라고. 설비 투자가 2014년의 궤도에서 그대로 유지되었다면 전 세계는 석유와 가스, 금속, 우라늄 탐사에 3조 달러를 더 투자했을걸. 하지만 실제는 그렇지 않아. 세계 인구가 10년 전에 비해 6억 명이 늘었는데도 말이야."

"마크, 연준이 최고의 리스크 관리자는 아닐지 몰라도 바이마르공화국의 초인플레이션 통화정책을 되풀이할 만큼 어리석은 건 아니지 않은가." 내가 말했다.

"사실이야, 래리. 그들은 금융 억압을 천천히 진행시키려 하지. 정부 이자율을 물가상승률보다 낮게 하되 그 강도를 신중하면서도 상당한 수준으로 유지하고 싶어 한다고. 그 말은 저축하는 사람들의 소득을 유지하면서 물가상승률보다 낮은 이율로 미국 정부에 대출해 준다는 뜻이야. 지금 신흥 경제국이 비효율적인 산업을 보호하기 위해 이런 짓을 한다는 얘기가 아니야. 세계 최대 경제 대국이자 전대미문의 군사 대국이면서 세계 금융시장을 지배하고 가장 두터운 금융시장을 가진 나라가 이런 수법을 쓰는 거라고. 아니라고 일부를 부인할지 몰라도 완전히 부정하지는 못할걸. 꼬리만 감춘다고 미국이 존재하지 않는 나라가 되는 건 아니지 않은가?

"하지만 미국이 하면 결국 전 세계가 따라 하지 않을까?"

"당연하지. 미국 정부가 쓰는 금융 억압은 정부 부채를 낮춰서 GDP 대비 부채 비율을 지속 가능한 수준으로 개선하려는 일종의 편법이야. 정치인들은 중산층 세금을 노골적으로 인상하기 꺼리기 때문에, 인플레이션을 통해 모든 사람에게 세금을 부과하는 거잖아. 연준은 인플레이션이 사라지는 것을 원치 않아. 그들이 원하는 건 미 정부의 부채에 대한 이자율보다 인플레이션을 높게 유지하는 거야. 두 번째로, 사실 이게 중요한 관심사인데 그렇게 하되 초인플레이션을 일으키지 않는 것이지. 그래서 천천히 진행하는 거야. 15개월짜리 프로그램이 아니라 15년짜리 프로그램인 거지. 연준이 연준 기금을 물가상승률에 맞춰 일시 중단한 건은 우연이 아니라고. 연준은 인플레이션율 자체를 따로 떼어놓고 보기보다 재무부의 혼합 평균 금리와 인플레이션율을 비교하는 데 더 많은 시간을 할애한다고."

거시 금융의 대가와 앞으로 전개될 일을 살펴보는 것은 아주 흥미로웠다. 하지만 마크 슈발이 말하는 것은 고인플레이션 시대의 금융 억압이다. 이는 인플레이션과 국가 부채를 제대로 통제하지 못하는 신흥 경제국에서 흔히 나타나는 현상과 거의 비슷하다. 이런 금융 억압은 디플레이션의 장기 침체기 때 보았던 그런 유형은 되지 않을 것이다. 그때는 연준의 기준금리가 거의 0퍼센트 수준에서 유지되고 성장주가 가치주를 웃돌던 때였으니까.

리는 대체로 내려가는 추세였다. 그리고 2014년에 제로에 가까운 금리 덕분에 미국은 15조 달러의 부채를 질 수 있었고 연간 4,400억 달러를 이자로 갚았다. 다시 말해 미국은 그 많은 돈에 대한 이자를 2.6퍼센트라는 터무니없이 낮은 이율로 갚은 것이다.

하지만 미국은 지금 위험 구역에 들어섰다. 조 바이든 대통령은 2023년에서 2025년 사이에 만기가 돌아오는 11조 달러의 부채와 마주하고 있으며 몇 년 더 지속될 수밖에 없는 고금리 환경에서 이 문제를 처리해야 한다. 이 산더미 같은 부채를 5퍼센트에 가까운 금리로 재융자해야 하는 것이다. 이자율이 1퍼센트포인트 상승할 때마다 이자 지급 비용은 매년 1,100억 달러씩 증가한다. 내년이 되면 미국의 모든 부채에 대한 연간 총 이자 지급액이 1조 5,000억 달러에 이를 것이다. 바이든 대통령과 그 뒤를 이어 집무실로 들어오는 사람은 코로나19 후유증과 에너지 위기 그리고 높은 인플레이션과 고금리 속에서 아직 구체화 되지 않은 위기를 해결해야 한다. 연간 이자 지급액은 오바마 정부 때보다 최소 1조 달러 이상 늘어날 것이다. 보통 문제가 아니다.

세계는 이제 미국의 제재 남발, 외환보유고 동결, 갈수록 불안감을 더 해주는 빚더미 등으로 미국에 대해 확신을 갖지 못한다. 무엇이 미국을 이 지경으로 몰고 갔는가? 한마디로 안일함 때문이다.

2023년 현재 일본이 보유한 미 국채는 1조 1,000억 달러에 이르고 그 뒤를 이어 중국이 8,670억 달러, 영국이 6,550억 달러, 벨기에가 3,540억 달러, 룩셈부르크가 3,290억 달러의 미국 국채를 보유하고 있다. 하지만 미국이 쉽게 돈을 조달하던 장밋빛 시절은 얼마 못 갈 것 같다. 최근 대 러시아 제재가 있은 뒤로 세계 여러 나라의 재무장관들은 자본을 달러로 묶어두기를 꺼리는 눈치다. 잠시 뒤에 설명하겠지만, 미국은 현재 갑자기 불어나는 재정적자와 이미 상환을 연장한 기존의 부채를 해결하기 위해 유럽과의 글로벌 저축 경쟁을 강화하고 있다. 과거에는 미국이 경화 국채의 유일한 주요 발행국이었지만, 코로나19 팬데믹 기간에 유로존이 상호화 채권을 도입하면서(253페이지 참조) 이제는 경쟁이 더욱 치열해지고 있다. 그리고 연준은 더는 시장에서 채권을 매입하지 않는다. 사실은 매도한다. 더 중요한 것은 미국이 언제든 자국의 채권을 매입하는 상대로 믿었던 나라들, 즉 중국, 사우디아라비아, 브라질, 인도 등이 달러에 대한 의존도를 끊어내기 위해 요즘 손을 잡고 경쟁력 있는 글로벌 결제 시스템을 개발하고 있다는 점이다. 이는 하나의 게임 체인저로, 달러에 막대한 영향을 미칠 수 있다.

외환보유 관리자들에게는 다른 곳으로 눈을 돌릴 동기가 있었다. 무기화된 미국의 제재나 달러의 강세 때문만은 아니다. 예측할 수 없는 미국의 정치도 우리는 고려해야 한다. 미국은 여전히 1944년에 모두가 방문하여 브레튼우즈 협정을 체결했던 그 나라, 즉 실용주의와 논리와 원대한 전략을 가진 나라인가? 아니면 지금 전혀 다른 나라가 됐을까? 뭔가 주목할 만한 일이 2023년 여름에 일어났지만 이를 눈치챈 사람은 거의 없었다. 위안화가 달러를 제치고 중국 최고의 국제 통화로 부상한 것이다. 2010년에 전무에 가까웠던 위안화의 시장 점유율이 2018년에는 20퍼센트로 증가했고 2023년 7월에는 51퍼센트에 달했다. 정말 세상이 달라졌다.

미국은 불과 5년 전만 해도 바닷가재나 철강 같은 사소한 문제로 유럽연합과 무역 전쟁을 불사하겠다고 위협했던 나라다. 미국은 나토 동맹국에 미리 알리지 않고 한밤중에 아프가니스탄에서 서둘러 철수했다. 또 호주를 막판에 밀실에 몰아넣고 미군 잠수함을 사도록 압박하여 거래를 체결함으로써, 5년 전에 호주와 프랑스가 선의로 체결한 잠수함 계약을 무산시켰다. 미국은 앙겔라 메르켈^Angela Merkel 총리를 비롯한 독일 관리 125명과 유엔 사무총장과 수많은 유엔 직원들의 개인 휴대전화를 10년간 도청한 나라다.[1]

〈 그림 8.3 〉 **주요 중앙은행들의 금 보유량(미국 제외)**

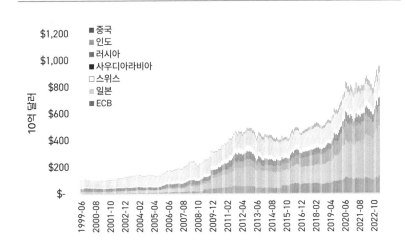

미국은 한때 베를린 공수작전이나 캠프 데이비드 협정이나 레이캬비크 정상회담 등 세계대전을 피하기 위한 과감한 외교 행보로 주가를 높였다. 여기서 묻지 않을 수 없다. 공격적인 외교 정책 근육으로 단련된 10년간의 무기화된 제재가 미국 달러의 안정성을 어느 정도로 위태롭게 만드는지 아는가?

사막에서의 첫 주먹 인사

사우디아라비아의 홍해 연안에 제다라는 도시가 있다. 한때 이슬람 성지인 메카와 메디나로 향하는 순례의 관문이었던 곳이다. 2022년 7월 15일에 다른 유형의 순례가 있었다. 서방 지도자들이 도착했고 왕궁으로 이동하여 세계 석유계에서 가장 강력한 권력을 가진 무함마드 빈 살만Mohammed bin Salman 사우디 왕세자를 만났다. 그리고 뜨거운 여름의 태양 아래서 바이든 대통령은 검정색 의전용 리무진에서 내려 전통의상을 걸친 사막 왕국의 베두인족 통치자와 주먹을 부딪쳤다. 무함마드는 머리 위에 붉은색과 흰색으로 된 쉬마그를 쓰고 둥근 검은색 가죽 끈 이칼로 고정했다. 수염을 단정하게 정리한 무함마드는 오른손을 불끈 쥔 채 주먹을 맞대면서 바이든의 눈을 똑바로 응시했다. 대선 캠페인 기간에 사우디아라비아를 '왕따pariah'로 만들겠다고 공언했던 사나이였다.

은퇴한 살만 국왕의 아들인 이 36살 사나이는 부친 밑에서 여러 직책을 두루 거치며 평생을 보냈다. 그가 배운 것은 부족 간의 전쟁과 적의 도발을 억제하는 방법, 국정을 운영하는 법, 단호한 행동과 철통같은 비밀로 신중하게 국가를 이끌어가는 법 등이었다. 그리고 아무리 서방 국가들이 막강한 경제력을 가졌다 해도 유가 문제에 대해서 왕세자에게 응답해야 하는 쪽은 서방이었다. 바이든이 그 자리에 있었던 것도 바로 그런 이유 때문이었다. 미국의 유가는 그의 지지율을 떨어뜨렸고, 인플레이션은 통제범위를 벗어났으며, 중간선거는 4개월 앞으로 다가왔다. 미국 대통령은 공손한 자세로 그 자리에 섰다. 그의 앞에는 험난한 장애물이 놓여 있었다. 바이든은 선거 캠페인 기간에 저질렀던 모욕을 없던 일로 하고 어떻게든 석유 공급을 늘리도록 협상해야 했다.

아랍 국가의 수장들은 미국의 우발적 행동에 절망하는 것 같았다. 미국은 한때 어떤 지역이든 세계 시장에서 원유 공급을 방해하는 독재 세력과 맞서왔던 강력하고 신뢰할 만한 동맹국이었다. 1970년대 닉슨과 재무부 지도부가 페트로달러를 창안한 배경에도 그런 개념이 깔려 있었다. 닉슨은 금본위제와 달러를 분리하여 다른 나라들이 달러화를 피하도록 자극했지만, 페트로달러는 모든 나라를 다시 합류시켰다. 미국은 사우디의 유전에 대한 철통 같은 안전을 보장했고, 사우디는 그 대가로 블랙 골드 대신 달러화만 받기로 합의하는 한편 그들이 가진 모든 달러를 미국 국채와 미국 기업에 투자하겠다고 약속했다. 이로써 미국은 달러화를 절약하는 동시에 상상도 못할 힘을 얻게 되었다.

그러나 이후 50년 동안 미국의 안일함, 엄청난 액수의 부채, 미국의 이익에 걸림돌이 되는 나라를 상대로 한 달러의 무기화는 페트로달러 협정을 뿌리부터 흔들었다. 이 협정은 세계가 달러를 소유하기 원하고 미국이 막강한 군사력을 여유 있게 감당할 수 있을 때만 효력을 갖는다. 옛말에도 있다. "은혜를 원수로 갚지 말라." 그러나 조 바이든 일행이 왕궁의 널찍한 테이블에 앉았을 때 마주한 아랍 대표들의 표정에선 심각한 우려가 그대로 드러났다. 러시아에 대한 제재로 인해 달러를 많이 보유한 나라들은 겁을 먹고 그들의 포지션을 축소하고 금을 매수하려 했기 때문이었다. 중국과 러시아가 그랬다. 두 나라는 귀금속을 대량으로 사들이고 있었다. 우연이겠지만 인플레이션이 폭등의 10년을 내달리기 한 해 전인 1967년 이후 볼 수 없었던 물량이었다.

러시아와 중국만 금괴에 달려든 것은 아니다. 세계 곳곳의 중앙은행들도 2022년에 1,136톤을 사들이며 누런 귀금속을 폭식했다. 적어도 1950년 이후로는 전례 없던 규모였다. 달러가 사실상 범접할 수 없는 지위를 잃고 있다는 것을 똑똑히 보여주겠다는 듯, 중국인민은행은 2016년에 위안화를 국제통화기금IMF의 특별인출권Special Drawing Rights, SDR 통화 준비금 바스켓에 포함시키는 성과를 올렸다. 이런 여러 정황이 겹쳐 이제 석유 시장에서 새로운 교환 시스템을 위한 길이 열리고 있다. 사우디아라비아가 이미 위안화, 러시아 루블화, 심지어 금까지 석유 대금으로 인정하기 때문에 페트로달러는 의심할 여지 없이 예전의 힘을 잃고 있다. 페르시아만의 다른 한쪽에 있는[2] 이란은 석유와 가스뿐 아니라 최종적으로 국제 무역의 결제 수단으로 달러를 대체할 안정적인 금 기반 화폐를 만들기 위해 러시아와 적극 협력한다. 러시아, 이란,[3] 카타르는 전 세계 천연가스 매장량의 60퍼센트를 공동 관리하며 OPEC과 유사한 가스 카르텔의 설립을 구상 중이다. 이는 외부 세계가 달러를 대체할 화폐를 찾는 데 매우 진지한 열의를 보이기 시작한다는 것을 암시한다.[4] 아마도 그것은 금 같은 경질 자산을 기반으로 한 화폐가 될 것이다.

객관적인 관점으로 볼 때 사우디아라비아의 다변화 의지를 나무랄 수는 없다. 세계가 달러를 두려워하면 페트로달러에 의존하는 석유 시장은 더

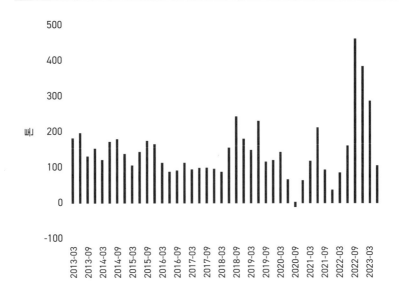

욱 어려워질 것이다. 앞서 언급한 대로 현재 사우디는 브라질, 러시아, 인도, 중국, 남아프리카공화국 등 브릭스BRICS 5개국과 진지하게 논의를 벌이고 있다. 이 다섯 나라의 GDP를 모두 합하면 25조 달러에 이른다. 미국의 GDP와 맞먹는 규모이지만, 이들 나라는 타격이 심한 부채와 막대한 미적립 연금 부채, 불어나는 무역 적자에 시달리지는 않는다. 그 반대다. 이들 5개국은 빠르게 성장하는 중산층, 제조업에 대한 야망, 엄청난 원자재 자원 등으로 이미 상승 궤도에 오른 상태다. 이런 동맹은 앞으로 사우디아라비아의 궁정을 책임질 미래의 국왕에게 매우 어울릴지 모른다. 그는 풍부한 에너지와 그의 나라를 현대화 할 대단한 계획을 품은 지도자이자 백악관에 있는 남자를 별로 존중하지 않는 것 같은 사실상의 통치자다. 아마도 그 때문인지 대통령이 돌아간 지 한 달 뒤에 무함마드 빈 살만 왕세자는 석유 생산량을 줄여 배럴당 가격을 다시 한번 올렸다.

닳아 해진 국제 안보라는 섬유조직

미국이 사우디 유전에 대한 군사적 보호를 포기하면 어떤 정권이든 세계 최대의 천연자원을 통제할 수 있다. 사우디는 25만 7,000명의 현역병과 500억 달러에 가까운 예산을 가진 대군을 보유한다. 이 시나리오가 어떻게 흘러갈지는 아무도 모르지만, 그것은 국제적 위기를 고조시켜 세계 유가에 대한 통제권은 결국 최고 입찰자의 손에 의해 좌지우지 될 것이다. 헨리 키신저의 전기를 쓴 세계적인 역사학자 니얼 퍼거슨에 따르면 미국은 현재 공산주의 중국과 냉전 중이며, 2020년 이후로 그런 상태를 유지해 오고 있다. 여기서 퍼거슨은 세 가지 질문을 던진다. "제2차 냉전이 3차 세계대전으로 이어질 것인가? 러시아-우크라이나 전쟁이 훨씬 더 큰 전쟁으로 확대될 것인가? 그리고 전쟁이 다시 일어난다면 세계대전도 다시 일어날 것인가?" 억지에 가까운 시나리오처럼 들릴지 모르지만, 사실 역사를 보아도 전쟁은 훌륭한 리셋 장치였다. 전쟁, 그러니까 대규모 국제적 갈등의 가능성은 희박할지 몰라도 생각해 볼 만한 가치는 충분히 있다.

현대 세계에서는 상상하기 어렵지만 그래도 전쟁이 일어날 가능성이 전혀 없다고는 못한다. 그리고 전쟁의 원인은 대부분 돈이다. 다시 말해 부채와 무역과 현금이다.

1장에서 고정환율제와 무역 수지 흑자를 설명하면서 그 과정의 작동 방식을 범선에 빗대 설명했다. 에너지와 ETF와 암호화폐를 얘기하다 보면 논지가 엉뚱한 곳으로 빠지기 쉽다. 하지만 다시 본론으로 돌아가 미국이

달러에서 벗어나려는 여러 국가들의 노력은
달러의 구조적 쇠퇴를 의미한다

유럽연합과 미국이 우크라이나 침공에 맞서 제재에 나서자, 러시아는 중국의 품에 확실하게 안겨 서방에게 부랑아로 낙인찍혔다. 미국은 이미 최근 몇 년 동안 중국 수출품에 관세를 부과하고 인권 침해를 이유로 중국을 비난하는 등 갈수록 거세지는 적대감을 감추지 않았다. 이제 중국과 러시아는 앞장서서 더는 달러를 사용하지 않는 결제 시스템을 개발하고 있다. 중국은 다른 나라와의 교역에서 달러 대신 위안화를 받아들이라고 종용하고 있으며, 실제로 많은 나라들이 이에 기꺼이 응한다. 최근 몇 년 동안 중국은 사우디아라비아와의 유대를 강화해왔다. 2022년 12월에 시진핑 주석은 걸프 국가들을 향해 석유나 가스를 구매할 때 위안화로 대금을 치를 수 있도록 촉구했다. 이로써 페트로위안화 시스템을 구축하기 위한 토대가 다져지고 있다. 이제 세계 양대 산유국인 러시아와 사우디아라비아는 더는 달러로만 석유 거래를 하지 않는다. 다른 여러 나라들도 대체 글로벌 결제 시스템에 동참하고 있다. 이란, 베네수엘라, 예멘, 북한, 시리아 등 여러 해에 걸쳐 미국의 제재를 받아온 나라들이 누구보다 적극적이다. 2023년 4월에 브릭스[5]는 대체 글로벌 결제 시스템을 구축하기 위한 프로젝트에 착수했음을 내비쳤다. 이란과 사우디아라비아가 공식적인 가입 절차를 밟기 시작했으며, 멕시코(NAFTA 회원국이다!), 아랍에미리트, 나이지리아 등 10개국도 가입을 희망하고 있다. 2023년 5월에 브라질[6]과 아르헨티나는 결제 수단에서 달러화를 제외하는 무역 협정을 체결했다. 이 협정은 두 나라가 중국과 체결한 통화 스왑계약과 유사하다.

무역 적자를 메우려면 상대 국가로부터 달러를 꾸준히 되돌려받는 것이 얼마나 절실한지 논의해야 한다. 미국은 해마다 무역에서 적자를 내고 있다.

다른 나라들은 대부분 그 반대다. 그들은 수입보다 수출이 더 많기 때문에 흑자를 낸다. 하지만 미국은 그렇지 못하다. 영국도 마찬가지다. 이 두 나라는 만성적 무역 적자를 기록하는 유일한 대국이다. 1장에서 자세히 설명했지만 중국은 엄청난 흑자를 내고 있으며, 그 돈으로 미국 국채를 사들인다. 그리고 그 엄청난 자본, 요즘 기준으로 해마다 1조 달러에 가까운 그 돈은 대부분 미국으로 유입된다. 이들 달러는 대부분 미국의 다른 구조적 적자, 즉 막대한 재정적자를 메우는 데 사용된다. 두 나라가 순조롭게 협력한다면 모든 일이 잘 풀리겠지만 미국이 중국에 제재를 가하고 두 나라 경제를 분리하겠다고 위협하면 순식간에 일이 꼬일 수 있다. 그건 안 좋은 일이다. 정말 좋지 않다. 아물지 않은 상처가 햇볕에 곪는 것과 같다. 이런 문제는 오래 방치할수록 더 나빠진다.

　나는 이 수치만 보면 머리가 쭈뼛 선다. 외국인이 소유한 미국 국채가 현재 7조 5,000억 달러를 넘는다. 2002년에 1조 달러였던 것이 그렇게 늘어났다. (금리가 오르면 채권 가격은 내려간다. 이때 막대한 손실이 발생한다.) 하지만 미국 국채를 사들이는 건 외국인만이 아니다. 2008년 말에 연준은 일본의 통화정책을 본떠 양적완화 프로그램을 개시한다며 이후 13년에 걸쳐 결국 5조 5,000억 달러에 달하는 국채와 3조 달러에 달하는 기관채를 매입했다. 모든 미국인의 급여에서 매달 떼어가는 사회보장기여금은 몇 해 동안 따로 7조 5,000억 달러의 국채를 매입해 온 어떤 신탁기금으로 들어간다. 결국 이들이 소유한 정부 국채를 모두 합하면 총 20조 달러에 이른다. 총 33조 달러의 국채 중 60퍼센트를 연준과 사회보장국Social Security과 외국인이 소유하고 있다. 나머지는 미국 가계와 기관이 보유한다. 러시아가 우크라이나를 침공하자 미국은 러시아에 무자비한 제재를 가했고, 이 탓에 외국 자본이 달러화로부터 등을 돌리기 시작했다. 인플레이션 환경을 고려할 때 타이밍이 최악이었다. 저 멀리 수평선 너머에서 쓰나미가 미국 해안을 향해 밀려오고 있기 때문이다.

미국 국채는 수요가 줄어드는 형편이다. 비가 내리지 않는 중앙아프리카 차드 호수의 얼마 남지 않은 물이 적도의 뙤약볕 아래 서서히 증발하는 모습을 닮았다. 연준은 한때 1조 달러 규모의 재무부 자금원이었지만 그것도 옛말이다. 인플레이션의 칼춤에 어쩔 수 없이 자산을 매각하고 있기 때문이다. 사회보장 신탁기금이 보유한 자산도 줄어든다. 대부분 내는 돈보다 가져가는 돈이 더 많아서다. 이들 역시 더는 매수하지 않는다. 외국인 투자자, 특히 중국과 사우디아라비아의 투자자들은 달러화를 멀리하기 위해 투자처를 다변화하고 있으며 더는 미국 채권 보유량을 늘리지 않는다. 그동안 미국 국채를 가장 많이 매수했던 일본도 더는 예전처럼 사지 않는다. 일본의 무역 흑자가 거의 흔적을 감추었기 때문에 더는 달러화를 고사시킬 필요가 없다(2장에서 설명한 대로 일본은 자국의 환율 상승을 막기 위해 미국 국채를 매입하여 달러를 되돌려 보낸다).

그렇다면 현재 미국 국채에 대한 수요가 있는 곳은 어디일까? 국내 기관과 가계에서 겨우 1조 달러를 찾아낼 수 있는데, 그것으론 충분하지 않다. 턱없이 부족하다. 앞으로 2년 뒤에 만기가 되는 부채가 11조 달러에 이른다. 이 부채는 2퍼센트의 금리로 빌린 것인데 갚을 방법이 없다. 이번 생에서는 물 건너갔다. 이는 재융자를 받아야 하는 돈이다. 하지만 이제 금리는 더는 2퍼센트가 아니다. 큰 폭으로 올랐다. 이번의 인플레이션은 오래 갈 것이다. 적어도 정부가 부채를 '롤오버roll over(만기 재연장)'하려면 5퍼센트의 이율로 갚아야 할 만큼 오래 갈 것이며, 어쩌면 그보다 더 길어질 수 있다.

부채에 대한 가산 이자가 1퍼센트포인트 증가하면 정부는 이를 상환하기 위해 매년 1,100억 달러를 더 내야 한다. 금리가 3퍼센트포인트만 높아져도 재무부는 연간 1조 달러의 부채 상환 비용 이외에 3,300억 달러의 가산 이자를 부담해야 한다. 먼 곳에서 다가오는 쓰나미가 해안을 덮치면 그때 정부는 어려운 선택을 해야 할 것이다. 현재의 지출 관행으로는 높아진 이자를 감당할 수 없다. 유일한 선택은 지출을 줄이는 것, 그것도 큰 폭으로 줄이는 것뿐이다.

가계와 기관이 매년 매입하는 국채가 1조 달러에서 고정되기만 해도 1조 5,000억 달러의 격차가 발생한다. 시장은 자연스럽게 국채 수익률을 높여 이 문제를 해결하려 할 것이고, 그러면 한 번 더 미국 국채에 투자하도록 투자자들을 유인할 수 있다. 하지만 미국은 더 높은 수익률을 감당할 여유가 없다. 미국 정부가 국가의 대차대조표에 버티고 있는 33조 달러의 부채를 갚으려면 2023년에 1조 달러에 가까운 돈을 마련해야 한다. 2020년에 5,000억 달러였던 점을 생각하면 천문학적으로 증가한 액수다. 미국이 매년 지출하는 군사비보다 더 많은 금액이다.

이들 자본을 보유하고 있는 주요 외국들은 그 돈을 들고 다른 곳으로 갈 수 있다. 유로존은 2021년에 전례 없이 5,500억의 유로채를 발행했으며 현재 미국과 적극적으로 자본 조달 경쟁을 벌이고 있다. 중국은 유로화로 전환하는 달러의 액수를 늘릴 태세다. 또한 중국은 달러 보유량의 일부를 신흥시장에 투자하거나 대출해 주는 데 동원할 것이며, 이를 통해 달러의 부담에서 벗어나는 동시에 원자재가 풍부한 나라들에 대한 영향력을 확보하는 2가지 전략적 목표를 달성할 것이다. 또한 중국은 각각 1억 5,000만 달러가 넘는 보잉과 에어버스 항공기 등 달러 표시 제품과 원자재를 더 많이 구매할 수 있다. 그렇게 되면 중국의 무역 흑자가 크게 줄어 미국의 부채로 환류recycling할 수 있는 달러가 훨씬 줄어들게 된다. 중국은 또한 국내 소비 시장을 육성한다는 원대한 계획을 세우는 중이다. 이는 그럴듯한 아이디어처럼 보이지만, 그 이면에는 무역 흑자 폭을 줄이려는 의도가 숨어 있다. 중국인들의 소비량이 늘면 석유부터 에르메스 가방까지 모든 제품의 수요가 늘어날 것이다. 이렇게 되면 중국이 달러 표시 자산에 재투자해야 하는 무역 흑자 규모가 줄어든다. 이 모든 것이 달러에 대한 노출을 줄이려는 중국의 전략이다.

미국은 안일하게도 채권 시장의 외부 경제 위협, 즉 자국 해안에서 멀리 떨어져 있는 위협에 대해 눈을 감았다. 제재는 분명 투자자들로 하여금 한때 금으로 도금되었던 미국 재무부 채권 시장을 외면하고 돈을 맡길 만한 다른 곳을 찾게 만드는 데 지대한 역할을 했다. 요즘 그런 위험은 점점 더 커지고 있으며, 그 주요 원인 중 하나는 유럽에서 나오는 우량 채권이다. 이 채권은 예전에 없던 종류의 채권으로 미국 재무부와도 어깨를 겨룰 수 있을 만큼 안전하다고 여겨진다. 이 채권을 상호화 채권Mutualization Bond이라고 하는데, 그 말은 유로존의 모든 회원국이 이 채권을 공동 보증한다는 뜻이다. 즉 유로존 11개국이 서로의 채무를 보증한다. 다시 말해 독일 납세자들이 이탈리아의 만성적인 재정적자를 메우기 위한 채권에 지급보증을 서주는 것이다. 2019년에는 유로존 나라들이 각자 재정정책 체제를 운영하며 자체적으로 채권을 발행했기 때문에 이런 일은 상상도 할 수 없었다. 하지만 코로나19 이후 공동채권 발행은 현실이 되었다. 이 상호화 채권은 향후 8년 동안 매년 발행되며, 매년 1,000억 달러씩 총 8,000억 달러를 조성하게 된다.

따라서 이 유로채는 미국으로부터 매년 1,000억 달러의 잠재적 자본을 빼앗아 갈 것이다. 유로존 나라들이 코로나19 후유증으로 인해 발행하려는 다른 모든 채권은 말할 것도 없다. 이미 이들이 미국 국채 시장에서 빼가는 자금은 연간 3,000억 달러에 이르는 것으로 추정된다. 국제 채권 시장을 영업사원의 집단이라고 생각해 보자. 그들은 구매자의 시선을 끌기 위해 경쟁을 벌인다. 전 세계 채권 투자자는 어디든 돈을 투자해야 하는데, 이때 이들은 되도록 적절한 수익률과 충분한 유동성을 갖춘 안전한 곳을 찾게 된다. 일반적으로 서방 민주국가의 국채가 매력적인 이유도 바로 이 때문이다. 특히 미국 국채가 그렇다. 적어도 지금까지는 말이다.

미국 정부의 끝없는 제재와 위협으로 그동안 미국 정부가 가장 신뢰했던 매수자 집단이 사라졌기 때문에, 이들이 부재한 이상 수익률을 더 높여야 한다. 하지만 이는 감당할 수 없는 부담이다. 미국은 결코 그럴 만한 여유가 없다. 정부는 총체적 난국에 처해 있으므로 지출을 줄이는 수밖에 없다. 하지만 어디에서 줄인다는 말인가? 정치인들이 재정 지원 혜택을 삭감할까? 절대 그렇지 않을 것이다. 그것은 정치적 자살 행위이다. 국방비를 삭감할까? 그럴 수도 있다. 하지만 그렇게 되면 초강대국으로서 미국의 지위가 더욱 약해지고 지정학적 혼란이 가중되어 달러가 약세를 보일 것이다. 달러를 국제적 최강의 화폐로 유지해 주는 것은 미국이 보유한 난공불락의 전함이니까. 미국 정부는 사실상 고대 그리스의 성난 바다, 즉 신화에 나오는 스킬라Scylla와 카르비디스Charybdis 사이에 놓인 처지가 됐다. 그 바다는 머리 여섯 개 달린 괴물과 10만 톤급 항공모함을 삼킬 만큼 무서운 소용돌이가 버티고 있는 곳이다. 시장을 초토화하거나 거대한 연쇄 반응을 일으키지 않는 한 그 지점을 빠져나올 방법은 없다.

장기적으로는 양적완화 주기의 마지막 단계인 수익률곡선 제어정책yield curve control에 의존하는 것도 한 가지 선택이 될 수 있다. 역설적이지만 이는 또다시 일본은행이 채택한 정책 수단으로 돌아가는 일이다. 연준은 채권을 더 많이 사들여 금리를 억제해야 하며, 그 금리는 지겨운 인플레이션 때문에 고정된 수준, 가령 5퍼센트나 그 언저리에서 유지될 것이다. 이렇게 되면 유동성이 높아져 또 다른 거품을 부풀릴 수 있지만, 그 거품은 달러에 대한 하방 압력을 강화할 가능성이 높다. 어떻게 그것을 아느냐고? 일본을 보라. 일본에선 지금 수익률곡선 제어정책이 엔화의 약세를 무자비하게 부추긴 핵심 요인이라고 간주한다. 영국 사람들이 총체적 난국에 처했을 때 냉소적으로 하는 말이 있다. "그 친구들 이번엔 정말 제대로 해냈네."

헤지펀드의 전설 카일 배스가 언젠가 내게 이렇게 말한 적이 있다. "금을 산다는 것은 정치적 주기에서 나타나는 멍청한 짓에 대한 반대 풋(베팅)을 매수하는 것일 뿐입니다." 그 정도로 간단하다. 화폐는 종이일 뿐이며, 달러의 경우 활동 범위로나 감시 체제로나 화력으로나 견줄 세력이 없는 군사력이 뒷받침해 주는 약속어음에 불과하다. 하지만 미국 정부는 선을 넘었다. 그들은 외교 문제에 너무 많이 간섭했다. 그리고 세계화를 놓고 벌인 내기에서 밀리는 중이다. 제조업은 그 기반이 사라졌다. 다른 나라들은 미국과의 무역으로 부자가 되었고, 한때 재정적 능력에서 난공불락의 역작이라던 달러 보유량은 감소하고 있다. 우리는 금리 인상과 인플레이션이 대체로 재무부가 감당하기 어려운 선택이라는 사실을 입증한 바 있다. 어느 쪽이 인상돼도 미국의 연간 재정 지출에 치명적인 추가 타격이 될 것이다. 이미 2023년에 7조 달러가 넘는 국채가 만기 도래하기 때문에 더 높은 금리로 재융자해야 한다. 하지만 투자자로서 우리가 알고 싶은 것이 한 가지 있다. 거래란 무엇인가? 우리는 이에 답할 수 있다.

우리는 중앙정부들, 특히 중국과 러시아 등의 중앙정부가 작년에 고삐 풀린 듯 금 보유량을 늘리는 현실을 목격했다. 달러 보유량이 줄어들고 귀금속(은, 금, 백금, 팔라듐) 보유량이 풍성해지는 이런 추세는 계속될 것으로 보인다. 귀금속은 대표적인 헤지 수단이며, 달러가 약세일 때 귀금속은 매우 좋은 성과를 내는 편이다. 자본을 투자하기 좋은 곳은 배릭골드Barrick Gold, 뉴몬트Newmont, 헤클러마이닝Hecla Mining, 시바니스틸워터Sibanye-Stillwater, 임팔라플래티넘Impala Platinum 같은 회사다. 이들은 금, 은, 팔라듐, 백금 채굴의 선두주자들이다. 반에크 금 채굴 ETF$^{VanEck Gold Miners}$ ETF (GDX)와 아이셰어즈 은 현물$^{iShares Silver Trust}$(SLV) 같은 ETF도 좋다. 이렇게 하면 다양한 종목에 노출될 수 있다.

이런 매력 외에도 백금족 원소^{PGM}는 녹색 경제로의 전환에 키가 될 수 있다. PGM은 자동차, 트럭, 버스, 심지어 선박이나 비행기에 동력을 공급하는 연료 전지에 들어가는 수소를 정제하는 데 사용된다. 수소를 정제하는 기술은 여러 가지 있지만, PGM이 자본 비용이 가장 낮은 선택인 것 같다. 수소 연료 전지로 운행하는 차량에 필요한 백금이나 팔라듐의 양은 30~60g 정도인 반면, 기존 촉매변환기는 5g 정도만 사용한다. 다시 말해 수소로 운행하는 자동차는 휘발유 자동차에 비해 팔라듐이나 백금을 6~10배 많이 사용한다. 가장 낙관적인 시나리오를 예로 들자면, 연간 판매되는 모든 자동차가 연료 전지로 운행될 경우 전 세계 자동차용 PGM의 수요는 5배 증가하여 연간 채굴되는 이들 금속의 양을 훨씬 초과할 것이다.

물론 이는 PGM이 장기적 강세를 보일 경우이며, 실제로 그렇게 되는 데는 수십 년이 걸린다. 하지만 연료 전지는 그 잠재력이 대단하고, 배터리로 구동되는 전기차보다 훨씬 더 효율적일 수도 있다. 트럭이나 선박 같은 대형 운송 수단에서는 특히 그렇다. 유럽과 미국과 중국의 정부는 모두 이 기술에 투자하고 있으며, 미국의 경우 초당적 기반과 인플레이션 감축법을 통해 수십억 달러를 투자하고 있다. 서방은 2050년까지 탄소중립 목표를 달성하기 위한 필수 전략으로 연료전지 기술과 수소 기반 저장법을 추진하고 있어, 수소는 앞으로 몇 년 동안 PGM의 중요한 추진력이 될 것이다. 전 세계에서 생산되는 백금과 팔라듐의 양은 2010년 이후 거의 변하지 않고 있다. 지상에 있는 금은 백금에 비해 30배 많다. 인류 역사를 통틀어 채굴

금은 미결제 달러의 양에 비해
아직도 매우 저평가되어 있다

지상에서 구할 수 있는 전체 금의 최대 추정치는 20만 9,000톤, 즉 67억 트로이온스다. 금은 이론적으로 손실되지 않기 때문에 지금까지 채굴된 금은 여전히 전부 구할 수 있다. 이집트의 피라미드나 아즈텍 신전에 갇혀 있든, 신혼부부의 손가락에 끼워져 있든, DVD 플레이어의 음향반사판에 있든, 포트녹스Fort Knox의 금고 깊숙이 보관되어 있든, 금은 증발하거나 부스러져 땅속으로 사라지는 법이 없다. 금을 최고의 가치 저장 수단으로 여기는 이유가 여기에 있다. 금을 미국 달러로 평가한 이래로, 금의 균형 가치는 얼마나 될까? 다시 말해 전 세계의 모든 금을 전 세계에 있는 달러를 모두 동원해 사들인다면 그때 금값은 얼마일까? M2는 화폐와 정기예금과 머니마켓펀드 등 미국의 총통화공급량을 측정하는 지표로, 매주 발표된다. 2023년 6월 현재 미결제 통화는 총 20조 6,000억 달러에 달한다. 이를 지상에 있는 전체 금 보유량으로 나누면 금의 균형 가치는 트로이온스당 3,300달러다. 참고로 현재 가격은 트로이온스당 약 2,000달러다.

금과 달러는 밀접한 관계가 있다. 금은 달러로 가격이 책정되며 각 나라의 국제수지의 자본 계정의 일부를 구성하기도 한다. 달러는 여전히 글로벌 기축 통화이기 때문에 금은 일반적으로 달러의 대체재로 인정받고 있으며, 이것이 금과 달러가 극단적인 음의 상관관계를 보이는 중요한 이유다. 따라서 금의 가치를 미결제 달러의 관점에서 평가하는 것이[8] 균형 가치를 도출하는 일반적인 방식이다.

된 백금을 올림픽 규모의 수영장에 모두 쏟아부어도 무릎 아래까지밖에 안 오지만, 금은 수영장을 3개 이상 채울 수 있다. 특히 러시아가 전 세계 팔라듐 공급량의 40퍼센트, 백금 공급량의 15퍼센트를 맡고 있다는 점을 생각하면 세계는 이런 수요 급증에 대한 준비가 전혀 되어 있지 않다. 우리가 시바니스틸워터와 임팔라플래티넘 같은 주요 PGM 광산업체를 낙관적으로 보는 것도 바로 이런 이유 때문이다. 앞으로 백금과 팔라듐은 수요가 훨씬 더 많아질 테고, 그 수요를 채우기 위한 러시아 이외의 채굴업체에 대한 의존도는 점점 더 높아질 것이다. 최근 몇 년 사이 백금의 온스당 가격은 600달러에서 1,300달러 사이였는데, 10년 후에는 1,800달러에서 3,900달러 사이로 완전히 새로운 가격대가 형성될 것이다.

성장주에서 가치주로의 자본 대이동은 이제 시작일 뿐이다. 이제 첫 이닝이다. 성장주의 모든 랠리가 실패했는데도 여전히 그곳에서 약속의 땅을 찾고 있는 투자자들은 더 큰 실망만 안게 될 것이다. 언젠가 그들은 마지못해 짐을 싸서 가치 분야로 걸어 들어올 것이다. 그들은 금, 은, 백금, 팔라듐에서 일어나는 랠리를 보게 될 것이다. 그리고 그들은 그곳에 자본을 투자하며, 가끔 어깨 너머로 가슴을 아프게 했던 주식을 돌아볼 것이다. 귀금속에 대한 그들의 투자는 가격을 더욱 끌어올릴 것이다. 최근의 성장 산업이 무역풍이 모이는 적도 바로 아래 갇혀 꼼짝 못 하기 때문이다. 그곳은 바람도 거의 없고 비도 좀처럼 내리지 않는, 세계 항해사들에게 악명 높은 구역이다. 그곳을 사람들은 무풍대라 부른다. 미래는 성장이 아니라 가치다. 그리고 금속만 가치가 있는 것은 아니다. 석유와 가스만 가치가 있는 것도 아니다. 차갑고 딱딱한 자산으로도 자금이 앞다퉈 몰릴 것이다. 그래서 글로벌 금융과 투자를 다룬 이 이야기의 마지막 장으로 갈 때가 됐다.

두바이의 셰이크 라시드 빈 사이드 알 막툼Rashid bin Saeed al Maktoum은 죽기 전에 그의 아들 셰이크 무함마드 빈 라시드 알 막툼Mohammed bin Rashid al Maktoum에게 이런 얘기를 한 적이 있다. "내 할아버지는 낙타를 타셨고,[9]

아버지도 낙타를 타셨지만 나는 메르세데스를 탄다. 내 아들은 랜드로버를 타고, 내 손자도 랜드로버를 탈 것이다. 하지만 내 증손자는 다시 낙타를 타게 될 것이다." 미국 달러가 맞이할 앞으로의 운명도 이처럼 세대에 따른 변화를 겪을지 모른다.

어느 시점에서 다가올 원자재 호황은 역풍을 맞을 것이다. 그런 호황이 인플레이션에 다시 불을 붙이게 될 것이라는 얘기다. 그건 '재연소 단계 afterburner stage'라고 할 수 있다. 투자자들 대부분이 금융 자산에서 경질 자산으로 이동하고 지속적인 고물가 시대에 적응하게 되면 결국 연준이 개입할 것이다. 중앙은행들은 은행 지급준비금 증액을 의무화할 것이고 대형 금융기관은 어쩔 수 없이 미국 국채를 더 많이 보유하게 된다. 상황이 이렇게 될 경우 연준은 금리를 장기적인 인플레이션 예상치 이상으로 인상하여 자연스러운 수준을 찾아야 하지만 손발이 묶여 어쩔질 못하게 된다. 미국이

〈 그림 8.5 〉 금광업체와 은광업체의 M&A

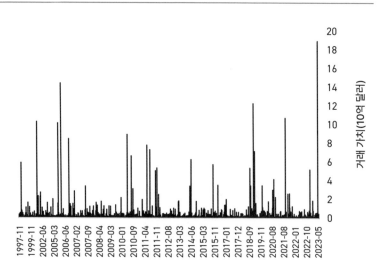

안고 있는 국가 부채에 대한 이자는 그 세계의 재량 지출^{discretionary spending}을 거의 모두 몰아낸다. 타이틀러가 150여 년 전에 경고했듯이 이런 결과에 대비하려는 정치적 의지는 어디를 둘러봐도 없다.

유일한 배기 밸브는 미국 달러가 될 것이다. 채권 수익률은 걷잡을 수 없이 하락할지 모른다. 연준은 수익률곡선 제어정책을 시행할 수밖에 없을 테고, 그렇게 되면 달러 강세는 무너진다. 결국 겨울을 나기 위해 남쪽으로 이동하는 큰 철새 떼처럼 미국으로부터 자본이 빠져나갈 것이다.

상업용 부동산은 미국 달러에 또 다른 중요한 위협이 될 수 있다

만약 미국이 경제적 타격으로 연준이 통화정책을 빠르게 전환할 경우엔, 달러가 급격한 약세를 보일 수 있다. 이럴 때는 신흥시장의 주식(아이셰어즈 아시아 신흥국 ETF^{iShares MSCI Emerging Markets ETF}, EEM)이나 금(SPDR 금 ETF^{SPDR Gold Shares ETF}, GLD)이나 은(SLV)이 다른 자산군보다 더 좋은 성과를 낼 수 있다. 예전의 금리 인상 주기 이후에 어떤 일이 일어났는지 살펴보면 알 수 있는 일이다. 2000년 6월에 연준이 해당 사이클에서 마지막 금리 인상을 단행했을 때, 금값은 이후 4년 동안 47퍼센트 상승했다. 2006년 6월에도 연준이 해당 사이클에서 마지막으로 금리를 인상한 뒤로 2008년까지 금값은 50퍼센트 상승했다. 2018년 12월에 연준이 금리 인상 사이클을 마무리했을 때도, 2020년 3분기까지 금값은 47퍼센트 올랐다. 세 경우 모두에서 중앙은행은 프런트엔드 금리*를

✦ 보통 1년 미만짜리 단기 증권의 금리 – 옮긴이

인상했고 결국에는 무언가를 깨뜨렸다. 달러 약세 체제에서는 일반적으로 반에 크 신흥국 자국통화 국채 ETF VanEck J. P. Morgan EM Local Currency Bond ETF (EMLC) 같은 펀드가 호황을 누린다. 이 포트폴리오는 신흥국 국채로 구성되어 있다. 연준이 시장에 숨어 있는 야수(경기 또는 신용 위험 충격) 때문에 어쩔 수 없이 경로를 바꿨던 지난 세 차례(2016년, 2018년, 2020년) 때 수익률은 17~35퍼센트였다.

그렇다면 연준은 지금 무엇을 깨뜨리며 앞으로 달러는 어디로 갈까? 2023년 중반 현재 미국의 지방 은행 시스템은 집중적인 관리를 받고 있지만, 지금까지 관리 대상은 주로 금리 리스크였다. 금리가 오르면 채권 가격은 반대로 움직인다. 애플의 CFO 루카 마에스트리 Luca Maestri 는 아마도 역대 최다 채권 판매자일 것이다. 2020년에 루카는 최저 금리와 연준의 신용 시장 보호책을 십분 활용해 주식을 대량 매수하고 수십억 달러의 채권을 팔았다. 12개월 동안 애플은 기록적인 저리로 280억 달러 상당의 채권을 팔았다. 이 채권 중 일부는 연준이 금리를 끝도 없이 밀어 올리면서 2022년 10월에 달러당 54센트까지 낮게 거래되기도 했다. 6개월 만기 국채의 이자가 5퍼센트인 상황에서 2.4퍼센트의 이자를 지급하는 장기 채권을 누가 구매하겠는가? 아무도 그렇게는 하지 않는다! 이 때문에 가격은 바로 하락했고, 280억 달러에 달하는 애플 채권의 손실은 120억 달러에 달했다. 그래봐야 이는 은행 시스템 전반에서 채권이 장부에서 발생시킨 엄청난 손실을 설명해 주는 한 가지 예에 지나지 않는다. 연준이 금리를 지금처럼 높게 유지한다면 은행들은 미국 국채와 모기지 담보부 증권, 상업용 부동산 CRE 대출에서 수천억 달러의 손실을 떠안게 될 것이다. 은행들은 언제부터 이런 손실을 인식하기 시작할까? 그리고 언제 인식해야 할까?

나는 2023년 3월에 트윗을 올렸다. "친애하는 중앙은행 관계자 여러분. 시장이 주도하는 진정한 자본 비용을 억제하는 기간이 점점 더 길어질수록, 여러분은 은행 시스템 전반에서 수익률을 추구할 인센티브를 부여하는 셈이 됩니다. 그런 다음 여러분은 인플레이션과 '싸우기' 위해 13개월 만에 금리를 500bp 올려 그 모든 기름에 불을 붙이겠죠." 중앙은행이 실제 자본 비용을 왜곡하는 기간이 길어질수록 그들은 시장에서의 불미스러운 행동을 조장하고 사람들로 하여금 어리석은 짓을 하게 만든다. 표면을 들춰보면 알게 되는 것이 있다. 무위험 금

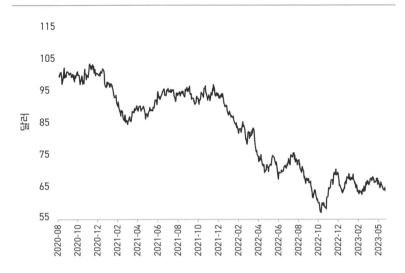

〈 그림 8.6 〉 애플(AAPL) 30년 만기 채권

리가 1퍼센트에서 5퍼센트로 올라갔을 때 여러 해에 걸친 잘못 배분된 자본 때문에 수많은 피해자가 발생했다는 사실이다. 그 소문난 희생자들이 어디에 묻혔는지 아는 사람은 거의 없지만, 지역 은행 열차가 파손되는 현장을 멀리서 목격한 투자자들이 몇몇 있었다. 거리가 너무 멀긴 했어도.

그들 투자자 중에 폴 해켓 Paul Hackett 이 있었다. 2023년 3월 초에 우리가 열어놓은 기관 투자자와의 블룸버그 채팅방에 다급한 DM이 도착했다. "래리, 얘기 좀 해요. 급합니다."

시더스인베스트먼트매니지먼트 Sidus Investment Management 의 최고투자책임자인 폴 "핵" 해켓은 10년 전부터 우리의 친구였다. 사려 깊은 투자자인 그는 신용과 주식, 특히 재무 전반에 걸쳐 깊이 있는 혜안을 갖추었다. 그의 조수 발렌티나 산체스-쿠엔카 Valentina Sanchez-Cuenca 가 우리 쪽 애널리스트 팀과 연결해주었다. 예상했던 대로 우리는 그와의 대화를 통해 잃어버린 퍼즐 조각을 여러 개 찾아 맞출 수 있었다.

"여기 좀 보세요. 내 생각인데 올해 미국 은행 시스템에서 5,000억 달러의 예금 손실이 날 것 같아요. 어쩌면 1조 달러가 될지도 모르고요." 해켓은 그렇게 말했다. "2008년의 리먼 사태가 2023년의 광범위한 뱅크런의 씨앗을 뿌린 겁니다."

헤켓은 1분기 내내 실리콘밸리뱅크은행Silicon Valley Bank 과 퍼스트리퍼블릭은행First Republic Bank 을 공매도하여 곤욕을 치렀다. 이 은행들이 계속 상승한 탓이었다. 2022년에 인상적인 성과를 투자자들에게 제공했던 시더스는 3월 초에 높은 한 자릿수 하락세를 보였다. 하지만 헤켓은 동요하지 않았고, 이들 은행이 약세로 돌아선다는 데 베팅한 자신의 예측이 틀리지 않는다고 확신했다. 그는 2008년에 연방준비제도이사회가 미국 머니마켓펀드와 너무 커서 파산시킬 수 없는 은행을 위해 안전장치(백스톱)를 마련하자, 그 지역 은행의 신용 스트레스가 '예금 베타deposit beta '를 계속 상승시켰다고 설명했다. 나는 최근 몇 년 사이에 예금 베타라는 용어를 들어보지 못했지만, 이는 연준이 금리를 인상할 때 은행이 예금자에게 지급하는 이자율을 어느 정도 인상해야 할지 정하는 척도다.

"5퍼센트의 무위험 이자를 지급하는 단기 국채가 있는데 왜 2~3퍼센트밖에 주지 않는 지역 은행에 돈을 맡기겠어요?" 해켓이 말했다. 은행에는 두 개의 주머니가 있다고 해켓은 설명했다. '매도가능한available for sale, AFS ' 것과 '만기까지 보유하는hold to maturity, HTM ' 것 2가지 주머니였다. "여러 해 동안 유가증권 포트폴리오의 시가 평가 이익에 안주하던 은행들이 뼈아픈 큰 손실을 보기 시작했죠. 2020년 말 은행의 AFS 포트폴리오에 있던 400억 달러의 미실현 이익이 2021년 말에는 330억 달러에 가까운 미실현 손실로 바뀌었고, 2022년에는 그 액수가 폭발적으로 증가했어요." 많은 은행들이 출혈을 막기 위해 AFS 증권을 HTM으로 바꿨다. 그랬다는 것은 손실을 미리 인식했다는 얘기지만, 그것은 채권 가격이 계속 떨어지자 대차대조표를 추가 손실로부터 보호하기 위한 조치였다. 해켓은 우리 팀에게 채무불이행을 보호하는 비용이 대형 은행과 소규모 지역 은행 간에 차이를 보이기 시작했다는 사실을 상기시켰다.

시장이 말하고 있었다. 채무불이행 보호 비용의 기준이 되는 5년 만기 CDS가 여러 지역 은행에서 훨씬 더 빠르게 움직이며 더 비싸지고 있었다.

"정상적인 최근 몇 해 동안의 상황에서는 지방 은행의 신용 위험이 대형 은행보다 훨씬 낮아요." 해켓이 말했다. "하지만 내가 보기에 지방 은행은 대형 은행에 비해 상업용 부동산에 대한 노출이 4배는 더 많을 겁니다. 지역 은행의 상업용 부동산 대출은 자산의 거의 30퍼센트에 이르는데, 대형 은행은 6퍼센트에 불과하거든요. 지역 은행인 뉴욕커뮤니티뱅코프 New York Community Bancorp 는 총자산의 60퍼센트에 가까운 금액을 CRE에 투자하고 있고, 웹스터파이낸셜 Webster Financial Corporation 과 팩웨스트 PacWest Bancorp 도 40퍼센트에 가까운 형편입니다."

그는 은행의 상업용 부동산 대출을 총대출 장부와 비교해 살펴보고 있었다. 갚지 않은 상업용 부동산 대출은 지난 10년 동안 은행권 전체에서 100퍼센트 증가했다. 수천억 달러에 달하는 대출 이자율은 1.5퍼센트~3퍼센트였다. 이제 위에서 언급한 애플의 채권과 이를 담당하는 루카 마에스트리의 입이 얼마나 찢어졌을지 상상해 보라. 지금은 이 모든 채권이 훨씬 더 낮아졌다.

해켓은 단정 지었다. "연준이 앞으로 5~6개월 더 기준금리를 5퍼센트 정도로 유지한다면 그 손실이 엄청날 겁니다. 그렇게 되면 또 다시 연방 차원의 구제금융이 필요할 지도 모르죠."

대단한 친구였다. 2023년 3월에 기록적인 한 달을 보낸 해켓은 이제 보험 회사를 눈여겨보고 있다. 링컨파이낸셜 Lincoln Financial 과 메트라이프 MetLife 의 채무불이행 보호 비용은 사상 최고치로 거래된다. 앞으로 더 큰 시련이 닥칠 것이다. 2023년의 금리 리스크는 2024년에 신용 리스크로 바뀔 것으로 예상된다. 금융시장에 또 다시 소용돌이가 몰아치면 연준은 어쩔 수 없이 관례에 맞지 않는 시장 부양책을 들고나올 것이다. 시장은 미리 이를 알아채고 연준이 패닉 버튼을 누르기 훨씬 전에 달러를 팔아치울 것이다. 글로벌 위기 시에는 달러가 안전한 피난처이지만, 이번은 주로 미국의 문제이기 때문에 달러에는 손해다.

이 모든 일이 일어나기 전에 우리는 탄광에서 카나리아를 보았다. 우리에겐 SPDR 미국 지역은행 ETF SPDR S&P Regional Banking ETF (KRE)와 SPDR S&P 500 ETF(SPY) 간의 변화율과 실적 차이를 측정하는 모델이 있다. 2023년 3월 2일까지 KRE는 시장보다 연초 대비 2.5퍼센트포인트 낮은 실적을 냈고, 수익률 하락은 가속화되어 3월 9일까지 11퍼센트포인트 하락하는 등 성과가 저조했다.

제 9 장 차갑고 단단한 자산
- 향후 10년을 위한 포트폴리오

────── 사하라 이남 아프리카에서 가장 큰 나라로 그 크기가 서유럽과 엇비슷한 콩고민주공화국DRC은 지구상 어느 곳보다 광물 자원을 많이 보유한 나라다. 이 나라는 친환경과 첨단 기술 산업의 사우디라 해도 과언이 아니다. 전 세계 코발트 공급량의 70퍼센트가 이 나라 동쪽 국경을 따라가는 지표면 바로 아래에 매장되어 있기 때문이다.

얼마 전 엔지니어들은 충전식 리튬 이온 배터리, 스마트폰, 전기 자동차 등에 쓰이는 코발트의 획기적인 특성을 발견했다. 코발트는 고에너지밀도에서 배터리의 안정성을 강화하는 이상적인 원자 배열을 가진다. 에너지 밀도가 높으면 배터리에 에너지를 더 많이 저장할 수 있다. 배터리에 저장할 수 있는 에너지가 많다는 것은 중요한 의미를 갖는다. 휘발유 자동차에 대한 전기차의 경쟁력이 높아지고, 아이폰은 한 번 충전으로 20시간 동안 사용할 수 있기 때문이다.

콩고민주공화국의 동부 국경은 곳곳이 채굴 활동으로 무척 소란스럽다. 국영 채굴 회사인 제카민스Gécamines을 비롯해 FBI에 쫓겨 다니던 원자재 상인 마크 리치Marc Rich가 수십 년 전 설립한 글렌코어Glencore 그리고 여러 부류의 중국 광산업자들이 모두 이 귀중한 원자재를 찾기 위해 경쟁적으로 채굴에 뛰어들었다. 그러나 이런 산업 노천광산 주변에선 혐오스러운 인권침해 사례가 비일비재하다. 이 지역에는 소위 수작업 갱도를 운영하는 현지인들의 독자적 업체들이 있어 대형 코발트 광산 기업의 생산을 보완한다. 이런 한시적 광산을 조사한 하버드 케네디스쿨Harvard Kennedy School의 시달스 카라Siddharth Kara 교수는 자신이 쓴 베스트셀러 《코발트 레드Cobalt Red》에서, 이런 광산에서 일하는 지역 노동자가 수천 명이 넘으며 그외에 여성과 노인은 물론 어린이도 4만 명[1] 이상이 툭하면 하루 12시간 넘도록 일한다고 고발했다. 그는 콩고에서 4년을 보내며 맨손으로 코발트를 채굴하는 산업의 참혹한 노동 환경을 기록했다.

30미터 넘게 내려가는 깊은 갱도, 지지대도 없는 불안한 터널에서 사람들은 손전등을 들고 쇠지레로 코발트를 떼어낸다. 언제든 터널은 무너질 수 있지만 그들을 구하려 오는 사람은 없을 것이다. 노동자들은 헤테로제나이트라는 암석에서 코발트를 떼어내 40킬로그램짜리 포대로 만들어 수 킬로미터를 운반해 콤투아comptoirs라는 현지 매수업자에게 전달하는데, 그 대가로 받는 돈은 포대당 단돈 1달러다.

글로벌 광산업체들은 떼돈을 벌지만, 콩고민주공화국에서 코발트로 부자가 되는 사람은 극히 드물다. 그들의 땅에서 나온 그 돈은 세계 시장의 대형 기술 기업과 전기자동차 제조업체로 들어간다. 현지 경제로 들어가는 돈은 없는 것이나 마찬가지다. 채굴은 물을 오염시키고, 광산 붕괴나 유독성 코발트 연기 누출로 젊은이들의 목숨을 앗아가고, 작은 마을 고유의 존

엄성을 빼앗는다. 수십억 달러에 달하는 광물 자원이 있지만 콩고민주공화국은 여전히 세계에서 가장 가난한 나라에 속한다. 아울러 콩고민주공화국은 착취가 가장 심한 나라다. 코발트 산업의 배후에 가장 막강한 세력, 아마도 세계 무역의 가장 강력한 힘이 도사리고 있기 때문일 것이다. 그 힘은 감정이란 게 없고 고통도 모른 체하며 체면 따위도 없다. 그 이름은, 멈추지 않는 수요다.

찰리 멍거와의 악수

시장의 주요 주기, 즉 10년 이상 지속되는 주기에는 성장과 가치를 오가는 진자가 있다. 이 진자의 타이밍을 맞추는 것이 부를 오래 끌고 가는 핵심 요령이다. 그리고 2022년 1월 1일에 그 진자는 14년간의 여정을 마치고 호의 정점, 즉 성장 단계의 가장 먼 쪽에 도달했다. 그리고 잠깐 멈춰 숨을 골랐다. 그런 다음 진자는 호를 그리며 반대편으로 움직이기 시작했다. 잊힌 목초지, 투자자들이 수년 전에 떠난 곳을 향해서였다. 닷컴 붕괴 이후 그 목초지로 가는 문이 열렸다. 퍼스트무버들, 데이비드 아인혼과 데이비드 테퍼 같은 사람, 밈 주식과 암호화폐 자산에서 문제를 발견한 투자자, 중앙은행의 부양책이 언제까지고 지속될 수 없다고 생각한 자금 관리자들이 그 문 앞에 당도했다.

그 문을 통과한 얼마 안 되는 금융가들 중에는 미시간 대학교 미식축구팀 울버린Wolverine의 선수로 뛰었고 1948년 하버드 법대를 졸업한 인물로 100세가 거의 다 돼가는 남자가 있었다. 사실 그 남자는 그 문 안쪽으로 한 치도 발을 들인 적이 없었다. 그는 오랫동안 홀로였던 사람처럼 다른 손님들을 위해 문을 열어두고 있었다. 왼손에 빈티지한 진한 적색 서류 가방을 든 그는 쥐색 재킷을 입었다. 명랑한 얼굴에는 유행하는 타원형 거북이 뿔테 안경이 걸려 있었다. 그의 이름은 찰스 토머스 멍거Charles Thomas Munger였지만 사람들은 그를 그냥 찰리라고 불렀다.

내가 그를 처음 만난 것은 2013년 네브래스카주 오마하에서였다. 오마하는 그의 고향이자 그의 사업 파트너 워런 버핏을 만난 곳이기도 했다. 두 사람은 함께 세계에서 가장 성공한 투자 회사인 버크셔해서웨이를 세웠다. 찰리가 나를 만나고 싶다고 제안한 것은 그들의 전설적인 연례 주주총회에서였다. 그는 마침 내가 쓴 《상식의 실패》를 읽고 있었다. 그가 나를 만나려한 이유는 내가 리먼브러더스의 내막을 폭로했기 때문이 아니라 내가 그 회사의 경영진을 너무 싫어했기 때문이라고 나는 생각했다. 그들은 수상한 윤리의식 외에도 찰리의 평소 투자 신념을 정면으로 거슬렀다. 어쩌면 저승사자가 들이닥치기 직전까지 회사를 구하려 했던 몇몇 사람들이 멍거 같은 울버린이었기 때문에 이 책을 좋아했는지도 모르겠다. 진짜 이유가 무엇이든, 나는 명예의 전당에 오른 가치 투자자 멍거가 케이프코드 운하 주변에서 폭찹 판매원으로 인생을 시작한 매사추세츠주 팰머스 출신 촌놈을 만나고 싶어 한다는 사실이 믿기지 않았다. 어쨌든 그게 내 실체였으니까.

5월의 어느 토요일 아침에 나는 센추리링크센터 오마하CenturyLink Center Omaha에 들어섰다. 바우하우스 운동의 영향을 받았는지 스타디움 외관이 온통 거울 유리와 흰색 시멘트로 되어 있었다. 여러 해째 올림픽 수영 대표선수 선발전, 프로 로데오, NCAA 디비전 I 남자 농구 토너먼트 등을 주최해 온 경기장이다. 나는 그 규모에 질리고 말았다. 9만 제곱미터의 넓이에 1만 9,000개의 좌석 그리고 2만 3,000제곱미터의 전시장과 회의 공간을 갖춘 맘모스 경기장이었다. 넓은 복도를 지나 강당에 들어서니 월드시리즈에서 타석에 선 '빅 파피Big Papi(보스턴 레드삭스의 강타자 데이비드 오티스David Ortiz의 애칭)'가 때린 공이 시속 150킬로미터의 속도로 날아가는 펜웨이파크에 온 것 같은 느낌이었다. 적어도 내겐 그랬다.

6시간 가까이 계속된 그날 회의에서 버핏과 멍거는 무대에서 우스개를 섞어가며 이야기를 했고 곧바로 내가 아는 한 가장 긴 질의응답 시간이 이어졌다. 경기장 여기저기서 주주들은 무대 위의 두 사람에게 질문했다. 나는 월스트리트에서 적지 않은 세월을 일했지만 이처럼 투명한 장면을 지켜본 기억이 없다. 특히 리먼브러더스가 대차대조표상에 난독화를 한 무더기 쌓아놓고 무너진 이후 처음이었다. 여긴 달랐다. 열띤 청중들을 둘러보며 왜 다른 누구보다 워런 버핏과 찰리 멍거가 미국 전역의 투자자들의 마음을 사로잡는지 알 것 같았다.

다음 날은 추웠지만 상쾌했다. 나는 얼음이 낀 주차장을 가로질러 근처에 있는 메리어트호텔로 향했다. 로비는 정장 차림의 사람들로 붐볐다. 고개를 왼쪽으로 돌려 유리문 저쪽을 보니 자국의 투자를 관리하는 여러 나라의 국부펀드 대표들과 회의에 열중한 버핏의 모습이 눈에 들어왔다. 홀 건너편에는 그의 친구이자 브리지 게임 파트너인 빌 게이츠가 연기금 매니저들을 모아놓고 무슨 얘기를 하고 있었다. 나는 긴장을 떨치려 애쓰면서 복도를 계속 따라갔다. 그러다 어떤 방으로 안내받아 기다렸다. 나밖에 없었다. 바로 이곳에서 세계 최고의 가치 투자자 중 한 명을 만나기로 한 것이다. 벽을 힐끗 보았다. 수수했다. 그리고 나서 30분 동안은 마음을 빼앗길 만한 대상이 아무것도 없었다. 그리고 기적처럼 찰리 멍거가 방으로 들어왔다. 개인비서 도어스 오버트Doerthe Obert와 함께였다. 그녀가 몇 달 전 내게 전화를 걸어 이 만남을 주선했었다.

멍거는 상냥했고 네브래스카 출신들이 그렇듯 솔직했다. 악수하는 그의 손에서 2차 세계대전 참전용사의 힘이 느껴졌다. 그는 시장을 거스르는 법이 없는, 그래서 자신이 중요하게 여기는 원칙에서 벗어나는 법이 없는 투자자였다. 그 원칙은 가치였다. 그는 유행이나 순간의 분위기나 치솟는 밸류에이션에 휘둘리지 않고 오래된 상식을 엄격히 고수하며, 무엇보다 선한 경영을 강조한다. 암호화폐 같은 투자가 세상을 장악하고 캐시 우드 같은 매니저들이 투기성 높은 성장 기업에 투자하여 헤드라인을 연일 장식할 때도 버핏이나 멍거 같은 사람들은 눈길 한 번 주지 않는 것 같다.

그날 우리는 리먼브러더스 사태부터 찰리가 내 책을 마음에 들어 하게 된 동기, 주식 가치와 건전한 대차대조표에 이르기까지 많은 얘기를 나눴다. 마무리할 때 그는 그가 가장 높은 수익을 내는 만트라 하나를 일러줬다. 그것은 내가 20년이란 세월을 들이고 나서야 이해할 수 있게 된 만트라였다.

"시장이 바닥일 땐 말입니다," 찰리가 말했다. "인간의 본성이 가장 큰 적이에요. 두려움이 극에 달했을 때는 하고 싶은 것과 정반대로 해야 합니다. 그렇게 하고 나면 내버려두세요. 기다리면 돈은 오게 되어 있으니까요. 래리, 제일 힘든 게 뭔지 아세요? 종일 화면만 뚫어지게 쳐다보면서 아무것도 하지 않는 거예요."

그날 배운 교훈은 간단했다. 첫째, 거래와 투자 횟수를 줄여라. 느긋하게 앉아 매년 두세 번 정도 찾아오는 절호의 기회를 기다리라. 둘째, 어느 정도 확신이 가는지 가늠한 뒤 그에 따라 자본을 할당하라. 무엇보다도 지루함을 달래거나 뭔가 해야겠다는 생각으로 거래하거나 투자하지 말라.

문을 나서면서 찰리는 말했다. "래리, 시장에 대한 당신의 그 뜨거운 열정을 계속 간직하세요. 좀 더 지혜로워지려면 겸손과 부지런한 호기심이 잘 조합되어야 합니다. 전자 없이는 후자도 쓸모가 없어요." 대단한 분이고 대단한 만남이었다!

모든 시장 가치를 결정하는 것은 결국 인플레이션이나 디플레이션이다. 후자는 성장주가 현기증 날 정도로 높은 밸류에이션에 도달하게 만드는 원인이다. 그때 시장은 온통 가격이 20배로 뛰어도 언젠가 40배가 되리라는 희망으로 주식을 사들이는 사람들로 가득 찬다. 결국 이런 사람들은 보유한 주식을 더 큰 바보에게 판다. 그리고 그 바보들은 주가가 60배까지 오르기를 바라며 80배를 바라보는 더 큰 바보들에게 자신의 포지션을 팔 수 있다. 이런 행진은 시장이 또 다른 튤립 광풍의 현장으로 바뀔 때까지 이어진다. 소위 '더 큰 바보 이론greater fool theory'이다. 그러나 요즘 같은 인플레이션 기간에는 성장이 사라지면서 더 큰 바보들도 사라진다. 그러는 동안 나머지는 가치평가 기준에 기반한 기업으로 몰리기 시작한다.

2022년의 캐시카우는 하나같이 캐시 우드가 편애한 종목보다 훨씬 뛰어난 실적을 올렸다. 버핏과 멍거의 버크셔 주식은 인플레이션으로 동요되었던 한 해를 4퍼센트 상승으로 마감한 반면, ARK 이노베이션의 주식은 67퍼센트 폭락했다. 이는 또 한 번 연준과 중앙은행의 부양정책을 소환한다. 성장 국면은 연준이 인플레이션에 대한 걱정을 하지 않고 시장을 지원할 때 번창한다. 하지만 이 폭군이 일단 긴 겨울잠에서 깨어나면 가치주로 자금이 몰리고 연준은 어쩔 수 없이 온건 정책을 멀리하게 된다. 그때부터 전투가 시작된다. 그리고 이것이 바로 제롬 파월이 2022년부터 싸워왔고 앞으로도 수년 동안 계속해야 할 전투다.

인플레이션은 현금 가치를 떨어뜨리고 또 시장 배수를 축소한다. 디플레이션 기간에는 인기 있는 기술주의 주가수익비율PER이 35:1일 때, 신뢰할 만한 석유 주식은 7:1 정도밖에 안 될지 모른다. 따라서 시장 배수가 축소되면 기술주와 성장주는 더 많이 하락한다.

반면에 인플레이션은 원자재의 가치를 밀어 올린다. 인플레이션이 명목화폐의 가치를 잠식해도 원자재는 자체 가치를 보존한다. 바로 이때 사람들은 인플레이션에 대한 헤지를 원하게 되어 경질 자산의 인기가 크게 올라간다. 따라서 투자자들은 뉴몬트, 카메코Cameco, 알코아Alcoa, 아치리소시스Arch Resources, 에너지트랜스퍼Energy Transfer, 테크리소시스Teck Resources, US 스틸U.S. Steel, 셰브론, 사우스웨스트에너지Southwest Energy 같은 주식을 사들인다. 모두 귀금속과 경질 자산에 노출된 주식이거나 기존 산업 분야의 대기업 주식이다. 그러나 이런 전환은 진행속도가 느리다. 우선 몇 달 동안 성장주 투자자들의 불만이 누적되다 마침내 뭔가 깨닫는 바가 있어야 한다. 지금 당장은 2회 초일지 모른다. 갈 길이 먼 것이다. 이런 과정이 20년 지속된다고 생각하는 사람들도 있다. 그렇기 때문에 찰리 멍거는 바로 그 문을 열어놓고 첫 번째 투자자들을 맞이하는 것이다. 10년 넘게 갈지도 모르는 잊힌 투자 환경으로 들어오는 그들을 말이다. 거대한 시장의 추가 다시 한번 가치주와 차갑고 딱딱한 자산을 향해 움직이고 있다.

2010~2020년 기간에 금융 리스크를 줄이려는 투자자들에게는 주식 60, 채권 40퍼센트의 '리스크 패리티' 포트폴리오가 꽤 인기였다. 이런 포트폴리오는 이제 끝났다. 우리가 보기에 2020~2030년에는 현금 10, 주식 40, 채권 30, 원자재 20퍼센트가 훨씬 더 합리적으로 보인다. 그렇다. 경기가 침체되면 디플레이션이 된다. 그러나 동시에 세금이 급감하기 때문에, 정

부의 화폐 발행은 그렇지 않아도 훨씬 더 높았던 궤도에서 다시 크게 양을 늘려야 한다. 이는 인플레이션 국면이 지속되는 토대가 되기 때문에, 포트폴리오를 구성할 때도 완전히 새로운 사고 과정이 필요하다.

5장에서 여전히 진행 중인 글로벌 에너지 위기를 설명하면서 친환경 에너지와 화석 연료 간의 끊임없는 싸움은 실제로 동서 간의 싸움으로 변모한다고 말했다. 아시아는 석유, 천연가스, 석탄 등 화석 연료 수요의 거대한 추진체가 될 것이다. 서구도 마찬가지다. 하지만 정치인들은 아직 이를 인정하지 않는다. 석탄의 경우 두 가지가 있다는 사실을 알아야 한다. 하나는 발전용 석탄으로, 발전소에서 대형 증기 터빈을 구동하여 열과 전기를 공급하는 석탄이다. 또 하나는 야금탄으로, 강철을 만드는 데 쓰이는 석탄이다. 먼저 섭씨 1,100도의 용광로에서 석탄이 순수한 탄소로 바뀔 때까지 녹인 다음 철광석과 함께 용광로에 넣어 강철을 만든다.

이렇게 전문적인 설명을 하기 시작하면 제대로 이해할 사람이 거의 없겠지만, 우리는 그런 데까지 신경 쓰지 않아도 된다. 가치 투자자로서 우리는 원자재의 경우 지구의 절반이 상승 궤도에 있으며 아시아와 아프리카의 건설 시장에서 철강 수요가 끊이지 않으리라는 사실만 알면 된다. 이 분야에서 가장 보유하기 좋은 주식은 BHP 빌리턴BHP Billiton이다. 시가총액 1,750억 달러인 이 회사는 전기차 혁명에 빠질 수 없는 니켈, 전력망 설치에 필요한 구리, 철강용 철광석과 야금탄 등 현대 세계를 구성하는 기본 자재를 공급한다. 2022년에 BHP는 2,910만 톤의 야금 석탄을 생산했다. 이 속도가 가까운 시일에 둔화될 기미는 보이지 않는다. 또한 BHP는 8퍼센트의 배당금을 지급하기 때문에 현금을 분산하기도 좋다. 그것만으로도 당장 다가오는 지속적인 인플레이션을 피할 수 있다.

태양광을 예로 들어보자. 몇 해 전만 해도 태양광 패널은 전기를 전달하기 위해 내부에 약간의 모재母材, base metal에 은 20g을 섞은 단면 플라스틱 조각이었다. 하지만 요즘 중국에서 나오는 최신 패널은 양면이다. 이를 계기로 은은 통화에 대한 인플레이션 압력을 헤지할 뿐 아니라 청정에너지에서 대단한 경쟁력을 갖춘 금속으로서 그 산업적 용도가 크게 넓어졌다. 실버인스티튜트Silver Institute는 향후 10년을 전망하면서 2024년부터 2030년까지 은 수요가 연간 7,000~8,000만 트로이온스 사이를 오갈 것으로 예측한다. 이는 전 세계 연간 생산량의 8퍼센트에 달하는 수치다. 은 채광에서 우리가 가장 확실하게 생각하는 기업은 1891년에 설립된 헤클라마이닝 Hecla Mining Company으로, 미국에선 현재 이 분야의 최대 업체다. 또한 뉴욕 증권거래소에서 거래되는 은광 회사 중에 가장 오래된 헤클라는 알래스카에 그린스 크릭Greens Creek 광산과 아이다호에 럭키 프라이데이Lucky Friday

광산을 보유하는데, 후자는 세계 7대 은광 중 하나로 75년의 역사를 갖고 있으며 앞으로 30년 정도 채굴이 가능할 것으로 예상된다. 그리고 역시 헤클라가 보유한 퀘벡의 카사버라디Casa Berardi는 엄격한 정부 규제와 지정학적 안전성을 확보한 광산이며, 유콘 준주의 키노힐Keno Hill은 면적이 넓고 광물이 풍부하여 캐나다 최대 은 생산지가 될 가능성이 많다. 지정학적 위험을 언급하는 것이 중요한 이유는 광업이 막대한 자금이 걸려 있는 글로벌 게임이기 때문이다.

다행히도 우리는 글로벌 자원(글로벌 금속과 광업) 영역의 최고 투자자를 고문으로 영입할 수 있었다. 오랫동안 경질 자산에 투자 자문을 해온 애드리언 데이Adrian Day다. 그는 채굴 사업의 위험성을 누구보다 잘 아는 이 분야 전문가다. 런던경제대학London School of Economics에서 공부할 당시 관심을 가지게 된 뒤로 평생 이 분야를 연구해 온 그는 이 사업은 전반적으로 여기저기 예측할 수 없는 위험이 있다고 내게 말했다. 하지만 대부분은 잘 알려진 것들로, 관리 문제, 지역 사회, 세금, 부패, 운송, 정치적 불확실성 등과 관련된 위험이라는 말도 덧붙였다. 그러니 광산업에 종사하지 않는 투자자라면 소규모 기업은 멀리하는 것이 좋다. 소규모 광산업체의 위험은 투자자가 감당하기 어려울 정도로 매우 크다. 결혼식마다 전부 참석할 필요는 없지만 장례식은 피해야 할 것 아닌가. 거대 기업, 그러니까 세계 곳곳으로 뻗어나간 포트폴리오에 여러 개의 광산을 보유한 기업을 고수해야 한다. 일부는 정치적으로 불안한 지역에 있을 수 있고, 일부는 아프리카 정글에, 일부는 교통편이 없는 남미에 있을 수도 있다. 하지만 실제로 일이 잘못될 수도 있다.

내전이 발생하면 몇 달 동안 운영이 안 되기도 한다. 이럴 경우 소규모

회사라면 그것으로 끝장이지만, 큰 기업이라면 고통을 견딜 것이다. 비유를 하자면 투자자의 포트폴리오에서 5퍼센트를 차지한 주식이 반토막 나는 것과 같다. 정말 별 문제가 되지 않는다. 하지만 포트폴리오가 전부 무너진다면 그것은 죽음이다. 또는 정부가 채굴 회사에 물리는 세금을 원래 약속했던 것보다 2배 높여 부과할 수 있다. 칠레가 그랬다. 칠레는 최근까지 글로벌 대기업의 천국으로, 전 세계에서 채굴되는 구리의 25퍼센트를 담당했다. 수십 년 동안 칠레는 대형 광산업체들을 초빙해 풍부한 구리와 금, 몰리브덴, 리튬 등의 매장량을 탐사하도록 했다. BHP, 앵글로아메리칸Anglo American, 리오틴토Rio Tinto 등이 모두 이곳에서 대규모로 사업을 벌이고 있다. 그런데 2023년 봄에 새로 선출된 정부는 리튬 채굴과 관련해 민관 협력 사업으로 계약을 바꾸고 국가가 채굴을 대부분 통제한다고 발표했다. 이 발

애드리언 데이가 말하는
유심히 지켜봐야 할 투자 징후 6가지

1. 과소 투자 편향

"2023년 3분기에는 XAU(필라델피아 금은 지수)가 수익성 있는 현금 흐름입니다." 애드리언 데이는 우리 팀에 그렇게 말했다. "자본 집약적인 산업이라는 걸 생각하면 놀라운 일이죠." 우라늄이나 천연가스 분야와 마찬가지로 지난 10년 동안 CFO들의 투자 실적은 대부분 초라했다. 누구든 지금 그 자리에 대신 앉아 최근에 상사 2명이 해고되는 것을 지켜봤다면, 투자(자본 지출) 시에 자본을 조절하는 그들의 방법론은 훨씬 더 보수적으로 바뀔 것이다. 이는 원자재 분야 전반에서 볼 수 있는 전형적인 행동 심리이며, 이런 심리가 큰 호황과 불황의 사이클을 부추긴다. 금의 경우 2011년 그리고 석유나 가스의 경우 2014년을 보면

알 수 있듯이, CFO들은 사이클의 정점에 과잉 투자하는 경향이 있다. 사이클의 저점에서는 전형적인 과소 투자 편향이 나타난다. 요점을 말하자면 원자재 분야의 대차대조표는 대부분 지난 사이클보다 훨씬 강세를 보인다. 그리고 무엇보다 중요한 것은 과소 투자나 공급 부족이 이후 여러 해에 걸친 강세장의 기반을 뒷받침한다는 점이다.

2. 자산 위치

채굴 분야에는 세계 어디라 할 것 없이 항상 고위험 지점이 있는 게 사실이지만, 애드리언은 세계가 다극화되고 있으며 그렇게 되면 자산 위치 프리미엄이 커지리라고 말한다. "배릭골드코퍼레이션은 그들의 관할권 리스크를 아주 멋지게 분산시켰어요. 몇몇 분쟁지역에 광산을 보유하고 있지만 전반적으로 그들의 생산 동향은 다각화되어 있습니다." 그는 그렇게 말했다. 원자재 분야 전반에서 고품질의 안전 자산이 자리한 곳이 전 세계적으로 프리미엄을 얻는 추세. 접근성이 핵심이다.

3. 생산 능력

애드리언은 자산을 살펴보다 자문해 봤다. "좋아, 그렇다면 이 탱크에 남은 가스가 얼마나 될까?" 예를 들어 어떤 회사의 핵심 광산에 남아있는 양질의 금과 은 생산량이 몇 년 치나 될까? 세계 20대 금 채굴 기업 중 뉴몬트, 배릭골드, 앵글로골드아샨티 AngloGold Ashanti Ltd. , 킨로스골드 Kinross Gold Corp. 등 16개 기업의 남은 생산 기간은 2010년과 2019년 사이에 크게 감소했다. 2019년 말에 킨로스의 남은 햇수는 9년으로, 2000년 초의 24년에 비해 갑자기 크게 줄었다.

4. 잉여현금흐름 대비 가격

"2023년 하반기 현시점에서 지난 40년을 되돌아보면, 금과 은 채굴 분야의 잉여현금흐름 대비 가격은 90백분위수 정도입니다." 애드리언은 그렇게 말했다. 즉, 잉여현금흐름 대비 금 채굴 기업의 시가총액이 상위 10퍼센트에 속한다는 뜻이다. 과거의 사례를 볼 때 이것은 진입 지점으로 매력적이다. 하지만 대형주, 소형주, 순수 고위험 수출 기업 등이 있기 때문에 리스크를 측정하기가 어렵다는 점을 알아야 한다. 개인 투자자라면 애드리언의 펀드나 ETF에 투자하는 편이 훨씬 낫다.

5. NAV 대비 가격

애드리언 팀은 어떤 기업이든 그들의 시가총액을 지상 매장량과 자산의 총 가치에 대비해 살펴본다. 다시 말하지만 현시점에서 돌아볼 때 주식은 NAV에 비해 싼 편이다.

6. 가장 중요한 것은 경영진

"우리는 중역들의 이직률이 어느 정도 낮은지 확인합니다." 애드리언은 그렇게 말했다. "'이제 그만 물러나 가족과 더 많은 시간을 보내겠다.' 이런 말이 나오면 끝난 겁니다. 아주 위험한 말이에요. 래리, 중요한 건 실행 능력이에요. 시원치 않은 경영진은 약속을 거창하게 하지만 제대로 이행하지 못해요. 그리고 이전 예측과 비교했을 때 똑같은 실수[*]가 계속 나타난다면, 실제 보이는 것보다 문제가 더 많을 수 있습니다. 데니스 마크 브리스토 Dr. Dennis Mark Bristow 박사는 배릭에서 투표로 명예의 전당에 오른 첫 번째 인물입니다. 수년 동안 그는 실행 전선에서 탁월한 재능을 발휘해 왔고, 세계 곳곳의 위험 지역에서 위험을 관리하는 데 탁월한 능력을 보여주었어요. 정말 훌륭한 인재죠. 애그니코 Agnico 의 션 보이드 Sean Boyd 도 눈에 띕니다. AEM은 시가총액이 240억 달러인데 부채는 20억 달러밖에 안 돼요. 아마 2024년에는 10~12억 달러의 잉여현금흐름을 달성할 수 있을 것으로 보입니다. 다음 상승 사이클을 앞두고 그가 AEM을 좋은 위치에 올려놓았거든요."

....

[*] 시장이 말할 때 어떻게 귀를 기울여야 하는가? 실적에서 실패가 반복되면 초과 비용이 커질 것이고, 물이 조금씩 떨어지듯 두세 분기에 걸쳐 안 좋은 소식이 나오게 된다. 이런 거래에는 조심해야 할 속임수가 너무 많다. 이는 다른 섹터의 다른 여러 종목에도 두루 적용되는 얘기다.

표는 광산업계에 큰 충격을 주었고, 이 나라의 양대 리튬 광산업체인 키미카Química와 알베말Albemarle의 주가는 하루 만에 각각 17퍼센트와 11퍼센트씩 급락하기도 했다.

이뿐이 아니다. 인도네시아의 그라스버그Grasberg 광산도 세계에서 가장 큰 구리 광산에 속한다. 구리와 금 채굴 분야의 대기업으로 애리조나주 피닉스에 본사를 둔 프리포트–맥모란Freeport-McMoRan은 수십 년째 자카르타 당국과 합작 투자로 이곳에서 채굴 사업을 계속해 왔다. 이 계약은 1960년대 수하르토 치하에서 체결된 것이지만, 새로 들어선 자카르타의 진보 정부는 계약이 만료되자 여러 국제 광산 회사들의 광산 통제권을 빼앗았다. 프리포트–맥모란은 그라스버그 광산 지분을 90퍼센트 넘게 소유했지만, 2018년 인도네시아 정부가 운영권 다툼에서 승리하면서 현재 지분은 51퍼센트로 줄었다. 작년 말에는 라틴 아메리카에 남은 몇 안 되는 친미 국가 중하나인 파나마조차 로열티 지급 문제로 퍼스트퀀텀First Quantum을 몰아세워 대형 구리광산인 코브레파나마Cobre Panamá의 운영을 수개월 동안 중단시켰다. 또 다른 예로 남아프리카공화국은 토지와 광산을 이 나라에서 다수를 차지하는 흑인 업체에 나눠주려고[2] 여러 해 동안 작업해 왔다.

수십 년 동안 광산 업체들은 간간이 일어나는 지역 폭동 사태에도 대처해야 했다. 반군들은 사탕수수 밭에서 쓰는 큰 칼을 휘두르거나 기관총을 들고 도로를 막아 광산으로 가는 노동자들을 제지했다. 이 정도 위험이야 늘 있는 일이고, 또 사실 소유권을 몰수하거나 강제로 변경하게 만드는 위험에 비하면 아무것도 아니다. 앵글로아메리칸의 CEO는 "광산 소유권이 보장되지 않으면 투자자들은 달아날 것"[3]이라고 경고했다. 따라서 이런 소규모 광산 회사에 투자하려면 내부 사정을 잘 아는 사람이어야 하며 그것도 현지 정부가 그들의 편일 때만 가능하다. 광산 사업에는 머피의 법칙이 적용된다고들 한다. 그러니 오래된 광산을 여러 해째 운영해 오고 있는 대형 회사를 고수해야 한다.

금광 회사는 임대할 뿐, 그들과 결혼은 하지 말라

시장은 항상 우리에게 말을 한다. 귀금속 분야는 특히 그렇다. 암호화폐도 그렇지만 사람들은 종종 서사에 휩쓸리곤 한다. 2021년 4월부터 2023년 8월까지 달러는 미국 역사상 최저의 약세를 보였다. 이 기간에 암

금광 기업의 가치를 평가하는 방법

금광 회사의 가치를 평가하는 방식도 다른 천연자원 회사를 평가할 때와 크게 다르지 않다. 우리는 먼저 그 회사가 땅속에 보유하고 있는 금이나 은의 매장량을 살펴본다. 이런 자료는 연례 보고서에서 입증된 매장량과 추정 매장량으로 표기된다. 또한 광석을 채굴하는 데 드는 비용도 살펴본다. 금을 채굴할 때는 구리나 아연이나 납 같은 다른 광물이 같이 나오는 경우가 많다. 채굴자는 이런 부산물을 금광석 채굴 비용을 낮춰주는 공제액으로 취급한다. 따라서 이들 부산물은 채굴자의 효율성을 향상시킨다. 따라서 우리는 각 채굴 회사가 귀금속 광석을 지표면으로 가져오는 데 들이는 현금 비용도 고려한다. 채굴 회사의 효율성이 높을수록 트로이온스당 현금 비용은 낮아진다. 첨부한 도표에서 볼 수 있듯이 가치와 현금 비용은 상관관계에 있으며, 현금 비용이 낮을수록 채굴 회사의 가치는 높아지는 편이다.

금광 업자 외에 금 로열티 회사라는 별도의 집단이 있다. 금 로열티 회사는

금 생산량이나 수익의 일정 비율을 계약금으로 받는다. 이런 로열티 회사는 이렇게 받은 금액을 다른 채굴 회사의 자금으로 지원하는데 사용하지만 직접 채굴을 하지는 않는다. 주목할 만한 금 로열티 회사로는 프랑코네바다^{Franco Nevada}, 오시스코^{Osisko}, 로얄골드^{Royal Gold}, 샌드스톰^{Sandstorm} 등을 꼽을 수 있다. 이 회사들은 다른 채굴 회사가 운영하는 주요 금광에서 로열티를 받는다. 오시스코는 캐나다의 엘레오노어 광산 지분을 보유하고 있지만, 이 광산을 운영하는 회사는 골드코프^{Goldcorp}다. 프랑코네바다는 코브레 파나마 광산을 소유하고 있지만 채굴은 퍼스트퀀텀에 맡긴다. 프랑코네바다는 칠레의 칸델라브리아 광산도 소유하고 있지만, 운영은 런딘마이닝^{Lundin Mining}에서 한다. 일부 금 로열티 회사는 운영 위험을 최소화한 덕에 리스크 프로필이 낮고, 그래서 광산업체보다 훨씬 뛰어난 성과를 거두기도 한다. 프랑코네바다는 지난 5년 동안 250퍼센트 상승한 반면, 금 채굴 ETF(GDX)는 같은 기간 동안 120퍼센트 상승하는 데 그쳤다.

〈 그림 9.2 〉 **금광회사들의 밸류에이션**

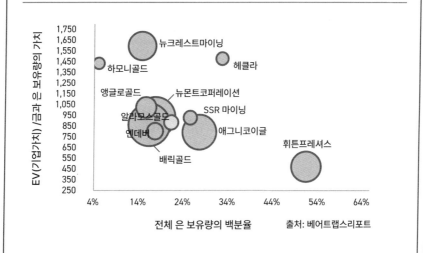

출처: 베어트랩스리포트

호화폐에 열광하는 자들이 비트코인을 보유해야 하는 주요 이유로 '달러 약세'와 '볼썽사나운 워싱턴의 재정적자'를 들먹였음에도 비트코인은 56퍼센트 하락했다. 금과 은도 사정은 비슷하다.

결론적으로 미국 정부가 '무위험' 1년 만기 국채에 5퍼센트를 준다면 금에는 심각한 역풍으로 작용한다. 단기 기대인플레이션이 낮아지기 시작하면 특히 그렇다. 연준이 공격적으로 양적완화를 축소하고 금리를 인상하면, 아무리 매력적인 서사가 돌더라도 귀금속을 보유하기에는 좋지 않은 시기다. 그 점은 비트코인도 마찬가지다. 골드버그들Goldbugs(금에 애착을 갖는 사람)은 이 점을 이해하지 못하거나, 그 서사에 너무 감정적으로 경도되어 신경을 쓰지 않는다. 지난 30년 동안 금리 인상 주기 기간에, 특히 연준이 금리 인상을 막 시작하는 워밍업 단계에 진입했을 때 금의 수익률은 형편없었다. 반대로 연준이 금리 인상 주기가 끝나가고 있다는 신호를 보내기 시작하면 일반적으로 그 기간에는 금과 은이 진가를 발휘한다.

연준의 최종 금리 인상 이후 금과 은의 성적은 어땠을까?

2018년 12월: 금은 2020년 7월까지 47퍼센트 상승했다. (은, +42퍼센트)

2006년 6월: 금은 2008년 2월까지 50퍼센트 상승했다. (은, +78퍼센트)

2000년 5월: 금은 2003년 1월까지 47퍼센트 상승했다. (은, +2퍼센트)

금을 보유하기에 가장 나쁜 때는 언제일까? 연준이 금리를 인상하고 '최종 금리(연준이 원하는 금리)'가 안개 속으로 사라지고, 1년 기대인플레이션*이 미친 듯 오르는 것도 아닌데 프런트엔드 금리가 꾸준히 높게 유지될 때다. 금과 금광업체에는 최악의 경우다. 위험이 없는 5퍼센트 단기 국채를

✦ 기대인플레이션: 기대인플레이션율break-even inflation, BEI은 고정금리 투자의 명목 수익률에서 만기와 신용도가 비슷한 인플레이션 연동 투자의 실질 수익률(고정 스프레드)을 뺀 수치다.

살 수 있고 단기 기대인플레이션이 억제되어 있는데 왜 금을 소유하겠는가? 그런 상황에선 금광업체 ETF가 금보다 매우 저렴해진다. 우리는 금광업체 ETF^{GDX}와 금 현물가격 추종 ETF^{GLD}를 대비시켜 그 비율을 측정한다. 우리가 보는 금광업체 매수 구간은 0.15 이하이고 금 대비 금광업체 매도 구간은 0.20 이상이다. 금보다 금광업체를 소유하는 것이 유리할 때가 분명 있다.

최종 금리가 시야에 들어오고 투자자들이 상승 주기의 끝을 알 수 있게 되면 금광업체는 금보다 높은 수익을 내기 시작한다. 마찬가지로 금광업체는 일반적으로 금과 주식보다 수익률이 높다. 더 극단적인 경우도 있다. 1970년대처럼 프런트엔드 기대인플레이션이 실제로 상승하기 시작하고 연준이 이를 억제하지 못하면 금과 금광업체에겐 호재가 된다. 이런 상황에서는 금광업체가 금이나 전체 주식시장을 크게 앞선다.

그리고 그렇게 되면 모든 주기의 첫 부분, 즉 가장 실적이 좋은 기업이 랠리를 시작하는 순간을 맞게 된다. 성장 주기이든 가치 주기이든 모든 랠리는 이런 식으로 시작된다. 사람들은 어떤 분야이든 중소기업보다 규모가 큰 골리앗을 먼저 신뢰한다. 만약 그들이 잘못 됐거나 아직 시기가 무르익지 않았다면, 더 오래 존속할 기업의 주식을 보유하는 것이 더 만족스럽다. 하지만 2022년에 우리는 경질 자산으로 이동하는 뚜렷한 현상을 지켜보았다. 특히 금속과 석유 시장으로의 이동이 두드러졌다. 8장에서 설명한 대로 중앙정부가 막대한 달러 보유량을 풀고 금을 사들일 때 귀금속은 바람을 등지고 순항하게 된다. 중국이 그 확실한 증거다. 국제통화기금^{IMF}에 따르면 2023년 2분기가 끝났을 때 중국의 금 보유액은 전년 대비 46퍼센트 증가한 1,360억 달러였다. 세계 여러 나라가 달러 보유량을 적당히 줄일 방법을 찾고 인플레이션이 전 세계 GDP를 계속 잠식하고 기업마다 모든 미래현금흐름의 순현재가치가 떨어지게 되면, 금은 상승세를 꾸준히 이어갈 것이다.

우리는 토론토에 본사를 둔 배릭골드를 선호한다. 배릭골드는 13개국에서 16개의 구리 광산과 금 광산을 운영하는 세계 최대 금광 업체 중 하나다. 이 회사는 전 세계 어디에 내놓아도 뒤지지 않는 탄탄한 경영을 자랑하며, 강력한 다각화와 제한된 지정학적 위험이라는 우리의 리스크 프로파일을 충족시킨다. 또한 배릭은 세계 10대 금광 중 연간 330만 온스의 금을 꾸준히 생산하는 세계 1위의 네바다 금광을 비롯하여 3개 금광을 소유하고 운영한다. 이들과 직접 경쟁하는 기업은 뉴몬트코퍼레이션으로, 호주의 뉴크레스트마이닝Newcrest Mining을 280억 호주달러에 인수한 후 현재 세계 최대 금광 업체로 부상했다. 둘 다 모두 추천할 만한 기업이다. 회사별로 하든 EFT인 GDX로 하든 금광업 주식을 잡아야 한다.

이쯤 되면 자연스레 전기라는 논제로 넘어갈 수 있다. 전기는 세계에서 가장 까다로운 문제이자 향후 10년을 보고 마련한 포트폴리오에서 소홀히 할 수 없는 주제다. 전기를 얘기하려면 피할 수 없는 금속이 있다. 그리고 바로 그런 이유로 그것은 아마 지구상에서 가장 중요한 금속일지 모른다. 이 금속은 섭씨 영하 200도의 온도에서 강도가 높아진다. 또한 열과 전기의 탁월한 전도체이기도 하다. 부식이 돼도 생물체가 붙어도 별다른 영향을 받지 않는다. 구리가 바로 그것이다. 적갈색 금속 구리는 모든 경제에 빠지지 않는 필수 자원이자 수요가 높은 금속으로, 갖가지 전선과 산업화된 세계의 거의 모든 회로기판에 쓰인다. 그러니 투자자라면 포트폴리오에 구리를 채굴하는 대기업 하나쯤은 반드시 갖고 있어야 한다.

서방은 2035년까지 내연기관을 퇴출하고 전기 엔진으로 대체하겠다는 꿈을 지나치게 밀어붙이다 수요 위기를 초래했다. 우리가 보기에 아직은 시기상조다. 충전소를 봐도 아직 준비가 덜 된 상태다. 이를 실현하는 데 필요한 구리의 양을 생각하면 그런 계획은 환상일 뿐이며 따라서 국회의사당의 꿈도 그저 꿈으로 끝날 것이다. 현재 95만 킬로미터와 2조 달러라는 문제가 가로막고 있기 때문이다.

다름 아닌 미국의 낡은 전력망 얘긴데, 누군가 이 문제를 손보지 않는 한 우리는 서기 3000년까지 4행정 엔진을 가동해야 한다. 따라서 나는 구리가 오랜 기간 강세장을 유지할 것으로 본다. 현재 낡은 변압기와 전선을 단 한 가닥 교체하지 않고도 수요가 연간 50만 톤씩 증가하고 있기 때문이다. 구리는 턱없이 부족한데 수요는 너무 많다. 테슬라의 제조 계획에만 전 세계 구리의 80퍼센트가 동원될 것으로 예상된다. 충전소를 세우고[4] 새로운 전선을 연결하고 전기차 혁명의 수요를 감당하기 위해서는 50년 넘은, 그래서 대대적인 보수가 필요한 미국 전력망을 보강해야 한다. 현재 동원할 수 있는 전 세계 구리를 다 사용한다 해도 이는 불가능한 일이다. 어림없다. 2030년까지 내연기관을 퇴출하자는 논의도 말이 안 된다. 전기 자동차에는 어쨌든 구리가 4~5배 들어간다. 그러니 이런 얘기를 아무리 해봐야 미키마우스가 만든 발명품밖에 나올 게 없다.

친환경 에너지는 제쳐두고 일반적인 산업 수요만 놓고 보아도 구리에 대한 전망은 여전히 매우 밝다. 중국은 다시 한번 더 기반 시설 확충에 많은 돈을 지출하기 시작했지만, 14억 인구에 비해 운행 중인 자동차는 여전히 3억 5,000만 대가 전부다. 앞으로 10년 동안 에어컨이 필요하게 될 전 세계 열대 지역의 수십억 인구는 말할 것도 없다. 수 킬로미터씩 이어지는 동銅 케이블 전선이 얼마나 필요할지 상상해 보라. 매체마다 원자재 부족을 끝도 없이 들먹이지만 실제로 원자재 부족이란 건 없다. 특정 가격대에서 부족할 뿐이며, 가격이 오를 만큼 오르면 새로운 공급이 이루어진다. 구리는 그렇지 않다. 구리 부족은 끝까지 해결되지 않는다. 단기간에 생산량을 늘리는 것도 불가능하다. 구리 광산은 규모가 거대하고 개발하는 데만 수년이 걸리고 비용도 10억 달러 넘게 들어간다. 오늘날 상위 10개 광산은 모두 50년이 넘었으며, 솔트레이크시티 남서쪽에 있는 빙엄캐년^{Bingham Canyon} 광산처럼 100년이 넘은 것도 있다. 이 노천광은 폭이 4킬로미터, 깊이가 1.6 킬로미터로 125년 정도 된 광산이다. 그리고 칠레 북부에 있는 해발 2,800 미터의 고산지대인 추키카마타^{Chuquicamata} 광산도 있다. 칠레의 국영기업 코델코^{Codelco} 소유인 이 광산은 길이가 5킬로미터에 가깝고 폭이 3킬로미터가 넘는 세계 최대의 노천 구리 광산이다. 남미의 이 대형 광산은 1882년부터 채굴을 시작했기 때문에 빙엄보다 20년 정도 역사가 더 길지만 깊이는 빙엄만큼 깊지 않다. 그래도 거의 비슷한 깊이다. 이 같은 대형 광산은 매우 드물며, 새로운 광산을 개발하는 데는 시간과 비용이 많이 소요된다. 게다가 프리포트-맥모란의 어떤 책임자가 최근에 한 말에 따르면 "새로운 구리 광산을 개발해도 막상 생산을 시작하는 데는 5~10년을 더 기다려야 한다".[5] 따라서 수요가 공급을 앞지르면 가격이 오를 수밖에 없다. 우리가 이 부문을 낙관적으로 보는 것도 그 때문이다. 그래서 우리는 글로벌엑스 구리 광산업 ETF(COPX)를 통해 구리에 노출되는 방법을 적극 추천한다. 여기엔 웬만한 대형주가 다 포함되어 있다. 예를 들어 COPX의 최대 보유 종목은 추키카마타 광산을 운영하는 안토파가스타 PLC^{Antofagasta PLC}이다.

구리를 대신할 수 있는 금속은 알루미늄이다. 경우에 따라 응용력을 발휘하면 구리 대신 알루미늄으로 전력을 송신할 수 있다. 구리 부족 현상이 극심해지면 더 많은 대안을 찾는 수밖에 없다. 2035년까지 구리 공급량의 부족분은 아마 990만 톤에 이를 것이다. 이는 2050년 탄소중립이라는 목표를 달성하기 위해 필요한 물량의 20퍼센트에 해당한다. 그렇게 되면 알루미늄의 실질적인 수요가 크게 늘 수 있다. 2040년까지 알루미늄 수요가 580만 톤이나 증가한다는 일부 예측도 있다. 알루미늄에 베팅하기 가장 손쉬운 대상은 알코아다. 수직통합한 알루미늄 생산업체 알코아는 최근 몇 년 동안 레버리지 비용을 크게 줄였다. 2023년 현재 알코아는 자기자본이 부채보다 3.6배 더 많으며 2024년 잠재적 잉여현금흐름FCF 창출액은 약 4억 달러에 달한다. 자본 집약적인 사업치고는 대단한 실적이며, 2027년까지 만기가 도래하는 부채가 없어 재무유연성이 매우 높다. 2020년에 우리는 투자 확신이 높은 포트폴리오에 구리 채굴업체인 테크리소시스를 추가했고, 지금까지 3년 동안 이 회사를 계속 포트폴리오에 보유하고 있다. 당시 월스트리트는 구리의 엄청난 잠재력과 다가오는 공급 부족을 완전히 무시했고, 이후 3년 동안 주가는 300퍼센트 상승했다. 2023년에 우리는 3년 전 테크리소시스가 처한 자리에 알코아가 있다고 생각했다. 알코아 주식은 테크리소시스에 비해 매우 낮은 가격에 거래되었고, 월스트리트는 알코아의 잠재력을 완전히 무시하고 있었다.

하지만 발전소를 나온 전기가 소비자에게 직접 전달될 때 구리 전선만 통과하는 것은 아니다. 특히 전 세계적으로 전기 자동차가 급증함에 따라 배터리에 임시 저장되는 전기도 점점 많아질 것이다. 전 세계 리튬 이온 배터리의 75퍼센트가 중국에서 생산되는데, 여기엔 중국의 제조 역량뿐만 아니라 원자재 가공 능력도 큰 몫을 한다. 이런 원자재에는 탄소동소체의 한 종류인 흑연과 구리, 니켈, 코발트, 망간, 리튬 같은 금속과 세륨, 란탄, 네오디뮴 같은 희토류 원소가 포함된다.[6] 기존 자동차는 이런 원소를 거의 사용하지 않는다. 평균적으로 내연기관 자동차는 구리 20킬로그램 정도와 망간 10킬로그램 정도면 된다. 반면에 전기차와 전기차 배터리는 채굴이 어려운 이런 금속들로 가득 채워져 있고, 이들 자원의 대부분을 지배하는 것은 중국이다. 중국은 광산을 통제할 뿐만 아니라 이런 광물을 처리하기 위한 에너지 집약적이고 때로 오염이 심한 공정까지 통제한다. 평균적으로 전기자동차에는 구리 50킬로그램, 니켈 40킬로그램, 망간 25킬로그램, 코발트 15킬로그램, 리튬 10킬로그램, 희토류 원소 600그램이 들어간다. 기가원 Giga-One은 매주 거의 9,000개의 배터리를 테슬라프리몬트공장Tesla Freemont Factory으로 운송하고 또 다른 배터리 1,000개를 테슬라오스틴Tesla Austin으로 실어 나르지만, 이 수치는 계속 변한다. 최근 추정치에 따르면 테슬라가 소비하는 코발트[7] 양은 북미 지역에서만 연간 약 320만 킬로그램이다.

국제에너지기구IEA는 현재의 추세가 지속될 경우 전 세계 전기 자동차 시장의 수요를 충족시키려면 코발트와 리튬을 비롯한 주요 광물 공급량을 현재의 6배에서 30배까지 끌어올려야 한다고 내다본다. 유럽연합의 단독 추산에 따르면 2030년까지 기후 중립 목표를 달성하기 위해 코발트는 최대 5배, 리튬은 18배가 더 필요하다고 한다. 2050년에는 리튬이 60배, 코발트가 15배 더 필요할 것이다.

다시 코발트 얘기를 해보자. 원자재 약세장이 본격화된 건 2016년이었다. 10년간의 호황으로 탐사 활동이 과열되면서 공급이 크게 넘쳐난 뒤였다. 연준이 금리 인상을 시도하자 미국 달러가 크게 오르고 원자재 가격은 폭락했다. 그해 3월 아침 오브리 맥클렌든을 막다른 골목으로 몰아간 것도 바로 그런 상황이었다(5장 참조). 미국에서 가장 사랑받는 광산업체 하나도 그 때문에 곤경에 빠졌다. 그들은 갑자기 200억 달러의 부채를 갚아야 했지만 그들에겐 그만한 여력이 없었다. 사업 여건은 암울했고 구리 가격은 파운드당 1.95달러까지 폭락했다. 구리 채굴 업계에 종사하는 많은 사람들에게는 최악의 순간이었다. 결국 프리포트-맥모란은 자산을 처분했다.

미국 정부가 대전략과 글로벌 비즈니스를 꾸준히 주시하는 경우는 웬만해서 없다. 미국이 배워야 할 것은 장기적인 게임에서 절대 흔들리는 법이 없는 중국의 방식이다. 중국이 지금 전 세계 배터리 시장을 장악하고, 2016년에 매우 영리한 판단을 할 수 있었던 것도 그 때문이었다. 프리포트-맥모란은 백악관으로부터 확실한 승인을 받아 콩고민주공화국에서 가장 큰 구리-코발트 광산 중 하나인 텡케풍구루메Tenke Fungurume의 지분 56퍼센트를 26억 5,000만 달러를 받고 중국 대형 광산업체인 차이나몰리브덴China Molybdenum, CMOC Group Limited에 매각했다. 또한 프리포트-맥모란은 2년 뒤 콩고민주공화국의 키산푸Kisanfu 구리-코발트 광산 지분의 95퍼센트를 5억 5,000만 달러에 역시 차이나몰리브덴에 매각했다. 이번에도 워싱턴은 아무런 조건이나 반대 없이 거래를 승인했다. 이들 거래를 통해 중국은 세계 코발트 시장에서 가장 강력한 통제력을 갖게 되었다. 요즘도 일부 소식통은 애플이 중국 본토 동부 해안의 저장성浙江省에 본사를 둔 저장화유코발트회사Zhejiang Huayou Cobalt Company에서 코발트를 구매한다고 주장한다. 이 회사는 콩고민주공화국에서 가장 큰 수작업 중개업체로, 이들이 사들이는 코발트는 어린이가 채굴하고 운반했을 가능성이 있다. 2023년에 중국의 국영매장량관리국은 코발트 2,000톤을 사들일 계획을 세웠다. 이 계획은 연말까지 실행에 옮겨질 수 있다. 중화인민공화국은 이제 첫발을 뗐을 뿐이다.

광업 분야는 새로운 지정학적 국면이 여러 단계 겹쳐 있는 구조이며, 친환경 전환을 위해선 광물의 공급을 통제해야 한다. 그리고 유럽과 미국은 이제야 그런 사실을 조금씩 깨닫는 중이다.

중국이 전 세계 흑연 시장을 지배하고 있지만, 테슬라는 세계 최대 흑연 광산업체인 호주의 시라리소시스Syrah Resources와 장기 계약을 맺고 물량을 구매한다. 하지만 인도주의적인 이유 때문은 아니다. 미국 기업이 중국산이 아닌 광물을 사용하면 세금 감면 혜택을 받을 수 있기 때문이다. CEO 일론 머스크는 이런 혜택을 적극 활용한다. 나는 그가 문 앞에 있는 새로운 리튬 광산에 대해서도 매우 적극적일 것이라 확신한다. 전기자동차의 배터리 주행거리가 1,600~1,900킬로미터에 이르는 2030년이 되면 내연기관 자동차는 거의 사라지게 될 것이라고 낙관주의자들은 말한다. 그러나 이것이 사실이라면 수요를 고려할 때 리튬 채굴업체의 주가는 훨씬 더 높아져야 한다.

서구의 정치인들이 모두 성 그레타*의 제단 앞에 머리를 조아리기 때문에 전기 자동차는 빛나는 경력을 쌓아갈 것이다. 또 앞서 언급했듯이 현재 중국 인구는 대부분 자동차가 없다. 이들이 부유해지면 수억 명의 중국인이 가까운 자동차 대리점을 찾을 것이다. 실제로 중국은 8년 연속 세계 최고의 플러그인 전기차 시장이었으며, 중국이 2025년부터까지 휘발유 자동차 판매를 중단하도록 행정 명령을 내렸기 때문에 이런 추세는 더욱 강화될 것이다. 중국 소비자들은 2015년에 전기차를 20만 5,000대, 2019년에

✦ 환경운동가 그레타 툰베리Greta Thunberg—옮긴이

120만 대, 2022년에는 무려 590만 대를 구매했다. 현재 중국에서 판매되는 모든 신차의 29퍼센트는 전기차다. 2022년에 중국에서 전기차 판매량은 87퍼센트 성장했고 전 세계적으로도 55퍼센트라는 큰 폭의 성장을 보였다. 인도나 인도네시아, 브라질 등 다른 신흥시장도 추세는 비슷하다. 2022년 전 세계 전기 자동차 시장 가치는 전부 합해 1,300억 달러를 기록했고, 2026년에는 그 가치가 5배 성장할 것으로 보인다. 여러 방향에서 불어오는 순풍을 확인할 수 있기에 우리는 반에크 희소금속 ETF^{VanEck Rare Earth/ Strategic Metals ETF}(REMX)를 선호하며 REMX가 10년 이상 건전한 랠리를 지속할 것으로 예측한다. 경질 자산에 투자하는 사람들이 눈여겨볼 또 다른 대표적인 ETF는 미국의 금속 및 채광기업의 동일 가중지수를 추종하는 SPDR S&P 금속/광산 ETF(XME)이다. 여기에는 클리블랜드클리프스^{Cleveland-Cliffs}, 알코아, 프리포트–맥모란, 뉴몬트코퍼레이션, US 스틸 같은 대형주들이 들어 있다.

그러나 워싱턴의 지도부가 풍력 터빈과 태양열 패널을 원하면 엄청난 양의 철강이 확보되어야 한다. 태양광으로 1메가와트를 발전하려면 강철 35~45톤이 필요하고, 풍력으로 새로운 1메가와트를 발전하는 데는 강철 120~180톤이 필요하기 때문이다. 올라프 숄츠^{Olaf Scholz} 독일 총리는 최근에 말했다. "독일이 탈탄소 목표를 달성하려면[8] 매일 서너 개의 대형 풍력 터빈을 새로 설치해야 한다." 이에 뒤질세라 2022년에 바이든이 서명한 인플레이션 감축법에는 2030년까지 30기가와트의 해상 풍력 발전을 추가한다는 조항이 포함되어 있다. 참고로 1기가와트는 1,000메가와트인데 현재 미국의 해상 풍력 발전 용량은 42메가와트가 고작이다. 이런 종류의 추가 용량을 확보하려면 새로운 풍력 터빈이 최소 2,100개 있어야 한다. 그리고 해상풍력터빈 하나 만드는 데 강철 200~800톤, 콘크리트 1,500~2,500톤, 재활용이 안 되는 플라스틱 45~50톤이 들어간다.

또한 이런 터빈에는 큰 자석이 들어가 마찰 없이 회전하기 때문에 나중에 녹슬고 마모되는 기어를 사용하지 않아도 된다.

대형 산업용 풍력 터빈은 중국이 독점하고 있는 또 다른 희토류 광물인 4톤짜리 네오디뮴 자석을 사용한다.

미국과 유럽 여러 나라의 정부가 주도하는 수조 달러에 달하는 친환경 투자 비용은 누가 부담하는가? 바이든의 인플레이션 감축법은 친환경 기술 채택에 4,000억 달러에 가까운 돈을 할애하고 있다. 1년 전에 그는 1조 2,000억 달러 규모의 초당적인 기본시설투자 및 고용법에 서명했으며, 그중 2,000억 달러 이상이 환경 부문에 투자되었다. 유럽연합은 8,000억 달러의 상호 채권을 판매하고 있는데 그중 일부도 이런 녹색혁명에 투자된다. 흥미롭게도 친환경 에너지에 자금을 조달하기 위해 수십억 달러를 대출하거나 그 돈을 세계 경제에 직접 투입하는 행위는 모두 위험한 승수 효과를 낳는다. 정부가 지원하는 환경 금융은 돈을 찍어내는 것과 유사해서 인플레이션을 유발한다. 숄츠 총리는 잘못된 믿음을 가진 정도가 아니라 아예 판단력을 잃었다고 해야 옳을 것 같다. 그는 2030년까지 재생 에너지 발전량을 33퍼센트 늘리고, 2045년까지 33퍼센트 더 늘리려 한다.

앞서 언급했듯이 우리는 오염을 줄이고 깨끗한 물과 위생상 문제가 없는 어족 자원이 보장되는 청정한 지구를 지지한다. 그러나 친환경 에너지 분야와 관련된 수학적 계산을 할 때마다 우리 팀은 세계경제포럼World Economic Forum이나 제27회 유엔 기후변화협약 당사국총회COP27에서 권장하는 기간 내에 그 어느 것도 달성할 수 없는 현실에 마음이 무겁다. 2030

탄소중립은 허황된 목표다. 2050 탄소중립도 여전히 과격한 믿음이다. 2100년이 차라리 더 합리적이다. 올라프 숄츠야 가능하다고 믿지만, 풍력 터빈과 태양광 패널로 독일을 카펫처럼 덮겠다는 그의 꿈은 결국 꿈으로 그칠 것이다. 지난 15년간 5조 달러가 넘는 비용을 투입해 풍력 터빈과 태양광 패널을 건설한 야심작은 참혹한 실패로 끝났다. 독일은 그동안 전력망의 40퍼센트를 러시아에서 오는 천연가스로 가동했다. 하지만 이제 그 공급은 영원히 물 건너갔다. 독일은 스스로 '불결하다'고 단정한 화력발전소를 재가동할 수밖에 없게 되었다. 독일에서 가장 똑똑하다는 엔지니어들조차 이런 엄청난 오산을 한다면, 신흥시장에서는 어떤 일이 벌어지겠는가?

화석 연료가 그 간격을 메우기는 하겠지만, 전 세계가 탄소 배출에서 벗어날 수 있는 유일한 방법, 즉 영구적인 해결책은 종류가 완전히 다른 것이다. 목재는 아니다. 나무 1킬로그램이라고 해봐야 전구 하나를 하루 반나절 이상 밝힐 수 없다. 석탄도 석유도 아니다. 그것도 전구를 4일밖에 밝히지 못한다. 지금 우리가 주장하는 단 하나뿐인 합리적인 해결책은 서방 정부 대부분이 질색하는 것이다. 하지만 이 에너지원 1킬로그램이면 같은 전구를 2만 5,000년 동안 밤낮으로 환하게 밝힐 수 있다. 바로 우라늄이다.

우라늄 시장

2023년 3분기에 나는 우라늄 분야에 가장 해박한 전문가와 뉴욕에서 마주 앉았다. 그는 내 오랜 친구이자 동료로, 로이드하버캐피탈Lloyd Harbor Capital의 자산관리 부문인 세이첨코브파트너스Sachem Cove Partners, LLC를 설립한 마이크 알킨Mike Alkin이었다. 앞으로 10년간 경질 자산 분야 전반에서 우라늄의 시가총액은 지난 주기의 고점이었던 1,300억 달러보다 크게 낮아져 기껏해야 370억 달러밖에 안 되겠지만, 우라늄은 위험보상이 뛰어나다.

"마이크, 장기 강세장을 좀 자세히 설명해 보게." 내가 말문을 열었다. "왜 우라늄인가? 왜 지금인가?"

"래리, 점점 다극화되어 가는 세상을 생각하면 우라늄에 주어진 환경은 정말 눈이 휘둥그레질 정도야. 100년에 한 번 일어나는 폭풍 같은 거라고. 좋은 의미에서 말이지. 우라늄 쪽을 자세히 들여다보라고. 전 세계 수요의 70퍼센트가 서구에서 이루어지는데 전 세계 공급의 70퍼센트는 동양에서 나온단 말이야. 현재 그 공급의 기반은 카자흐스탄, 러시아, 니제르야. 화창한 일요일 아침에 애플파이를 들고 문을 두드리는 이웃은 사실 아니지."

14년 동안 착 가라앉은 약세장 때문인지 해묵은 안일함은 좀처럼 깨어나지 않았다. 1982년에 미국은 연간 우라늄 소비량 2,300만 킬로그램 중 2,000만 킬로그램을 생산했다. 지금은 그 양이 45만 킬로그램으로 줄었다.

"마이크, 리스크 관점에서 볼 때 시장이 얼마나 곤란한가?" 내가 물었다.

"전 세계 농축 우라늄의 40퍼센트가 러시아에서 생산돼." 그가 답했다. (사실 2018년 러시아의 우라늄 농축 용량은[9] 46퍼센트였지만, 2030년에는 36퍼센트로 감소할 것으로 보인다.) "지난 10년 동안 푸틴은 경질 자산에 모든 걸 쏟아부었지. 워싱턴발 제재가 계속 이어지는데도 미국이 전시 중에 러시아에서 농축 우라늄의 25퍼센트를 구해온다고 생각하면 놀랍지만, 그래도 사실은 사실이야. 러시아에서 미국으로 저농축 우라늄을 수입하는 것을 금지하는 법안이 국회에 상정되어 있지만 위험 관리(용량)를 검토 중이어서 보류된 상태지."

"수요는 사정이 어떤가?" 내가 물었다.

"전 세계적으로 보면 8,000만 킬로그램까지 잡을 수 있지. 복잡한 얘기는 하고 싶지 않으니 궁금한 사람이 있으면 언제든 자료를 줄게. 전 세계에서 가동 중인 공장이 440개이고, 건설 중인 곳이 58개, 그리고 150~200개가 기획과 승인 절차를 밟고 있어. 내가 자네를 처음 만났던 2018~2019년엔 온 세상이 생산 과잉이었지. 스프랏 피지컬 우라늄 트러스트Sprott Physical Uranium Trust는 7.60달러였어. 지금은 공급량 부족으로 스프라트 피지컬이 18.05달러에 육박하는데 시장에 매물이 거의 없어. 잠재적으로 위험을 향해 가는 중이지. 지금처럼 글로벌 생산 능력과 농축 능력의 균형이 맞지 않으면 가격 충격을 유발하기 쉬워. 공급 측면에서 주 생산자는 5,200만 킬로그램이 조금 넘고 캐나다의 카메코는 테이블 최대 1,300만, 금융 투기꾼 450만, 재계약 700만, 기타 1,400만 킬로그램이야. 실제로 시장은 연간 700~1400만 킬로그램의 공급이 부족한 상태야. 이 데이터는 농축 용량에 따라 크게 달라져. 다시 말하지만, 이건 푸틴의 손에 달린 문제야."

2023년 가을에 러시아가 단행한 석유 수출 금지 조치는 푸틴이 미국과 유럽의 유틸리티에 필요한 러시아의 농축 역량을 차단하는 데 많은 시간이 걸리지 않는다는 사실을 보여주었다. 이렇게 되면 전력 공급에 필요한 정제 우라늄이 갑자기 부족해질 수 있다.

이벤트 리스크event risk [*] 측면에서 볼 때 카메코의 시가레이크Cigar Lake 광산은 최대 생산 능력에 도달하는 데 25년 가까이 걸렸다. 넥스젠(NXE)은 2028~2029년에 최종 허가단계에 들어갈 만한 의미 있는 공급량을 보유하

---

[*] 금융시장에 충격을 주는 사건으로 인한 리스크─옮긴이

고 있지만 아직은 승인이 필요하다. NXE(4.95달러)는 1억 킬로그램이 넘는 미래 매장량을 보유하고 있어 다들 군침 흘리는 인수 대상이며, 주가는 15~18달러의 가치를 갖는다. NXE는 시가총액 32억 달러, 현금 1억 4,000만 달러, 부채 7,800만 달러의 탄탄한 대차대조표를 보유하고 있다.

14년 동안 이어진 약세장으로 인한 사업 전반의 두뇌 유출은 심각한 수준이다. 많은 인재들이 다른 분야로 옮겨 갔고 심지어 암호화폐 쪽으로 간 사람도 많다. 우라늄 산업에 꼭 필요한 엔지니어들을 다시 불러들이려면 몇 년이 걸릴 것이다. 그러나 대형 석유와 가스 회사들이 꾸준히 현금을 창출하고 있다는 점도 간과해서는 안 된다. 1980년대와 1990년대에 이들 회사는 우라늄 부문에서 대규모 자산을 소유했다. 에너지 부문 전반에 걸친 기업을 상대로 친환경 인센티브가 계속되면 어느 시점에서 우라늄 부문의 인수 바람이 불지 모른다는 말이 계속 나온다. 우라늄은 규모가 아주 작은 분야다. 우라늄 가격이 파운드당 57달러인 상태에서 매년 2억 3,000만 파운드의 수요가 발생하면 연간 수요는 130억 달러가 된다. 유전에서 하루 1억 배럴의 석유가 배럴당 85달러에 거래되는 것과 비교해 보라.

2007년과 2008년 사이에 우라늄 가격이 급등하면서 원자력 발전소를 운영하던 CFO들은 대부분 우라늄 매장량에 투자했다. 하지만 리먼이 파산하자 가격이 반토막 났다. 그리고 그 후 여러 해 동안 해고된 사람들도 많다. 요즘 CFO들은 규모에 대한 투자를 잘못 판단할 경우 어떻게 될지 잘 알고 있다. 그래서 그들은 대신 자신들의 우라늄에 대한 업사이드 콜 옵션 upside call option ✦을 팔아왔다. 약세장이 너무 길었기 때문에 전력회사에선 현

✦ 기초자산의 시장가격이 행사가격과 프리미엄의 합계에 못 미치는 옵션-옮긴이

금을 조달하기 위해 업사이드(공급)를 파는 CFO들이 해마다 늘어났다.

2021년 월스트리트저널은 뉴욕의 헤지펀드 앵커리지캐피털그룹 Anchorage Capital Group, LLC이 수백만 킬로그램의 우라늄에 대한 지분을 늘려왔다고 밝혔다. 전력회사들이 비공개 협상으로 이루어진 선물 계약을 통해 일부 재고를 투자자들에게 매각했다는 소식도 들려왔다. 견디기 힘든 약세장이 길어지면 사람들의 행동이 바뀌고, 이는 다시 위험한 상황을 초래한다. 글로벌 수요에 갑작스러운 변화가 생기면 이들 거래 중 일부는 비싼 대가를 치른 실수로 기록될 것이다.

우리는 우라늄 수요가 급증하는 추세에 비해 세계 우라늄 시장의 공급이 크게 못 미친다고 생각한다. 이런 추세를 선점하기 위해 2020년과 2021년에 우리는 고객들에게 카메코CCJ와 스프랏 우라늄 광산업 ETF(URNM)를 추천했다. 이들 종목은 분명 고위험을 감수할 수 있는 사람들을 위한 투자였다.

하지만 수요가 증가하고 있다. 한국과 일본, 스웨덴은 원자력 발전 목표를 상향 조정하는 대표적인 선두 주자다. 인도와 중국에서도 결국 원자력이 전력망의 상당 부분을 차지하게 될 것이다. 인도는 현재 22개의 원전을 가동 중이며 11개의 원전을 추가로 건설하고 있다. 중국은 전국적으로 도시에 전력을 공급하기 위해 가동 중인 원자로가 53기이며 건설 중인 원자로도 20기가 넘는다. 이 두 나라의 원자로는 앞으로 10~20년 동안 그 수가 2배로 증가할 것이다. 그 외에 우라늄과 원자력이 불황에 거의 영향을 받지 않는 에너지라는 특성도 고려해야 한다. 발전소가 소비하는 우라늄은 에너지 수요에 관계없이 일정하기 때문이다. 이것이 바로 앞으로 몇 년간 우라늄에서 탄탄한 실적을 올릴 수 있는 비셜이다. 우라늄 현물 가격은 앞으로 3~4

년 내에 41달러에서 100달러 또는 150달러로 크게 오를 것으로 예상된다.

나는 운 좋게도 리먼브러더스에 있을 당시 최고의 리스크 매니저들 밑에서 트레이더로 일할 기회를 가졌다. 채권 부문 책임자였던 마이크 겔밴드는 2017년에 이형Hyung Lee과 함께 엑소더스포인트ExodusPoint라는 헤지펀드를 만들었는데 이는 가장 빠르게 성장하는 헤지펀드가 되었다. 엑소더스포인트가 투자자들의 자산을 관리하기 시작한 것은 2018년부터였다. 당시 엑소더스포인트는 85억 달러에 달하는 자산을 모아 역대 헤지펀드 중 가장 성공적인 출발을 알렸다. 2023년에도 엑소더스포인트의 운용 자산은 132억 달러에 달했다. 실력 있는 사람들은 언제고 그 진가를 드러내기 마련이다. 그렇게 리먼에는 유능한 인재들이 많았지만 썩은 사과 몇 개가 그 이름에 오점을 남긴 것은 지금도 못내 안타깝다.

가치주 및 경질 자산 분야의 선두주자

우리 팀은 가치 및 경질 자산 분야의 자산 관리 전략과 모든 관련 ETF를 심층 분석했다. 수년 동안 최고의 선택지 중 하나는 그린라이트캐피털이었다. 여기 공개 시장에서 또 다른 매력적인 옵션을 소개한다(모두 미국에 상장되어 있는 상품이다).

코페르니크 글로벌 올-캡 펀드Kopernik Global All-Cap Fund (KGGIX)는 장기적인 자본의 가치 상승으로 인한 이익을 제공하는 개방형 펀드이다. 이 펀드는 순자산의 80퍼센트 이상을 규모를 따지지 않고 미국 및 해외 기업의 주식에 투자한다.

알파 아키텍트 미국 정량적 가치 펀드Alpha Architect U.S. Quantitative Value (QVAL) 역시 장기적인 자본의 가치 상승으로 인한 이익을 제공하는데, 여러 단계의 정량적 규칙 기반 방법론을 사용하여 약 50~100개의 저평가된 미국 주식 포트폴리오를 찾아낸다. 한편 알파 아키텍트 국제 정량적 가치주 ETF^{Alpha} Architect International Quantitative Value ETF (IVAL)는 약 50~100개의 저평가된 해외 주식으로 구성된 포트폴리오를 찾아낸다.

페이서 US 캐시카우 100 ETF(COWZ)는 독자적인 방법론으로 잉여현금흐름 수익률이 높은 미국 대형주 및 중형주에 노출시켜 준다. 페이서 미국 소형주 캐시카우 100 ^{Pacer U.S. Small Cap Cash Cows 100} (CALF)는 S&P 소형주 600 지수에서 기업가치 대비 잉여현금흐름 비율이 가장 높은 미국 소자본 기업을 타깃으로 삼는다. 그리고 페이서 선진국 캐시카우 100 ETF^{Pacer Developed Markets} International Cash Cows 100 ETF (ICOW)는 잉여현금흐름 수익률이 높은 해외 기업에 대한 노출을 제공한다.

고어링 & 로젠스웨이그 자원 펀드 ^{Goehring & Rozencwajg Resources Fund} (GRHIX)는 개방형 펀드로, 그들이 추구하는 전체 수익은 투자 수익과 자본 가치 상승으로 구성되어 있다. 이 펀드는 천연자원 기업의 증권과 이 부문에 대한 노출을 제공하는 그 밖의 수단에 투자한다.

몇 해 전, 그러니까 2008년 이전에 마이크 겔밴드는 리먼에서 저마다 주택 시장의 미덕을 찬양할 때 유명한 말 한마디를 던진다. "마음에 들어 사는 겁니까, 아니면 사니까 마음에 드는 겁니까?" 우라늄 광산업체 같은 고베타^{high-beta} 주식은 어느 쪽으로든 시장보다 훨씬 더 격렬하게 움직인다. 주식의 베타 값이 높을수록 시장이 상승할 때 더 많이 상승할 수 있고, 조정 시에 더 빨리 하락한다. 나는 우라늄에 투자할 때 마이크의 말을 자주 떠올린다. 5~10년 투자의 논거는 매우 낙관적이지만, 변동성이 큰 주식은 심약한 사람에게 안 어울린다. S&P 500 지수가 10퍼센트 하락하면 고베타

주식은 20~30퍼센트 하락할 수 있다. 그런 종목은 유동성이 높지 않아 매도자들이 한꺼번에 물량을 많이 내놓으면 수직 낙하 현상이 흔하게 발생한다. 따라서 저가 매물을 심심치 않게 찾을 수 있다. 채굴업자의 경우 몇 년에 한 번씩 상황이 반전된다는 사실을 잊지 말아야 한다. 정량화하기는 무척 어렵지만, 상승장과 하락장 추세를 통해 그 많은 거래량은 대부분은 핫머니의 유입이나 유출로 끝난다. 이것이 고베타라는 연료다. 테스토스테론은 어디에나 있다. 진폭은 크고 모멘텀의 변화는 극심하다. S&P 500에 투자하는 것은 한밤중에 기우는 초승달의 희미한 빛을 받은 우라늄 광산에서 날뛰는 야생마를 타는 것이 아니라, 한낮의 태양 아래서 하얀 조랑말을 타는 것과 유사하다. 그렇지만 우리는 전략적으로 변동성을 유리하게 활용하려 한다. 고베타 분야라면 우리의 임무는 분명하다.

커피출레이션을 이용해 채굴업체를 거래하기

커피출레이션에 의한 투매의 폭과 위력을 세밀히 측정해야 한다. 정크본드 분야에서 역대 최고의 트레이더인 래리 매카시는 2010년에 7가지 요소로 구성된 커피출레이션 모델의 틀을 우리에게 제공했다. 이 모델의 핵심은 시장이 말할 때 귀를 기울이고 고통을 측정하는 것이다. 우리는 커피출레이션에 의한 투매량이 기하급수적으로 늘어나는 지점을 찾는다. 이는 결국 사람들이 빠져나가는 속도를 측정하는 문제로 귀결된다. 실제로 베타 값이 높은 부문에는 사람들이 많이 몰린다. "포커와 마찬가지로 낮은 패는 친구다. 그 패를 내게 유리한 쪽으로 활용해야 한다." 래리는 그렇게 말했다. 2006년 3월에 잭 도시Jack Dorsey와 노아 글래스Noah Glass, 비즈 스톤Biz

Stone, 에반 윌리엄스Evan Williams가 모여 트위터Twitter를 만들었다. 이들은 기술적 분석을 영원히 바꿔놓았다. 물론 이들도 그때는 그럴 줄 몰랐을 것이다. CFA 인스티튜트CFA Institute에 의하면 기술적 분석은 가격 데이터와 거래량 데이터를 사용하는 증권 분석의 한 형태로, 보통 도표로 나타낸다. 트위터에는 수년간 이런 기술을 연구해 온 훌륭한 공인시장분석가chartered market technician, CMT들이 있다. 하지만 가짜들도 수천 명 존재한다. 그들은 상황에 따라 분석 결과를 말 그대로 지어낸다. 2009년 말 뉴욕에서 열린 어떤 아이디어 만찬에서 내가 만나봤던 최고의 분석가인 허브 러스트Herb Lust가 내게 이렇게 말한 적이 있다. "래리, 이 트위터란 게 계속 뜨게 되면 기술적 분석을 못 따라오던 정보 유통 속도와 내부의 교환율은 완전히 바뀔 겁니다. 그러면 대략 같은 가격의 손절매를 이용하는 가짜들이 수천 명 생겨나겠죠." (스톱로스stop loss는 한 포지션에서 종료 또는 매도를 강요하는 트리거 포인트이다.) "그들과 반대로 거래하는 것보다 그들을 따라 거래하는 것이 훨씬 낫습니다. 다들 동시에 빠져나가려고 문으로 몰리고 핫머니가 한꺼번에 쏟아져 나오면 볼 만하겠죠."

머리를 한 대 맞은 기분이었다. 허브는 21세기의 커피출레이션을 설명하고 있었다. 지난 세기에는 커피출레이션 절차가 진행되는 데 몇 주가 걸렸지만 이제는 몇 분까지는 아니더라도 몇 시간 만에 끝날 수 있다.

우리는 커피출레이션 투매 절차를 신중하게 측정한다. 우리 모델은 우리가 말하는 절정의 가장 높은 확률을 계산하는 데 집중한다. 우리는 고통을 더하고 가벼운 마음으로 힘을 갖춰 '전환점' 즉 새로운 강세장이 탄생하는 순간에 자리를 지키려 한다. 고베타 분야에서는 항상 3분의 1 단위로 새로운 포지션을 구축한다. 세상이 다 아는 사실이지만, 바닥을 찾는 일이라면 인간보다 원숭이가 낫다. 우리는 정확한 바닥을 알아내려 애쓰지 않는다. 하지만 우리는 바닥 근처에서 매력적인 기초 비용cost basis을 찾아내려 한다. 또한 볼린저밴드Bollinger Band에서 하단 밴드의 아래쪽 거리와 일간과 주간 상대강도지수RSI 수치와 그 밖의 주요 요소들을 살펴본다. 고베타 분야에 투자하는 것은 대형 코브라와 춤을 추는 것과 같다. 광분한 군중에게 휘둘리지 말고 커피줄레이션 매도를 유리하게 활용해야 한다.

우리는 한 번에 1/3씩 측정하여 스프랏 우라늄 광산업 ETF(URNM)의 평균을 낸다. 성장주가 과열되었던 2021년 어느 시점에 실내자전거 제조업체인 펠로톤Peloton, PTON의 매출은 40억 달러에 불과했지만 주식 가치는 무려 370억 달러를 기록했었다. 반면에 우라늄 분야의 가치는 전체를 다 합쳐도 290억 달러가 채 안 됐다. 우라늄 부문의 최대 업체인 카메코CCJ는 같은 해 20억 달러에 가까운 매출을 올렸지만 주식 가치는 70억 달러도 안 됐다. 중앙은행들은 엄청난 디스로케이션을 초래했고, 인플레이션이 낮다고 생각되는 세계에서 경질 자산 부문은 고사 위기에 처했다. 자본이란 자본은 모두 성장주와 금융 자산으로 몰렸다. 일론 머스크의 순자산은 1,600억 달러에 달했는데, 이는 우라늄 채굴업체들의 가치를 모두 합친 액수의 5배였다. 당시 우리는 20년 후를 내다보며 수학적으로 볼 때 테슬라가 지금 같은 엄청난 가치로 성장하려면 친환경 원자력 발전소를 2~3배 늘리는 것 외에 다른 방법이 없다고 주장했다. 현재의 전기차는 대부분 석탄발전소에서 전력을 공급받기 때문에 원자력이 절실히 필요하다.

마지막으로 우리가 석유나 가스, 석탄의 수요를 낙관적으로 보는 이유는 또 있다. '친환경' 에너지는 탄소 배출이라는 면에서는 깨끗할지 몰라도 도덕이나 환경에 미치는 영향으로 보면 대부분 실패하고 만다. 앞서 언급했듯이 콩고의 끔찍한 환경에서 전기 자동차, 풍력 터빈, 태양광 패널에 필요한 코발트를 채굴하는 어린이들은 약 4만 명으로 추산된다. 리튬과 구리에서도 비슷한 문제점이 대두된다. 칠레의 아타카마 사막에서는 전 세계 구리의 28퍼센트와 리튬의 21퍼센트가 나온다. 안타깝게도 이들 광산 때문에 현지 원주민의 공동체는 평화가 깨어졌고 그들의 땅도 훼손되었다. 중국 등 몇몇 나라도 희토류 원소 채굴로 인한 독성 금속 폐기물이 강과 지하수를 오염시키는 끔찍한 결과를 초래했다. 화석 연료를 대체하려는 서구의 노력은 그 정도가 지나쳐 세계에서 가장 오래되고 생물 다양성이 풍부한 열대우림을 상당 부분 훼손하고 있다. 금세기 초부터 인기가 오르고 있는 바이오디젤은 대부분 팜유로 만든다. 네덜란드 바헤닝언 대학의 연구원들은 2000년 이후로 인도네시아 열대우림 10만 제곱킬로미터가 화재로 손실되었는데, 이 중 3분의 1은 팜 농장 탓이라고 지적한다. 팜유 산업으로 인해 펜실베이니아주 크기의 열대우림이 파괴되었고, 그 결과 오랑우탄, 호랑이, 흰코뿔소 등 수많은 동물이 심각한 멸종 위기에 처하게 되었다.

녹색 경제로 가는 길을 막는 것은 이런 도덕이나 환경적 저해 그 자체가 아니다. 오히려 문제는 선진국 사람들의 반응일지도 모른다. 만약 그들이 이런 내막을 알게 된다면 대부분은 코발트 채굴에 동원되는 어린이나, 원주민이 쫓겨나는 현상이나, 광산 오염 등을 혐오의 눈으로 보게 될 것이다. 아마도 그들은 자신들의 정치적 의제와 ESG 투자가 부추긴 이런 시스템 전반에 대해 생각을 달리하게 될지 모른다. 탄소중립 에너지를 추진하려는 노력이 중단되지는 않겠지만, 앞으로 20년 동안 사회 운동가와 환경 운동가들이 환경 관련 자원을 채굴하는 데 반대하고 나설 가능성은 여전히 높다. 이들은 서방 정부와 기업들을 향해 친환경 에너지에 필요한 자원에 더 높은 기준을 적용하도록 촉구할 것이다. 이렇게 되면 근로 기준과 환경 기준이 더 엄격해져 국내에서 할 수 있는 것은 모두 다 리쇼어링하게 될지 모른다. 그러면 필요한 자원은 더 비싸진다. 그리고 에너지 가격은 거의 모든 분야에 영향을 미치기 때문에 세계적으로 인플레이션 수위가 높아질 수밖에 없다. 그러면 또한 친환경으로의 전환이 늦어지고 화석 연료 수요가 불가피하게 많아져 화석 연료의 사용 기간은 계속 연장될 것이다.

변화하는 사막의 모래

냉전 종식 이후 시장은 언제 끝날지도 모르는 디플레이션을 경험했다. 디플레이션 거래가 그런 서사에 확고히 자리 잡았기 때문에 전 세계 부의 80조 달러가 성장주와 채권에 집중되었고, 그것들은 대부분 여전히 그대로 자리를 지키고 있다. 누구도 인플레이션은 염두에 두지 않았다. 한때는 나스닥 100 지수에 20조 달러가 있던 적이 있었다. 대부분 15대 메가캡 주식에 집중된 돈이었다. 1달러 지폐로 그 돈을 늘어놓으면 태양을 10번 왕복할 수 있다. 인플레이션이 지속되었던 1968년에서 1981년 사이엔 상황이 정반대였다. 그때는 디플레이션이란 결코 일어날 수 없는 현상 같았다. 투자 관점에서 볼 때 이렇게 주기가 길어지면 시장이 허용하는 것보다 믿음이 훨씬 더 오래 지속되는 위험이 있다. 암호화폐 랠리가 다시 전개될 날이 멀지 않다고 생각하는 밀레니얼 세대가 얼마나 많은가? 아직도 누가 대형 기술주의 성과가 다음 10년 동안 시장을 능가하리라고 생각할까? 다음 시장 주기를 전혀 짚어내지 못하는 투자자들은 미국 어디를 가나 있게 마련이다.

패션 산업처럼 금융시장에도 인기 업종과 따분한 업종이 있으며, 이들은 사막의 모래처럼 끊임없이 자리를 바꾼다. 수십억 달러를 버는 곳이라고 해서 늘 그런 식으로 움직이진 않을 것이다. 한때 수익이 시원치 않았던 분야가 언젠가는 높은 수익을 낼 수도 있다. 귀금속, 탄광, 우라늄, 구리, 희토류, 석유와 가스 등 한때 주식시장의 후발주자였던 업종이 앞으로 몇 년 안에 사람들이 가장 많이 찾는 업종이 될 것이며, 빅테크는 그늘로 들어갈 것이다. 세계는 금융시장 역사상 가장 거대한 자본 이동을 목격할 것이다. 여러분 가족의 재산은 어디로 가는가? 이 변화에 동참하여 가치주, 원자재, 경질 자산의 초원으로 들어갈 것인가, 아니면 지난 10년간의 포트폴리오와 함께 사라질 것인가? 선택은 여러분의 몫이다.

이 여정에 함께 해주어서 정말 감사하다.

감사의 말

_____ 모자이크 연구는 한 가지 정보를 취한 다음 그것을 다른 정보와 지혜로 둘러싸 검증하는 것이다. 정보의 가치와 타당성을 판단하는 것이 이 기법의 목표다. 노천굴의 경우 계단과 자원의 폭이 깊고 넓을수록 목표(진실)에 더 가까워진다. 이렇게 하려면 많은 노력이 필요하지만 무엇보다도 질문을 많이 해야 한다. 이에 대한 답을 누구보다 많이 가진 사람이 바로 로베르트 판 바텐부르크이다. 10년 넘게 우리의 믿을 만한 친구이자 동료로 지내 온 그는 열정과 추진력과 결단력으로 이 프로젝트를 이끌었다. 이 분야에서 공공 정책 트렌드와 자본 시장의 공통점에 대해 로베르트보다 더 깊이 파악하고 있는 투자 전략가는 없다. 워싱턴과 월스트리트를 서성이다 보면 그를 만날 수 있다.

리먼에서 트레이더로 일하던 시절에 허버트 C. 러스트 3세[Herbert C. Lust III]는 내 소중한 친구이자 멘토였다. 그는 JP모건의 애널리스트로 일할 당시 엔론이 파산하기 1년여 전에 이미 엔론의 문제를 폭로해 유명해졌을

319

뿐 아니라 리먼에서 월스트리트 최고의 부실기업 리서치 팀을 양성했다.

제임스 로빈슨James Robinson의 오랜 친구이자 공동 저자로서 나는 그의 변함없는 지원과 치밀한 조사, 월스트리트와 문학을 이어주는 특이한 능력에 감사를 표한다. 제임스는 따분한 금융 세계에서 복잡한 거미줄을 걷어내, 그 속에 가려 있던 주옥같은 이야기를 날카로운 안목과 재미로 폭넓은 독자에게 전달하는 재능을 뽐낸다.

출판과 편집 팀에서는 완벽을 향한 열정과 그 열정을 무색하게 만드는 비상한 재능으로 이 분야 최고의 리터러리 에이전트로 인정받는 크라운Crown의 리아 트라우보스트Leah Trouwborst와 레빈그린버그로스탄리터러리에이전시Levine Greenberg Rostan Literary Agency의 짐 레빈Jim Levine이 큰 도움을 주었다. 짐의 경험과 재능이 아니었으면 이 프로젝트는 불가능했을 것이다. 두 분께 감사드린다.

전설적인 자산운용사 무어캐피털이 배출한 최고의 작품은 브라이언 옐빙턴Brian Yelvington과 마크 슈발과 벤 기스만Ben Giesmann과 조너선 터렉Jonathan Turek이다. 이들은 금리와 유로달러SOFR와 외환 선물을 검토했다.

월스트리트 최고의 이코노미스트 조 라보르나Joe Lavorgna에게도 따로 감사드린다.

워싱턴에는 정말로 소중한 오랜 친구들이 많다. 우선 ACG 애널리틱스의 매니징 파트너인 데이비드 메츠너와 존 이스트John East, 크리스 처윈스키Chris Czerwinski가 이끄는 그의 훌륭한 팀의 덕을 많이 보았다. 우리는 전 세계를 함께 다니며 방대한 자료를 철저히 조사했다. 내 곁을 지켜준 여러분께 진심으로 감사드린다.

구조 조정의 전설이자 오바마 대통령의 고문이었던 짐 밀스틴Jim

Millstein 덕분에 나는 문제를 한 번 더 생각하고 더 깊이 파고들 수 있었다.

다극화된 세계의 정치적 위험을 사려 깊게 분석해 준 나이젤 퍼라지 Nigel Farage 에게도 깊은 감사를 드린다.

브루킹스연구소 Brookings Institutio 와 미국 재무부에서 가장 뛰어난 인재와 함께 일하게 된 것은 행운이었다. 애런 클라인 Aaron Klein 에게 감사드린다.

경제 동향에 관한 한, 최근의 새로운 아이디어를 실행하기에 이보다 좋은 팀은 없다. 로버트 액스 Robbert Ax, 조시 에어스 Josh Ayers, 케빈 뱀브러 Kevin Bambrough, 로히트 밴설 Rohit Bansal, 제나 버나드 Jenna Barnard, 마나스 바비자 Manas Baveja, 드류 카시노 Drew Casino, 포터 콜린스 Porter Collins, 빈센트 대니얼 Vincent Daniel, 밥 대븐포트 Bob Davenport, 제임스 데이비스 James Davis, 애드리언 데이 Adrian Day, 바비 "D" 지지치 Bobby "D" Dziedziech, 데이비드 아인혼, 모하메드 엘 에리언 Mohamed El- Erian, 존 파스 John Fath, 니얼 퍼거슨, 토니 프라셀라 Tony Frascella, 마이크 겔밴드, 존 글레이저 Jon Glaser, 앨런 과리노 Alan Guarino, 마이크 과니에리 Mike Guarnieri, 데이비드 홀 David Hall, 앨런 히긴스 Alan Higgins, 머닙 이슬람 Munib Islam, 더그 카스, 라비 카자 Ravi Kaza, 로드 머빈 킹 Lord Mervyn King, 알렉스 커크 Alex Kirk, 데이비드 라플라카 David LaPlaca, 제리 레비 Jerry Levy, 앤드류 맥카페리 Andrew McCaffery, 바트 맥데이드 Bart McDade, 조 모로 Joe Mauro, 벤 멜크먼 Ben Melkman, 에드워드 미스라히 Edward Misrahi, 제프 모스코위츠 Jeff Moskowitz, 존 나자리안 Jon Najarian, 존 레나토 네그린 John Renato Negrin, 젠스 노드빅 Jens Nordvig, 에드 오퍼디사노 Ed Oppedisano, 팀 파글리아라 Tim Pagliara, 존 퍼털로 John Pattullo, 랄프 레이놀즈 Ralph Reynolds, 조 스카피디 Joe Scafidi, 피터 셸

바흐Peter Schellbach, 에릭 쉬퍼Eric Schiffer, 제프 셰리Geoff Sherry, 마크 안드레 수블리에르Marc-Andre Soubliere, 라피 타마지안, 제임스 테어 하르James Ter Haar, 램 벤카트라만Ram Venkatraman, 시저 위안Caesar Yuan, 샤하르 제르 Shahar Zer가 그들이다.

내 친구 마크 큐번, 정말 고맙다. 자네 덕분에 늘 생각할 수 있었어. "코 앞의 상황"을 미리 보는 자네의 시야가 이제는 수십 년 앞으로 확대돼 가는군.

오랜 친구이자 막역한 사이인 존 코언John Coen에게 감사의 마음을 전한다. 그리고 지역 은행 금융에서 일하는 댄 호버먼Dan Hoverman과 테렌스 터커Terence Tucker에게도 감사드린다. 나의 멘토 버니 그로브먼Bernie Groveman에게 특히 고마움을 전한다. 그 외에도 마이크 알킨, 브렌단 어헌 Brendan Ahern, 애덤 버라타Adam Barratta, 아서 배스Arthur Bass, 래리 버먼 Larry Berman, 벤 브레이Ben Brey, 존 치암파글리아John Ciampaglia, 알레한드로 시푸엔테스Alejandro Cifuentes, 잭 코벳Jack Corbett, 로빈슨 도리언Robinson Dorion, 키스 두바우스카스Keith Dubauskas, 대니 에거Dani Egger, 폴 해킷, 밥 해밀Bob Hamil, 존 헤머스John Helmers, 스탠 조나스Stan Jonas, 브라이언 조지프Brian Joseph, 브라이언 켈리Brian Kelly, 애덤 크레이머Adam Kramer, 톰 커츠 Tom Kurtz, 로제리오 렘퍼트Rogerio Lempert, 벤 레빈Ben Levine, 브랜트 맥도널드Brandt McDonald, 짐 맥거번Jim McGovern, 피터 오버마이어Peter Obermeyer, 존 오코너John O'Connor, 라울 팰Raoul Pal, 루크 파머Luke Palmer, 존 파커 John Parker, 존 폴 파커John Paul Parker, 데이비드 패터슨David Patterson, 제이슨 폴란스키Jason Polansky, 스티브 퍼돔Steve Purdom, 로렌 레메타Loren Remetta, 휴 스코니어스Hugh Sconyers, 세스 세트라키언Seth Setrakian, 스콧 스

컴Scott Skyrm, 존 스마이스John Smyth, 조지 화이트헤드George Whitehead(길트의 대부), 그레그 윌리엄스Greg Williams, 티안 쩡Tian Zeng에게 감사드린다.

내 친구 폴 젠킨스Paul C. Jenkins는 캐나다 재무부와 캐나다은행Bank of Canada 그리고 국제통화기금에서 30년 이상 이코노미스트로 일하며 감독직을 수행했다. 지난 한 해 동안 이 책을 써 내려가면서 그의 시각을 접할 수 있었던 것은 큰 행운이었다. 그의 기고문들은 이 책의 방향을 설정하고 연구의 질을 높이는 데 큰 도움이 되었다.

로베르토 브레네스Roberto Brenes, 서지 루카스Sergi Lucas, 안드레 에스테베스에게도 감사드린다. 라틴 아메리카의 정치적 위험과 기회에 대한 여러분의 혜안은 타의 추종을 불허할 것이다!

제작팀을 이끈 발렌티나 산체스–쿠엔카Valentina Sanchez-Cuenca와 호세 투티븐Jose Tutiven 두 분께 정말 감사드린다. 두 분의 에너지와 집중력 덕분에 결승선에 닿을 수 있었다.

미주

------------------ 들어가는 말 ------------------

1 *modern history moves in cycles:* William Strauss and Neil Howe, *The Fourth Turning: An American Prophecy* (New York: Broadway Books, 1997).

------------------ 제2장. 미국, 루비콘강을 건너다 ------------------

1 *But for every winner:* Stephen D. Cohen, "The Route to Japan's Voluntary Export Restraints on Automobiles" (Working Paper No. 20, National Security Archive, 1997).

2 *In response to this, Tokyo:* "Global Prospects and Policies," International Monetary Fund, April 2011.

3 *At its peak, Tokyo's real estate:* Douglas Parkes, "Japan in the 1980s," *South China Morning Post*, July 1, 2020.

4 *Ben Bernanke, who became chairman:* Ben S. Bernanke, "Deflation—Making Sure 'It' Doesn't Happen Here," speech, National Economists Club, Washington, D.C., November 21, 2002, bis.org/review/r021126d.pdf.

5 *He had a face still plump with youth:* Roger Lowenstein, "Long-Term Gamble That Failed to Deliver the Expected Result," *The Times* (UK), September 1, 2000.

6 *In other words, Asian central banks:* Giancarlo Corsetti, Paolo Pesenti, and Nouriel Roubini, "What Caused the Asian Currency and Financial Crisis?" (Working Paper 6833, National Bureau of Economic Research, December 1998).

7 *"coming apart at the seams":* Floyd Norris, "Editorial Observer; Is the Global Capitalist System Collapsing?," *New York Times*, September 21, 1998.

8 *"Markets would . . . possibly cease to function":* "After Losing Billions, Life Goes on for Long-Term Capital's Partners," *Journal Record*, September 26, 2000

------------------ 제3장. 눈부신 오바마, 그리고 그 광채의 죽음 ------------------

1 *How Much Did the Government Spend:* James Felkerson, "$29,000,000,000,000: A Detailed Look at the Fed's Bailout of the Financial System" (One-Pager No. 23, Levy Economics Institute, December 2011).

2 *The Demise of the U.S. Auto Industry:* "Domestic Auto Production," FRED, July 28, 2023, https://fred.stlouisfed.org/series/DAUPSA.

3   *The spending plans:* Board of Governors of the Federal Reserve System, "Distribution of Household Wealth in the U.S. Since 1989," https://www.federalreserve.gov/releases /z1/dataviz/dfa/distribute/chart.

4   *Princeton professors Anne Case and Angus Deaton:* Atul Gawande, "Why Americans Are Dying from Despair," *New Yorker*, March 16, 2020.

5   *manufacturing job losses predict:* Nathan Seltzer, "The Economic Underpinnings of the Drug Epidemic," *SSM Population Health* 12 (December 2020), doi: 10.1016/j.ssmph.2020.100679.

6   *If we look at the map:* Alicia Sasser Modestino, "How Opioid Overdoses Reached Crisis Levels," *Econofact*, November 19, 2021.

제4장. 새로운 워싱턴 합의

1   *"to reimagine and rebuild":* "Fact Sheet: The American Jobs Plan," The White House, March 31, 2021, https://www.whitehouse.gov/briefing-room/statements-releases/2021/03/31/fact-sheet-the-american-jobs-plan/.

제5장. 녹색 초원으로 가는 길을 여는 화석 연료

1   *Aubrey McClendon's gray hair:* Bryan Gruley, Joe Carroll, and Asjylyn Loder, "The Incredible Rise and Final Hours of Fracking King Aubrey McClendon," *Bloomberg Businessweek*, March 10, 2016.

2   *Ben Bernanke admits:* Edison Yu, "Did Quantitative Easing Work?," *Economic Insights* (a publication of the Research Department of the Federal Reserve Bank of Philadelphia), First Quarter 2016.

3   *Leigh Goehring and Adam Rozencwajg's research:* "The Truth About Renewables— Featuring Leigh Goehring and Adam Rozencwajg," Goehring & Rozencwajg: Natural Resource Investors, September 9, 2021, https://blog.gorozen.com/blog/the-truth-about-renewables-featuring-leigh-goehring-and-adam-rozencwajg.

4   *"Modern nuclear energy":* Bill Gates, quoted in azhuk, "The Advantages of Nuclear Energy," blog post, Frontier Technology Corporation, April 20, 2023.

5   *"Germany should not only not shut down":* Elon Musk, quoted in Luc Olinga, "Elon Musk Says Germany Is Making a Dangerous Mistake," April 16, 2023.

6   *"The global volume of solar-panel waste":* Dieter Holger, "The Solar Boom Will Create Millions of Tons of Junk Panels," *Wall Street Journal*, May 5, 2022.

7   *California has seen multiple devastating fires:* Judge Glock, "Why Is PG&E Failing California? All the Wrong Incentives," Cicero Institute, September 9, 2020.

8   *"Every sector will be transformed":* Larry Fink, "Larry Fink's 2022 Letter to CEOs: The Power of Capitalism," BlackRock, January 18, 2022.

9 *For copper, 40 percent of the future demand growth:* Andrew Mitchell and Nick Pickens, "Nickel and Copper: Building Blocks for a Greener Future," Wood Mackenzie, April 4, 2022.

10 *according to the Oregon Group:* Anthony Milewski, "A Lot More Copper Needed to Expand Global Electricity," The Oregon Group, July 26, 2023.

11 *it will cost as much as $7 trillion:* Leonard Hyman and William Tilles, "The $7 Trillion Cost of Upgrading the U.S. Power Grid," OilPrice.com, February 25, 2021.

제6장. 패시브 투자의 그림자

---

1 *an immense amount of liquidity to the markets:* "Assessing Liquidity—Revisiting Whether Book Depth Is a Sufficiently Representative Measure of Market Liquidity," CME Group, June 17, 2020, https://www.cmegroup.com/education/articles-and-reports/assessing-liquidity.html.

2 *deterioration in Treasury liquidity:* Jordan Barone, "The Global Dash for Cash in March 2020," *Liberty Street Economics*, July 12, 2020.

제7장. 거품의 심리학 그리고 암호화폐 광풍

---

1 *With the Sequoia brand in its sales pitch:* Vicki Auslender, "How Did Some of the World's Largest VCs Miss All the Warning Signs and Invest in FTX?," CTech, November 22, 2022.

2 *"Who the fuck is this goofball?":* Marc Cohodes and Larry McDonald, interview minute 19–20:15. Zoom, December 14, 2022. Quote: "FTX put up billboards of SBF himself … and who is he, he's a total f nobody. So the whole focus on the shiny object, which was him, this goofball, and ignore everything else, lulled everybody. It lulled the regulators."

3 *"10 largest female-run funds by total net assets":* "Cathie Wood's 'Phenomenal Rise' Brings ETF Assets to $60 Billion," Bloomberg.com, February 17, 2021.

4 *bragging about her:* Evie Liu, "Red-Hot Ark ETFs Add $12.5 Billion in New Cash in 2021," *Barron's*, February 10, 2021.

제8장. 미국 달러의 하락세

---

1 *This is the country that was eavesdropping:* Tim Starks and Karen DeYoung, "U.S. Eavesdropped on U.N. Secretary General, Leaks Reveal," *Washington Post*, April 17, 2023.

2 *On the other side of the Persian Gulf:* Zahra Tayeb, "Russia and Iran Are Working on a Gold-Backed Cryptocurrency to Take On the Dominant Dollar," *Business Insider India*, January 17, 2023.

3 *Note that Russia and Iran:* Daniel Onyango, "Russia and Iran Move to Create One of the Largest Global Natural Gas Cartel," *Pipeline Technology Journal*, August 26, 2022.

4   *These are early indications:* "Asian Nations Sign Pact to Shift Away from Dollar," Mehr News Agency, May 3, 2023.

5   *In April 2023, the BRICS:* Tanupriya Singh, "Towards De-dollarization," *Peoples Dispatch*, April 7, 2023.

6   *In May 2023, Brazil:* "Argentina and Brazil to Discuss Trade Agreement to Skip Dollar," Buenos Aires Herald, May 2, 2023.

7   *The report blamed "significant financing issues":* Peter G. Peterson Foundation, "Without Reform, Social Security Could Become Depleted Within the Next Decade," June 29, 2023.

8   *valuing gold in terms of outstanding dollars:* Laura Brothers, "Gold vs. Money Supply," Vaulted. com, August 20, 2021.

9   *"My grandfather rode a camel":* "Dubai Sheikh's Words Lost in Translation with Viral Quote," Australian Associated Press, April 26, 2021.

제9장. 차갑고 단단한 자산

1   *forty thousand children:* Annie Kelly, "Children as Young as Seven Mining Cobalt Used in Smartphones, Says Amnesty," *The Guardian*, January 19, 2016.

2   *an accelerated redistribution:* Eric Oteng, "South Africa's Dilemma of Land Reform and Mining Investment," *Africanews*, February 10, 2019.

3   *"if ownership of mining lands is not guaranteed investors will flee":* Oteng, "South Africa's Dilemma of Land Reform and Mining Investment."

4   *Building charging stations:* Alex Woodrow, "2022–2040 Powertrain Outlook," KGP *Automotive Intelligence*, October 2022.

5   *"Any new copper mine will take five to ten years":* "Copper Production Takes 5–10 Years, and That Causes Supply Delays, Says Freeport-McMoRan CEO," YouTube, 2022, https://www.youtube.com/watch?v=7PtXQP0kmuo.

6   *These raw materials include graphite:* Joseph Quinlan and Lauren Sanfilippo, "China Is Leading the World on Manufacturing, but the Race Isn't Over," *Barron's*, August 31, 2020.

7   *cobalt consumption by Tesla:* Frik Els, "All the Mines Tesla Needs to Build 20 Million Cars a Year," Mining.com, January 27, 2021.

8   *"The goal needs to be":* Olaf Scholz, quoted in Chris Reiter, "Germany Targets Three New Windmills a Day for Energy Reboot," Bloomberg.com, January 14, 2023.

9   *Russia's capacity for uranium enrichment:* Kristyna Foltynova, "Russia's Stranglehold on the World's Nuclear Power Cycle," Radio Free Europe Radio Liberty, September 1, 2022.

찾아보기